［第3版］

法学のおもしろさ

法の起源から人権まで

Fun of the Law

山本　聡　著
YAMAMOTO Satoshi

北樹出版

ギリシャ神話の女神テミスとローマ神話の女神ユスティティアは、司法・裁判の公正さを表わす象徴・シンボルとして、古来より裁判所や法律事務所など、司法関係機関に飾る彫刻や塑像、絵画の題材として扱われてきた。この両女神はよく同一視される。一般に正義の女神像は、目隠しをした女性が右手に剣を、左手に天秤を持つ（逆の場合もある）。剣は法の厳しさや司法の権威・権力を、天秤は法の公正・公平を、目隠しは先入観や予断を持たずに裁くという、法の理想を表現する人格的象徴として描かれてきた。まれに目隠しのないものもあるが、法の理念を表わす象徴として描かれた作品では目を閉じていることが多い。英語では一般に固有の名前で呼ばれるよりも、単に Lady Justice（正義の女神）と呼ばれることが多く、固有の名前を用いるときは正義（Justice）の語源ともなっているユスティティアと名づけられる場合が多い。ちなみに、テミスの娘であるためよく同一視されるアストラエアは、星座上でおとめ座に属する女神であり、隣りのてんびん座の天秤を持っていることが多い。

写真は、法の女神「テミス像」堤直美作　虎ノ門法曹ビル（東京都港区西新橋）

再改定にあたって

　大学教育が衰退している。少子化による競争原理の低下が主な要因かもしれない。リメディアル教育と呼び高校教育へ責任転嫁する。グルーバル CEO プログラムや私大ブランディング事業などの「大学改革」が進むなか、教養を重視した授業は姿を消そうとしている。大学の存在意義は、社会の反省機能を確保するための貯蔵庫（遊休地）であるべきだと思う。安易な社会の流れを省み、再考を促す機能である。教養は、ハンドルや自転車チェーンのあそびのようなものだ。無くなってはじめてその必要性に気づく。ガチガチに調整してしまうととても危険な存在である。あそびを切り捨てた社会はわずかなトラブルが致命傷になる。自らの愚行を SNS に上げるバイトテロがいい例だ。昔も今も目先のことに一喜一憂し愚かな行為に後悔するのが若者だ。失敗を成長の糧と考え許す寛容さも必要だが、豊かな想像力を養うことも大切だ。その役割を担っていたのが、教養教育であったはずだ。

　「リーガル・マインド」は、法学における教養にあたる。法曹になるための専門知識や法解釈技術などではない。六法全書など必要ない。人と人との関係においてトラブルが生じた時、どう解決すべきかがその人の価値となり、人生を豊かにする。ネットに蠢いている「自分さえよければ」「損をしないように」法律を盾に、人を非難する道具に使う輩は、「法学の教養」たるリーガルマインドを少しも理解していない人たちなのだ。

　そもそも、法律には人間関係を改善・回復する機能はない。むしろ関係を遮断し、冷徹に結果を突き付ける。それを補うために教養としてのリーガルマインドが必要なのだ。物事を俯瞰的に見れる「想像力」、そして当事者の関係を公平・公正にはかれる「バランス力」である。こうしたと考え方の指針を養う学問が「法学」（法律学ではない）なのである。

　こうした私の考え方から、この三訂版には更なる教養が盛り込まれている。身近な事例ばかりか、古典の教え、文学や映画、昔話や説話など、「これが法

学の入門書か？」「法学であそぶとは不届きな」と思われるほどさまざまな素材を織り込み、法的に考えてもらう仕掛けとなっている。

　社会から教養が無視され、あそびのなくなった大学教育の中に、ひとつくらい「法であそぶ」教養科目があってもいいのではないかとの強い編集意図からつくられた本である。また、それを面白がって許してくれた北樹出版編集部の寛容さに感謝する。是非多くの方々に読んでいただけることを期待したいと思います。

　　2019年　3月吉日

　　　　　　　　　　　　　　　　　　　　　　　山 本　　聡

まえがき

「法は全ての人に開かれているはずなのに……」。カフカの小説『審判』の中に出てくる短いエピソード「法の前」では、田舎から出てきた男が法の中に入りたいと法の前にやってくるが、門番から制止されます。しかし、門はいつでも開いていて、けっして門番が力づくで中に入れさせないわけではありません。ただ、「中に入ると自分よりも恐ろしい門番が門をくぐるたびに待っている」と脅かされ、結局入ることを自ら断念してしまうのです。このエピソードには、法は誰にでも開かれているというタテマエと、人を裁くという権威を盾に近寄りがたさを維持してきた法の実体がよく表われています。

本書は、そうした堅苦しい、複雑、難しいという法や裁判のイメージをいくらかでも取り除くために、さまざまな素材を使いながら、見た目は恐そうで堅牢な建物の中にある「法」という氷結した概念を、太陽の下にさらして、やわらかくなった法の正体をお見せしようと考えています。

まず、なぜ、何のために法は発生したのかについて、民話や説話、昔話や童話などを素材として、法の起源を探り、さらに文学やJ-POP、映画やテレビドラマなどをとおして、身近なところにも法的なモノは転がっているのだということを理解してもらおうと考えています。あの映画ハリー・ポッターに出てくる魔法学校の温室で育てられていた「マンドラゴラ」の根は、実は首切り役人（刑吏）やギロチンと関係があるということを知ることはたのしくありませんか。本書は、誰もがおもしろいと感じてくれる法学のテキストにしたいと考えています。そして本書を読み終えたときに、何だ「法的に考える」とは、そんな簡単なことだったのかと納得してもらうと同時に、さらなる法への興味を高めて、具体的な法律の本当の目的や意図を探りたくなることを期待しています。

「○○入門」や「はじめての○○」というタイトルにだまされた人は多いと思います。著す側もけっしてだまそうとしているのではなく、やさしくわかり

やすい本を目指しながら「概論」という金縛りにあって、法の種類や法の機能といった概念定義に始終してしまった結果、「法学概論」の域を出られないでいるのです。また、読者を絞り込んで「○○学部のための法学」や「理数系の……」といった限定的な読者を対象にすることがよくありますが、最初に書いたとおり「法は誰に対しても開かれているもの」であるはずであって、限定的に法をとらえることの弊害（当該分野だけの法律やそのための解釈が先行してしまう）に気づかないことは、勉強のきっかけとはいえ、けっしてよいこととはいえないでしょう。たとえば、工学部のための法学といったら、決まって特許や著作権などの知的財産権が対象となり、権利者の保護や経済的権利の損失などに注目が行きます。本来の科学技術の公共性や知的文化の発展へとは眼がいかないことになるでしょう。法は特定の人の利益のためにあるものではないはずです。それを忘れてはならないと思います。

　だまされたと思って『法学のおもしろさ』を読み始めてください。「環境にやさしい」のようにやわらかい表現の言葉はあやしいと疑ってみることはよいことです。本書もあやしい本かもしれないという疑念を持ちながら読みすすめていただき、最終的に従来の法学の基本書としてもけっしてひけをとらない内容になっていることを実感して欲しいと思います。

　なかには、だまされたと思って読み始めてみたら、やっぱりだまされたという人も出てくるでしょう。しかし、読み終えた後でそう感じることができたということは、法的に考える力がつき、代金を返還請求することの意味を理解したといえるのではないでしょうか。だから、「良き法律家は悪しき隣人」などという法諺が残っているのかもしれません。

　ハブ・ア・ファン・オブ・ザ・ロー‼

神奈川工科大学　基礎・教養教育センター　山 本　　聡

目　次

第1章　法の起源について──法はどこから来て、どこに行くのでしょうか …10

　　1　昔話と法　(15)
　　　　　夏目漱石の『夢十夜』第三夜／民話「こんな晩」

　　2　「かちかち山」と模擬裁判　(20)

　　3　法としての道徳スクリプト　(25)
　　　　　市民の道徳スクリプト／コールバーグとギリガン

　　4　J-POP の歌詞と法　(28)
　　　　　「さくら（独唱）」森山直太朗／ブラックストン

第2章　法と文学　……………………………………………………32

　　1　法の正体と法文化　(33)
　　　　　「掟（法）の前」カフカ

　　2　裁判と裁きの意味　(38)
　　　　　宮澤賢治『どんぐりと山猫』

　　3　法文化と国民性　(45)
　　　　　取引の社会と情けの社会／イソップ童話「ライオンとねずみ」

第3章　法と道徳と倫理　……………………………………………50

　　1　グリム童話の中の法　(50)
　　　　　「罪を犯す能力」と子どもの処罰原理

　　2　人形と小判　(54)

　　3　法（LAW）と倫理（ETHICS）と道徳（MORARITY）の関係　(56)
　　　　　文部科学省が考える「道徳」

第4章　権利と義務の関係　…………………………………………64

　　1　権利の内容　(64)
　　　　　居酒屋でのビールの所有権と贈与の話

　　2　誰かのものである（所有）ということの意味　(66)
　　　　　安部公房「赤い繭」／ルソー『人間不平等起源論』／金の鈴

6　目　次

　　③　権利が先か義務が先か　(71)
　　　　シモーヌ・ヴェイユ『根をもつこと』／権利基底的権利と義務基
　　　　底的権利

第5章　法の解釈と屁理屈 ……………………………………………81

　　①　法解釈と言語学　(81)
　　　　サンチョ・パンサの絞首台／ワニのパラドックス／うそつき村と
　　　　正直村

　　②　法解釈と屁理屈の違い　(84)
　　　　シェークスピア『ベニスの商人』／解釈の原則

第6章　公法と私法の分離と融合 ……………………………………93

　　①　記憶と記録の不分離の世界から記録の世界へ　(93)

　　②　刑事司法と民事司法の関係　(96)
　　　　「裁く」とはどういうことか／犯罪の事実認定の日常性／刑事裁
　　　　判と民事裁判のシステム比較

　　③　刑罰と損害賠償の実際　(99)
　　　　故意と過失の違いによる人間の値打ちの差

第7章　刑罰は何のためにあるのか ………………………………103

　　①　犯罪カタログと構成要件　(103)
　　　　犯罪認定プロセス

　　②　刑罰の本質　(112)
　　　　刑罰の起源と復讐の意味／復讐から儀式、儀式から刑罰へ、そし
　　　　て刑罰から法廷イベントへ

第8章　回顧的刑事責任から展望的刑事責任へ …………………119

　　①　ポッターの魔法薬「マンドラゴラ」と刑吏の話　(119)

　　②　ギロチンと科学者の実験　(122)

　　③　刑罰制度と社会の寛容性　(127)

　　④　昔話法廷と死刑制度　(130)
　　　　死刑囚に関する映画のおもしろさ／「さるかに合戦」〈昔話法廷〉
　　　　NHK for school

目　次　7

第9章　契約の自由と信義則 …………………………………………142

　　1　民法というルール　（142）
　　　　贈与契約（あげる）の社交辞令的側面

　　2　契約の成立要件と有効要件　（146）
　　　　長編アニメ『千と千尋の神隠し』

　　3　市民法の基本原理のまとめ　（154）

第10章　親戚はどの範囲まで …………………………………………160

　　1　サザエさん家の親族関係　（160）

　　2　サザエさん家の扶養義務　（164）
　　　　親族間の互助義務／親族間の扶養義務／民法の改正

　　3　サザエさん家の相続問題　（167）
　　　　相続人となる者およびその順位

第11章　社会法の成立 …………………………………………………177

　　1　労働者とは何か　（179）
　　　　葉山嘉樹『セメント樽の中の手紙』

　　2　現代の労働法2種　（185）

　　3　労働基準法の利用　（189）

　　4　ブラック企業と学生対応　（194）
　　　　ブラック企業の定義／ブラック企業対策プロジェクト／
　　　　求められる対策／オワハラのウソホント

第12章　責任という原理 ………………………………………………199

　　1　伝説のスピーチと環境倫理　（199）

　　2　自己責任と自業自得　（205）
　　　　自己と決定、自己と責任／自己決定はクール（かっこいい）か／
　　　　自己決定と自己責任の関係／自己決定の意義

　　3　責任の原型と人類の存続　（210）

8　目　次

第13章　知は誰のものか ……………………………………………212

　　⬜1　知的財産権の行方　(213)

　　　　エルドレッド裁判／キャラクタの著作権は死活問題？／劣勢に立
　　　　たされる CTEA 反対派／「limited times」の解釈が最高裁での
　　　　争点に

　　⬜2　コピーライトとコピーレフト　(218)

　　　　コピーレフト

　　⬜3　日本における著作物の存続期間やフェアユース　(221)

第14章　日本国憲法のおもしろさ ……………………………………224

　　⬜1　英文和訳と現代国語の力と日本国憲法　(224)

　　⬜2　平和主義の不思議とおもしろさ　(229)

　　⬜3　国民から政府へのメッセージ　(239)

第15章　法的思考とバランス …………………………………………242

　　⬜1　バランスの重要性　(242)

　　　　重さとバランス／長さとバランス／心と言葉とバランス／アンバ
　　　　ランスのバランス

　　⬜2　説得力と理解力　(249)

　　　　思い当たるふし／インストラクション 5 つの要素

　　⬜3　リーガル・マインドとコモン・センス　(252)

　　索　　引　(256)

法学のおもしろさ
──法の起源から人権まで

第1章 法の起源について

法はどこから来て、どこに行くのでしょうか

　法とは何かを考えるに際し、興味深い話があります。法律と道徳の違いを明確に指摘しているのでここで示しておきます。ある著名な憲法学者が、Webジャーナルで「道徳教育の問題点」を指摘したものです。**キーワードは「法」と「感情」**です。

＜これは何かの冗談ですか？　法よりも道徳が大事なの⁉＞（記事の抜粋）

　「運動会の最後の練習中、二段目・三段目とピラミッドが積み上がり、いよいよつよし君の番。……さあ決めてやると思った瞬間、休は安定を失い床に転げ落ち、肩に痛みが走る。病院に運ばれ骨折と診断される。下の段のわたる君は謝るが、つよし君は許せない。そんなつよし君に、お母さんが「一番つらい思いをしているのは、つよしじゃなくてわたるくんだ……つよしがわたるくんを許せるのなら、体育祭に出るよりもいい勉強をしたと思う……」（広島県教育委員会作成道徳資料）

　これに対し、憲法学者は「そこには、骨折という事故の重大さはまるで語られていない。なぜ、学校が舞台になるとお互いに許して団結しようという話になってしまうのだろうか。」と**心情理解に偏った**道徳教育に疑問を呈し、「組体操は違法の可能性があり、一部の子どもがバランスを崩しただけで骨折者がでる危険な状況で練習をさせたのであれば、学校の安全配慮義務違反が認定される可能性は高い。民事上では、学校が損害賠償を請求される責任は免れ得ない」と**法的視点の欠如**を嘆いたのです。刑事上の問題として考えるなら、注意義務違反によって骨折者が出ているのだから、教員は業務上過失致傷罪に問われてもおかしくないとまで説いていました。（「現代ビジネス」　2016年1月26日（火）木村草太「これは何かの冗談ですか？　小学校「道徳教育」の驚きの実態　法よりも道徳が大事なの⁉」より要約）

いわば、「相手の心情を思いやり、壊れかけた関係回復、配慮・関係性重視」＝道徳教育の視点に対し、「対立関係を前提に、主体的な権利主張」＝法教育の視点との対立構造を浮き彫りにしたのでしょう。こうした真っ向からの対立は、教授の論考の見出しからもうかがえます。相手を思いやることも大切だが、生徒の心情に訴えるだけではなく法律的な対応の知識を教えるべきであり、骨折という重大事故の責任を教育現場の責任者に問うべきだというのです。確かに、人の失敗を許すのは大切なことで、これを機にクラスの団結力を高めよう」という教育する側の意図は理解できなくもありませんが、「クラスの団結力を高める」、「困難を努力で乗り越える」という程度の教育目的では、あえて、組体操という危険な競技を選ぶことに正当性を見出すことは難しいともいえるわけです。

　教授は、「今回紹介した教材は、学校内道徳が法の支配を排除するという道徳の授業の危険をとても分かりやすく表現している。あらゆる子どもを受け入れる公教育が公教育であるためには、もっと普遍的な教育こそが必要ではないか。」と訴え、「組体操事故を教材にするなら、子ども達に、次の7つの問いを投げかけるべきだ」と提案しています。

　1）「この事故の原因は何だと思いますか？」　2）「骨折は、その子から、どのような可能性を奪いますか？」　3）「この事故について、指導をしていた先生は、どのような責任を負うべきですか？」　4）「学校がいくらの賠償金を払えば、骨折したことに納得できますか？」　5）「骨折という重大事故にもかかわらず、組体操を中止しない判断は正しい判断ですか？」　6）「バランスが崩れても、一人もケガをしないようにピラミッドを作ることはできますか？」　7）「運動会で組体操を行わせることは、適法だと思いますか？」

　こうした問いについて考えれば、それぞれの人が異なる価値観を持っていること、異なる価値の共存のために普遍的なルール作りが必要であることを学ぶことができるかもしれません。また、実際の民法や刑法が、これらの問題にどんな答えを出しているかを学ぶ機会にもなるでしょう。法の本質は、「普遍的な価値を追求する規範だ」という点にあることは間違いないでしょう。普遍的

な価値とは、どんな人にでも正当性を説明できる価値のことをいいます。この世界には、それぞれまったく異なる価値観や思想や意見を持った人々がいます。そうした人々が共存するためには、お互いを尊重し、どんな人に対してもその正当性を説明できるルールが必要ということでしょう。

　これに対し、法以外の規範（倫理・道徳・慣習・マナーなど）の特徴は、「普遍性を持たない」こと、つまり、特殊集団のための規範であって、たとえば同じ道徳観をもつ人たちの間のルール、校則は学校に通う人たちの間のルール、会社規則は会社に勤める人たちの間のルールだということです。特別な集団の中で、独自のルールがあった方が、コミュニケーションがスムーズに進むということはよくあります（ネット上のSNSでは特殊なルールがあってそれが登録者をつないでいるきずなでもあるといえます。LINEの騒動はまさに特殊集団のルールに関する個別の感情のぶつかり合いです）。

　学校の部活動は、「みんなで団結してがんばるのが好き」な人が集まって、辛い試練に耐えて頑張るのは、それはそれですばらしいことなのかもしれません。しかし、内部の人にとっては守るべきルールであっても、その外部にいる人たちにまで自分たちのルールを押し付けることは許されません。さらに、そのルールに従う集団に入るか否かは、当人の自由な意思に委ねなければなりません。逆にいえば、参加するか否かの自由が保障されない集団では、内部ルールにもある程度の普遍性が要求されることになります。

　こう考えてくると、学校内道徳を絶対視する態度の何が問題なのかが、よくわかります。学校が子どもたちに義務付けてよい教育内容には、普遍的な価値が要求されるべきです。そして、教育内容は、その普遍的な価値を実現するのに効果的で、かつ、弊害の生じないものが選ばれなければなりません。「道徳」といわれると、多くの人は漠然と「人として良いこと」と考えてしまいます。しかし、「道徳」の内容はあまりに曖昧です。また、法律と違って、誰が作るのかもはっきりしません。このため、「道徳」の授業には、一部の人や集団にしか通用しない規範を、漠然とした圧力で押し付けてしまう危険があるのです。

　教授は、その結語に「学校では、道徳ではなく、法学の授業に時間を割くべ

きなのだ。」と説いています。この論考に対するネット上の意見では、賛同するものと教育現場で責任の追及を優先させることはクレーマーとの区別をつかなくするとの二分したものとなっています。こうした論点の対立は、価値観が多様化した現代社会の特徴でもあります。自由を前提にした自己決定・自己責任の個人主義においては、従来の道徳観や人間関係のしがらみを嫌い、個人の判断を中心にした正当性や理由付けが前面に出て来て、感情的なトラブル（あるいは自業自得論）が生じやすくなっているともいえるでしょう。

　ここで、**法と感情の関係性**を整理してみましょう。

　「法」は本来、日常の生活やそれにともなう感情とも連続しています。法が感情の総意をもって理論化された経緯を考えれば至極当然のことでしょう。つまり、西欧人にとって「法」は「感情」と根源的に乖離しないのです。ここが日本人的法感覚との違いなのですが、それゆえ輸入品の「法」の罪がここにあります。「法よりも感情を優先する人」（日本人に多い）は「法的に無罪でも悪いと思ったから謝罪する」という行為を自然に受け止めます。いっぽう欧米人やムスリムの人は「法的に無罪であれば謝罪の必要はない」（逆に謝罪をしてしまうと自らの違法を表明することになる）と考えます。この矛盾に気付かないのです。「法律が全てじゃない。」という人は輸入品の外見しか見ていないのです。もちろん、「法律が全てじゃない」という意見は正しいし、同意できるのですが、「法律が全てじゃない」という人は「法律よりも感情を優先している」に過ぎず、法の本質や起源・有効性を深く考えたことのない、法と感情を対立概念だと誤解している人たちなのです。**法は感情とは連続こそすれ、対立概念ではありえない。**このことを忘れないで欲しいと思います。

　法はしばしば理性の象徴として描かれますが、その理性は感情に基づいているのです。法の本質は日常という総体の中で蠢く感情と同質のものであって、法と感情はその表現型が異なっているだけに過ぎないのです。

▼西欧人は日常から合理性を発見し、「法」という形をもってそれを体現化した。

▼日本人は日常に降って現れた「法」を愛で、感情とは別の守るべきものと考

えた。

　「法や常識にとらわれ」ず、人間の感情を表現しようと思っていた「感情の発露」が、実は「法と常識」の起源であるという矛盾がそこにあるのです。理不尽さを内包しながらも一定の円滑性と妥当性の上に成り立つ「常識」がそもそも「法」というものだともいえるのです。

　米国の倫理学者マーサ・ヌスバウムはその著書『感情と法』（慶応大学出版会）で次のように表現します。

『感情と法』
（慶応大学出版会）

「……「怒り」という感情のもっとも重要な特性は、「他人の不正な行為」という認知内容が含まれていることである。我々は地震やにわか雨、あるいは、赤ん坊がコップを割ったことに対して怒りはしない。他人の「行為」に対して怒るとき、我々は他人を判断力を備えた人格として捉えている。つまり、怒りという感情は高度な認知的内容を備えている。……人間が守らなければならない共通のルールを破ったことに対する怒りである。だから、怒りは「理に適った reasonable」感情であり、人は怒るべきときには怒らなければならない。この意味で、怒りは正当な感情なのである。……そしてまた、怒りは、人間と人間の正常な関係や規範に関わる重要な感情なのである。……というのも、正義が関わる領域は、身体・生命の安全、財産、名誉などが傷つけられないこと、移動、発言の自由など、人間の基本的な権利に関わるものであり、それが侵犯されることに強い怒りを感じることが、こうした人間の「基本財」を守ることに必要だからである。つまり「怒り」は、社会の公共性を支える大切な感情なのである……」

　あの忌まわしき「地下鉄サリン事件」の死刑囚13人の処刑（2018年7月）に際し、「死刑は人の生命を絶つ重大な刑罰で、法務大臣として裁判所の判断を尊重し、**慎重かつ厳正**に対処すべきもの。**鏡を磨いて、磨いて、磨ききる心構え**で、**慎重な上に慎重を重ねて執行を命令した**」とコメントした上川法相の言葉はまた、「罪責が重大な場合は死刑も**やむを得ない**」とも表現しています。でも、誰も**その矛盾**に気づかないようです。「やむを得ない」苦渋の選択ならば、

「明鏡止水」でいられるわけがない。死刑に内在する心情と刑罰制度の矛盾、こうしたうしろめたさがあるからの日本的な表現なのです。

　では、こうした法の起源をまず、伝承や民間説話を例に説明していきましょう。

① 昔話と法

●夏目漱石の『夢十夜』第三夜

　まず、夏目漱石の『夢十夜』（明治41年）から「第三夜」を見てもらいましょう。

　簡単にあらすじをまとめますと、ある男に子どもが生まれましたが、不幸なことにその子どもは盲目でした。ある日、その子どもを背負って散歩に出ると、眼の見えないはずの子どもがまるで眼が見えるかのように「あっち、そっち」と方向の指示を出すのです。いつしかふたりは森の中へ入っていきます。やがて、背中の子どもは「ここだ、ちょうどその杉の根のところだ」といいます。「お父っあん、その杉のところだったね。……お前が俺を殺したのは今からちょうど百年前だね。」男の脳裏に前世の百年前文化５年のこんな闇の晩にこの杉の根にひとりの盲目を殺したことがあるという記憶が忽然として蘇るのでした。では、どうぞ……。

　こんな夢を見た。
　六つになる子供を負ってる。慥（たしか）に自分の子である。只（ただ）不思議な事には何時の間にか眼が潰れて、青坊主になっている。自分が御前の眼はいつ潰れたのかいと聞くと、なに昔からさと答えた。声は子供の声に相違ないが、言葉つきはまるで大人である。しかも対等だ。
　左右は青田である。路は細い。鷺の影が時々闇に差す。
　「田圃（たんぼ）へ掛ったね」と脊中で云った。
　「どうして解る」と顔を後ろへ振り向ける様にして聞いたら、

「だって鷺が鳴くじゃないか」と答えた。

すると鷺がはたして二声程鳴いた。

自分は我子ながら少し怖くなった。こんなものを脊負っていては、この先どうなるか分らない。どこか打遣る所はなかろうかと向うを見ると闇の中に大きな森が見えた。あすこならばと考え出す途端に、脊中で、「ふふん」と云う声がした。

「何を笑うんだ」

子供は返事をしなかった。只

「御父さん、重いかい」と聞いた。

「重かあない」と答えると

「今に重くなるよ」と云った。

自分は黙って森を目標にあるいて行った。田の中の路が不規則にうねって中々思う様に出られない。しばらくすると二股になった。自分は股の根に立って、一寸休んだ。

「石が立ってる筈だがな」と小僧が云った。

成程八寸角の石が腰程の高さに立っている。表には左り日ケ窪、右堀田原とある。闇だのに赤い字が明かに見えた。赤い字は井守の腹の様な色であった。

「左が好いだろう」と小僧が命令した。左を見ると最先の森が闇の影を、高い空から自分らの頭の上へ抛げかけていた。自分は一寸躊躇した。

「遠慮しないでもいい」と小僧が又云った。自分は仕方なしに森の方へ歩き出した。腹の中では、よく盲目の癖に何でも知ってるなと考えながら……。

筋道を森へ近づいてくると、脊中で、「どうも盲目は不自由で不可いね」と云った。

「だから負ってやるから可いじゃないか」

「負ぶって貰って済まないが、どうも人に馬鹿にされて不可い。親にまで馬鹿にされるから不可い」

何だか厭になった。早く森へ行って捨ててしまおうと思って急いだ。

「もう少し行くと解る。……ちょうどこんな晩だったな」と脊中で独言の様に云っている。

「何が」と際どい声を出して聞いた。

「何がって、知ってるじゃないか」と子供は嘲ける様に答えた。すると何だか知ってる様な気がし出した。けれども判然とは分らない。只こんな晩であった様に

思える。そうしてもう少し行けば分る様に思える。分っては大変だから、分らないうちに早く捨ててしまって、安心しなくってはならない様に思える。自分は益々足を早めた。

雨は最先から降っている。路はだんだん暗くなる。殆んど夢中である。

只脊中に小さい小僧が食付いていて、その小僧が自分の過去、現在、未来を悉く照して、寸分の事実も洩らさない鏡の様に光っている。しかもそれが自分の子である。そうして盲目である。自分は堪らなくなった。

「此処だ、此処だ。丁度その杉の根の処だ」

雨の中で小僧の声は判然聞えた。自分は覚えず留った。いつしか森の中へ這入っていた。一間ばかり先にある黒いものは慥に小僧の云う通り杉の木と見えた。

「御父さん、その杉の根の処だったね」

「うん、そうだ」と思わず答えてしまった。

「文化五年辰年だろう」

なるほど文化五年辰年らしく思われた。

「御前がおれを殺したのは今からちょうど百年前だね」

自分はこの言葉を聞くや否や、今から百年前文化五年の辰年のこんな闇の晩に、この杉の根で、一人の盲目を殺したと云う自覚が、忽然として頭の中に起った。おれは人殺であったんだなと始めて気がついた途端に、脊中の子が急に石地蔵の様に重くなった。

(夏目漱石「第三夜」『文鳥・夢十夜』新潮文庫、pp.31-34)

　「第三夜」は『夢十夜』の中でも特に変わっていて、ちょっと不気味な怪談話のようですね。作家伊藤整も「人間存在の原罪的な不安がとらえられている」と評しています。人間誰しも、叩けばほこりくらいは出てくるもので、過去において何らかの傷をすねに持っているものです。日頃、深層意識の下に隠していても、ある日夢となって出てくる罪の意識は誰しも経験があるものです。

　さて、「昔話と法」に話を戻しましょう。法の起源を説明するための素材として持ち出してみたのですが、法はある**社会の秩序を保つために生まれたもの**といっていいでしょう。何かわけのわからない（理由の不明な）出来事が起きる

と人々は不安になり、いろいろなうわさが立ちます。何らかの説明できる物語（うわさ話）になります。大体は、ねたみや恨みがもとにあって、どうにもならないモヤモヤしたものを払拭したいために、さも本当の理由のようにまことしやかに語られます。これが、ある地域で有名な話になり伝承され、民話や昔話となったのです。

　現代社会に置きかえると、都市伝説やインターネットの掲示板への書き込みなどと同じ役目を果たしているのかもしれません。

　実はこの「第三夜」の話は各地に多く残っている民間伝承のひとつのパターンとして、ある民話がモチーフになっています。それは、通常「こんな晩」という民話に分類されているものです。内容は、次のようなものです。『夢十夜』と比較してみてください。

●民話「こんな晩」

　その昔、ある月夜の晩のこと、ある村のある家に旅の六部がやってきて一夜の宿を乞いました。この六部が大金を持っていることを知った主人はその金が欲しくなって、六部に道を教えてやるふりをして人が滅多に通らない道を教え、そこで待ち伏せして六部を殺してその所持金を奪いました。その後、その家はその金を元手にして大金持ちになります。何十年も経ってその家の子孫に不具の子供が生まれます。ある寝苦しい夜のこと、母親は、ぐずって寝つきの悪いその子を、外におしっこをさせに連れて行ってくれと父親に頼みます。父親は縁側の外に子どもを連れていきます。やがて、その子は月夜を見あげて「こんな晩だったね、お前が俺を殺したのは……」 　　　　（小松和彦『異人論』ちくま学芸文庫、pp.67-71）

とつぶやくというものです。

　『夢十夜』とよく似ているでしょう。漱石が「こんな晩」をもとに「第三夜」を作り上げたのはあきらかです。ちなみに、六部というのは、霊場を巡ってお経を納める行者や諸国を巡る巡礼のことを指します。民間伝承では、件の村や家は具体的な名前がついていて実在のものであることが多いようです。日付も具体的な日時がついていて、さも本当にあった話のようになっています。

国際日本文化研究センター所長の小松和彦教授は、『異人論』（ちくま学芸文庫）という本の中で「異人殺し伝説のメカニズム」について、「人びとの嫉妬の念をいやすために語られる悪口の一つとして、まことしやかに『異人殺し』がどこからともなく語られはじめたとも考えられる」と説明しています (p.35)。

民話ではその村の特定の裕福な家の盛衰の物語として伝わっていることが多く、多くは六部殺しの祟りによってその家に不具の子どもが生まれるという因果物語になっています。「あの家の羽振りが急に良くなったのは、何かたくらみをしてどこからか財産が転がり込んだからだ」といったうわさは、皆さんも聞いたことがあるかと思います。実は話の本質はそこにあるのではなく、「あの家が裕福になったのは六部を殺してその金で裕福になったのだ。あの家はそういう悪事を働いた家なのだ。」と理由づけて、村人がその家を除け者扱いにしたというところです。このように、六部殺し民話というのは「その家がどうして裕福になったのか」を説明しようとするものでした。あの家が裕福になったのは、昔六部を殺してその金を奪い、そういう卑劣な行為をしたからだと決め付けたのです。何のためですって？　それは、村人のねたみ心（何であの家だけがいい思いをするの……）を沈静化する（村の秩序を維持する）機能を持っているからです。その真相は当事者以外誰も知っているはずがないですから、たいていの場合はでっち上げです。でも、そういうでっち上げをすることで裕福になったその家を共同体から意識的に排除し、むら全体の平穏を保っていたのです。今まで同じように貧しい暮らしをしていた隣人が、急に羽振り良くなってご覧なさい。誰でも「あの家はきっと何か悪いことをして財産を手に入れたのだ」なんて妄想をかきたてるかもしれません。

このように、民話や説話には、ちゃんとした意味（小松教授によれば、これほど科学の発達した社会でも延々と語り継がれて消えることのない妖怪や幽霊伝承などは、それが存在するかしないかが重要なのではなく、人にとって何らかの意味があるから語り継がれているのだといっています）があり、ひるがえってみると、こうした物語から私たちは「だから悪事を働いて良い思いをしても必ず報いがあるものだ」というルールをいつしか学ぶことになったのです。民話や昔話が

説教くさかったり、道徳的であったり、教条的な話が多いのはこのためです。

2 「かちかち山」と模擬裁判

　ところで、法務省は数年前から「法教育推進協議会」なるものを設置して、大学以前から法に関する教育の必要性を検討しています。現在は、省内に「法教育プロジェクトチーム」を発足させ、2009年9月より全国の学校や地域に、検事や刑務官といった現場の職員を派遣し、司法制度などを教える出前授業を行うための取組みを始めたと4月11日の朝日新聞、読売新聞の夕刊で報道されました。

　また、香川大教育学部付属坂出小（6年生）では、法教育の試みとして、昔話「かちかち山」を使った模擬裁判の授業（量刑のみの議論）が2009年2月に行われ、新聞でも報道されました。

　そこで、これを大学生に行ったらどうなるか、実践してみました。工学部・情報学部の学生（教養科目として法学を学ぶだけの2・3年生）と法学部の学生（3・4年の専門演習）を対象に、物語のあらすじと刑法の関連条文（正当防衛・緊急避難・故意・心神喪失および心神耗弱・責任年齢・自首・共同正犯・教唆・幇助・酌量減軽・傷害・殺人・傷害致死・暴行・過失傷害・過失致死など）を書いた資料を配り、グループで該当する罪名と妥当と思われる量刑を議論してもらうことにしました。最初は、資料のあらすじや刑法関連条文については一切説明せずに考えてもらい、後ほど質問の時間を作って、最終的にグループごとに罪名と量刑および選んだ理由を答えてもらいました。

　実際に示した話の内容と、関連条文を載せておきましょう。

尾竹国観、講談社

昔話「かちかち山」

昔ある所に畑を耕して生活している老夫婦がいた。老夫婦の畑には毎日、性悪なタヌキがやってきて不作を望むような囃子歌を歌う上に、せっかくまいた種や芋をほじくり返して食べてしまう。業を煮やした老人は罠でタヌキを捕まえると、老婆に狸汁にするように言って畑仕事に向かった。タヌキは「もう悪さはしない、家事を手伝う」と言って老婆を騙し、自由になるとそのまま老婆を撲殺してしまい、その上で老婆の肉を鍋に入れて煮込んだ（婆汁）。タヌキは老婆に化けると、帰ってきた老人にタヌキ汁と称して婆汁を食べさせ、それを見届けると嘲り笑って山に帰った。そこに老夫婦と仲の良かったウサギがやってきて老人から事の顛末を聞くと、タヌキ成敗に出かける。ウサギは親しげにタヌキに近づき、金儲けを口実に柴刈りに誘う。その帰り道、ウサギはタヌキの後ろを歩き、タヌキの背負った薪に火打ち石で火を付ける。火打ち石の「かちかち」という音を不思議に思ったタヌキが、このことをウサギに聞くと、ウサギは「ここはかちかち山だから、かちかち鳥が鳴いている」と答えた。結果、タヌキは背中に大火傷を負うこととなったがウサギを疑うことは無かった。後日、何食わぬ顔でウサギはタヌキの見舞いにやってくると、良く効く薬だと称してカラシ（もしくはタデの汁）をタヌキに渡した。これを塗ったタヌキは更なる痛みに散々苦しむこととなったが、やはりウサギを疑うことは無かった。タヌキの火傷が治ると、最後にウサギはタヌキの食い意地を利用して漁に誘い出した。2匹が湖に来ると木の船と一回り大きな泥の船があり、ウサギは「たくさん魚が乗せられる」とうそぶいて、タヌキに泥の船を選ばさせ、自身は木の船に乗った。沖へ出てしばらく立つと泥の船は溶けて沈んでしまい、タヌキは溺れてウサギに助けを求めた。しかし、ウサギは逆に櫓でタヌキを沈めて溺死させ老婆の仇を討った。

22　第1章　法の起源について

「かちかち山」に関する刑法関係条文————

第36条（正当防衛・過剰防衛・誤想防衛）　急迫不正の侵害に対して、自己又は他人の権利を防衛するため、やむを得ずにした行為は、罰しない。

　2　防衛の程度を超えた行為は、情状により、その刑を減軽し、又は免除することができる。

第37条（緊急避難）　自己又は他人の生命、身体、自由又は財産に対する現在の危難を避けるため、やむを得ずにした行為は、これによって生じた害が避けようとした害の程度を超えなかった場合に限り、罰しない。ただし、その程度を超えた行為は、情状により、その刑を減軽し、又は免除することができる。

第38条（故意）　罪を犯す意思がない行為は、罰しない。ただし、法律に特別の規定がある場合は、この限りでない。

　2　重い罪に当たるべき行為をしたのに、行為の時にその重い罪に当たることとなる事実を知らなかった者は、その重い罪によって処断することはできない。

　3　法律を知らなかったとしても、そのことによって、罪を犯す意思がなかったとすることはできない。ただし、情状により、その刑を減軽することができる。

第39条（心神喪失及び心神耗弱）　心神喪失者の行為は、罰しない。

　2　心神耗弱者の行為は、その刑を減軽する。

第41条（責任年齢）　十四歳に満たない者の行為は、罰しない。

第42条（自首等）　罪を犯した者が捜査機関に発覚する前に自首したときは、その刑を減軽することができる。

第60条（共同正犯）　二人以上共同して犯罪を実行した者は、すべて正犯とする。

第61条（教唆）　人を教唆して犯罪を実行させた者には、正犯の刑を科する。

第62条（幇助）　正犯を幇助した者は、従犯とする。

　※従犯：正犯より軽い罪とされるが、法律上減刑するというわけではない。

第66条（酌量減軽）　犯罪の情状に酌量すべきものがあるときは、その刑を減軽することができる

第199条（殺人）　人を殺した者は、死刑又は無期若しくは五年以上の懲役に処する。

第204条（傷害）　人の身体を傷害した者は、十五年以下の懲役又は五十万円以下の罰金に処する。

第205条（傷害致死）　身体を傷害し、よって人を死亡させた者は、三年以上の有期懲役に処する。

第208条（暴行）　暴行を加えた者が人を傷害するに至らなかったときは、二年以下の懲役若しくは三十万円以下の罰金又は拘留若しくは科料に処する。

第209条（過失傷害）　過失により人を傷害した者は、三十万円以下の罰金又は科料に処する。

　2　前項の罪は、告訴がなければ公訴を提起することができない。

第210条（過失致死）　過失により人を死亡させた者は、五十万円以下の罰金に処する。

当然のように法学部の学生は、全員が殺人と事実認定を行いましたが、面白いことに量刑については、2ケタの懲役から無期までという比較的重い量刑の範囲での回答が多く寄せられました。彼らは、物語のあらすじから読み取れる細部にまで着目しながら判断する傾向が見られました。たとえば、事の発端である畑を荒らすというタヌキの行為や、捕獲の結果、狸汁にされそうになったために嘘をつき反撃に出た状況を重視する傾向が見られました。そもそも、子どもの悪ふざけのようなタヌキの行為に対し命を取ろうとした末の反撃であり、仇の理由として疑問であること。一方のウサギの行為は、正義感からとはいえ、おじいさんが依頼したわけでもないのに、これでもかという度重なる懲らしめを続け、それでも信じて疑わないタヌキの態度に感情を次第にエスカレートさせた結果の殺害と考えられ、子どものようなタヌキの気のよさとウサギの冷酷さとの対比に着目することが多くみられました。また、助けを求めるタヌキに耳も貸さず、櫂で沈めたことにも着目し、結果として重い量刑となったと説明する傾向が見られました。

たぶん、法学部の学生は、必ず刑法総論や刑法各論という授業を受けることになっており、そこでは各条文の意味や解釈の仕方を学ぶのですが、量刑については該当する講義がなく、学ぶ機会がない（判例研究でも量刑を問題にする事はほとんどない）からだと考えられます。事実認定よりも、あらすじに関する質問（量刑判断の材料として）が相次ぎ、量刑に時間をかける傾向が見られたのはそのためだったのでしょう。

これに対し、工学部・情報学部の学生では、はじめて見る刑法の関連条文に注視する傾向が強く見られ、事実認定においては、正当防衛、傷害致死、詐欺、殺人等、さまざまな罪名をあげた一方で、量刑については、もともと敵討ちが目的なのだから、お金や欲望のための殺人とは違って比較的軽いという判断からか、懲役6年から10年前後という回答が多く寄せられました。特に、一切説明しない段階では、死刑や無期懲役まででも言い渡すグループも見られましたが、最終的には小学校の模擬授業と同じように平均すると懲役9年という結果になりました。

24　第1章　法の起源について

　彼ら理系の学生の特徴は、条文に関連する（事実認定の判断に必要な）質問が多かったことです。たとえば、ウサギは犯行後自首したのか、タヌキやウサギの年齢は何歳か、おじいさんは共犯にならないのか、仇討ちは正当防衛の理由にならないのか、タヌキをだました上に殺しているので詐欺が加算されないのか、といったものがあげられます。また、火をつけたのは懲らしめのためで殺そうとしたわけではなく、ドロの舟が沈んだときも、本当は助けようとして櫂を差し出したが助からなかったのかも知れないなどの、同情的な文脈の存在（ひょっとしたら何かわけがあったのではないか）を漠然と仮定して判断を緩和する傾向が見られました。

　これは、次にお話する、東洋教授の行った「道徳スクリプト」の調査と合致するものでした。

　法務省の「法教育プロジェクト」は、まさしく裁判員制度を念頭に置いていて、学校教育の中で法的素養を早いうちから身につけさせたいという思いが込められています。

　2009年8月から始まった裁判員裁判をわかりやすく表現してみましょう。刑事裁判は、犯罪事実の内容や経過（事実認定）についての判断と、刑罰の重さをどれくらいにするか（量刑）の2つのことを裁判員に判断してもらう制度です。事実認定に関しては検察側の起訴事実（ストーリー）と被告弁護側の反対意見（ストーリー）を中心としたビジュアルなプレゼンテーションの攻防が中心となり、量刑においては被害者参加制度（証人尋問、被告人質問、論告求刑）の影響がいっそう大きくなるだろうと予測されます。このため、どちらのストーリーがより裁判員の心に響くのか、ルーティン化した従来の調書中心の専門官裁判とは違った緊張感が予測されるでしょう。

　前述の昔話を使った模擬裁判の結果をまとめると、

① **法律を勉強した事のある人は、事実認定よりも量刑に注目し、より慎重に考えようとする。**

② **法律の素人は、事実認定において行為者の心理状態（気持ちや人格など）についての情報を強く求める傾向が見られ、そうした情報が少ない場合には同情的**

な文脈の存在を漠然と仮定して判断を緩和する傾向が強い。
ということがわかりました。

　この実践結果は、面白いことに、文化心理学の「日本人の道徳スクリプト」の知見と一致しているので、次に法と道徳スクリプトについて見て行きましょう。法も文化のひとつであることがよくわかります。

③　法としての道徳スクリプト

　法の起源の話として、民族や国民性の違いによって、異なったルールや判断や考え方の違いが見られることは、皆さんも経験的にご理解できるのではないかと思います。こうした経験則を実証的に研究する学問分野が「文化心理学」というものです。これは、学問的には社会学と心理学の学際分野で、国民性や民族の違いによって、考え方や文化が違ってくる事は当然ですが、どのように違い、それが人間の心理にどのような影響を与えているのか、について研究する分野（たとえば個人主義社会と集団社会の思考の違いなど）なのです。ここでは、この「文化心理学」を法のフィールドにおいて拝借することにしましょう。

●市民の道徳スクリプト

　人間はそれぞればらばらに生きているわけではなく、あるスクリプト（文脈／ライフ・スクリプト）に従って生きています。そのスクリプトの中には、食べたり寝たりといった生活に関することや、特殊な役柄に関することまで無数の内容を持っています。たとえば、見知らぬ人と出会ったときに、皆さんが従うスクリプトと、久しぶりに友人と出会ったときに従うスクリプトとは異なるでしょう。

　すべてのスクリプトのもっとも重要な目的は、人間の生存ということです。私たちは幸せになるために、幸福の創出、つまり生命・自由・財産を保持するという状態を必要とします。そして、そのような状態は、3つの基本的な人間の生き方にかかわるスクリプト（道徳・倫理・法）によって具体化されること

になります。まず「道徳と法」から見ていくことにしましょう。

　道徳（Morality）とは、正しい行為の法則のまとまりであり、私たちの行動を規制したり修正したりするひとつのシステムだと考えられます。道徳は共有されているひとまとまりのルール・原理・義務であり、宗教からも独立しており、ひとつのグループや社会の構成員に認められているものといえます。私たちが社会の中で振る舞うたびに、その社会の過去の人々によって発達させられてきたモラル・スクリプト（道徳的な文脈）に従って、私たちは行動しているのです。道徳とは領域性かつ文化性を基礎に持つものであり、その社会の中で生活すればするほど、私たちはその社会のモラル・スクリプトに従って生活する義務を感じることになります。ちょっと難しくなってきましたので、「法と道徳」に関しては、後ほど別の章で詳しく説明することにしましょう。

●コールバーグとギリガン

　まず、「人間の道徳はどのように発達するのか」という研究分野、「道徳性発達心理学」の権威者コールバーグの理論を説明しましょう。コールバーグは、モラルジレンマの事例を使ってさまざまな年齢の被験者に質問紙法による調査を行い、人間は6段階の道徳的発達を経て成長すると説きました。人間はまず、「他律的な罰回避や得損勘定が基準となる低い道徳性の発達から始まり（幼児の段階／1〜2段階に止まる）、次第に集団の中でよりよい人間関係を維持しようと気を配り、立ち振る舞うといった他者への同調やよい子志向（3段階）をへて、国家や地域社会に積極的に貢献し（公共性）、法や秩序に従って義務を果たし、社会のために自分の役割を認識（4段階）し、やがて内在化された道徳的な価値の基準を自律化（5段階）し、個人の権利が尊重され、社会的公平性が果たされる社会の中で人間としての権利や価値を平等に尊重するという人間の尊厳の尊重（6段階／正義と慈愛の原理）へと到達するのだ」と説きました。

　これに対して、ギリガンという女性学者は、コールバーグ理論を批判して、善悪の判断だけが道徳ではなく、配慮や思いやりの道徳があることを主張しました。女性やアジア系の人々は、道徳性の発達段階のテストを行うと、決まっ

て3段階までしか到達しないことがわかっています。これはけっして発達段階が低いのではなく、コールバーグが指標としたモラルジレンマの問題が白人の成人男性の正義原理をもとにしたものであって、女性の優しさや周囲への配慮によってむしろ善悪の判断を緩和することが、人間関係を保つ最良の方法だという指標もあるはずだと説いたのです。その後、この考え方は道徳性の指標のひとつとして確立し、コールバーグも自説を修正したのでした。

さて、前述した「かちかち山」模擬裁判の実践の結果と関連づけてみましょう。ギリガンの理論を鮮やかに示している例が、東洋教授の調査結果（東洋ら『文化心理学』東京大学出版会、pp.88-108）です。東教授は、アメリカと日本の学生を対象として、「道徳スクリプトの文化的差異」の調査を行い、興味深い分析をしています。「ある学生が教師に故意に怪我をさせた」「数学の試験でカンニングをした」といった簡単な記述から道徳的な評価を求め、さらにその後、もっと欲しい情報は何かを問うという調査を、日米の学生240人に行ったそうです。その結果、「道徳的逸脱行為の結果に際し、日本人は気持ちや人格などの行為者の心理状態について情報を求める傾向が強く、そうした情報が少ない場合には同情的な文脈の存在（ひょっとしたら何かわけがあったのではないか、たとえば「よほどひどい扱いをされたのだろう」「性格的にきれやすかった」「けがは軽かった」「当然罰を受けただろう」など）を漠然と仮定して判断を緩和する傾向が強い」と説明しています。一方、アメリカ人の学生は、「故意に怪我をさせた」「カンニングをした」といったはっきりと「事実や結果」に関心を寄せ、善悪の判断を下そうという傾向が強かったといいます。統計的に、日本人の場合は、同情できる事情を想像する傾向があり、米国人は同情を排除した想像をする者が多いことがわかったのです。

前述の、「かちかち山」模擬裁判における「事実認定において行為者の心理状態（気持ちや人格など）についての情報を強く求める傾向が見られ、そうした情報が少ない場合には同情的な文脈の存在を漠然と仮定して判断を緩和する傾向が強い」という結果と一致していることにお気づきかと思います。日本人は、善悪をはっきりつけさせることに抵抗があるようで、人の感情や気持ちに

28 第1章 法の起源について

配慮しようという特徴を持っているといえるでしょう。

　こうした傾向は、どうも子育ての仕方の差にあるのではないかと考えられます。先ほどの東教授は、日米の子育て比較もしており、日本人の母親は子どもをしつけるにあたり感情や他人の気持ちを配慮するのに対し、米国の母親は親の権威をたてに強い指示を与えることが多く、それでもいうことを聞かないときは取引を行い（食べたら絵本を読んであげるなど）食べさせようとすると報告しています。米国人の母親に嘲笑された例として、日本人の8割以上の母親は、好き嫌いをする子に「何で食べてくれないの、ママ悲しくなっちゃう」「ニンジンさんが食べて欲しいって泣いてるよ」「作ってくれた農家の人のことを考えてね」などと感情に訴えかけるやり方をしていたと報告しています。こうして育った日本人の多くは、感情や他人の気持ちを配慮し、情に動かされやすい傾向にあることは否定できないでしょう。

　では、次にもっとも身近な「社会規範」のひとつとして、J–POP の歌詞を見てみましょう。

④　J–POP の歌詞と法

　昔から、詩や歌詞は、人の心に大きな影響を与えてきました。もちろん小説や映画などにも感動するせりふや印象的なシーンがあり、人々に勇気や人生の指針のようなものを感じさせる、現代まで名作として残っている作品もあります。ここでは、意外と軽い音楽と思われている J–POP でさえ（こういう表現はちょっと失礼ではありますが）も、その歌詞の中に「**法的なもの**」が含まれていて、これを聞いた若者の多くが「社会の中でこうした方がいいとされている行動や考え方の型」を押し付けがましくなくさらりと聞き取ってそうした方向へ影響を受けていることに気づくでしょう。

　では、ちょっと前に流行った J–POP の歌詞を次に見てみましょう。

●「さくら（独唱）」 森山直太朗

僕らは　きっと待ってる　君とまた会える日々を

さくら並木の道の上で　手を振り　叫ぶよ

どんなに苦しいときも　君は笑っているから

挫けそうになりかけても　頑張れる気がしたよ

霞みゆく景色の中に　あの日の歌が聴こえる

さくら　さくら　今、咲き誇る

刹那に散りゆく運命と知って

さらば友よ　旅立ちの刻

変わらない　その想いを今

今なら言えるだろうか　偽りのない言葉

輝ける君の未来を願う　本当の言葉

移りゆく街はまるで　僕らを急かすように

さくら　さくら　ただ舞い落ちる

いつか生まれ変わる瞬間を信じ

泣くな友よ　今惜別のとき

飾らないあの笑顔で　さあ

さくら　さくら　いざ舞い上がれ

永遠にさんざめく　光を浴びて

さらば友よ　またこの場所で会おう

さくら舞い散る道の

さくら舞い散る道の上で

(JASRAC　出0911377-901)

　すこしわかりにくいかもしれませんが、新たな旅立ちに生きてゆく希望や勇気がわいてくるような気がしますね。この詩にはきっと「**さまざまなつらいことがこれから待ち受けていようとも、あせらず自分らしく偽りのない飾らない言葉や行動をすること。桜の花のように笑顔で君を見、励ます誰かが必ずいるから……**」なんていいたかったのかも……。

30   第1章　法の起源について

　この歌詞にも、**法的な機能**、つまり「**ある社会の中で従うことが求められる行動や考え方の型**」を押し付けでなく、さらりと感じさせるように作られていることにお気づきでしょうか。私たちは、生まれてから死ぬまでこうしたさまざまな「法的エピステーメ（基盤）」に影響されながら、自らの進む方向を無意識のうちに修正しているのです。

●ブラックストン

　では、最後に18世紀の法学者ブラックストン（自然法の重要性を唱えた法学者）がオックスフォード大学でイギリス法の講義を始める際に、法学が十分に意味あるものであることを述べた話を示して、この章の終わりにしたいと思います。なお、功利主義で有名なジェレミ・ベンサムは、オックスフォード大学で法学を専攻するもウィリアム・ブラックストンの講義を聴いて失望し、功利主義の立場から自然法を批判的に論じたといわれていることを付け加えておきましょう。ジェレミ・ベンサムの遺体はミイラ化され服を着て杖を持った状態でロンドン大学に保存されているそうです。ちなみに、ロビーのキャビネットの中で杖を持った状態で椅子に座っているのは蠟人形です。

> 　学生のみなさんに社会的に有利な特権と自由な時間が与えられているのは、自分自身のためだけではなく、それが社会の利益にもなるからです。しかし、もし、みなさんが、法律についての知識を身につけることができなければ、みなさんは人生のあらゆる場面において、社会に対しても、自分自身に対しても、そのいずれの責任も適切に果たすことができないのです。
>
> (William Blackstone, *Commentaries on the Laws of England,* 3rd ed., London, 1862)

　私たちが生活する日々には、四六時中見えない法的な関係が網の目の如く張り巡らされています。「なぜ人に迷惑をかけてはいけないのか」「なぜ人のものをとってはいけないのか」「なぜ人をだましてはいけないのか」「なぜ人を殺してはいけないのか」、はっきりした理由はわからないが、誰もがやはりいけないと思います。これも、「法的なもの」の影響といえるでしょう。

一方では「戦争はたくさんの人を殺す」のに「正義のたたかい」だといわれます。「大銀行がうまい話を持ちかけ、生真面目な老夫婦を借金の底に陥れて」も「破綻しそうな金融機関に公的資金を投入するのは正しい」とされます。「人を道具のように利用してはいけない」はずなのに、「金や権威で人にいうことを聞かせ、人の遺伝子までをも特許として金儲けにしよう」としています。矛盾していると思うのだけれど、どこがおかしいのかわからないのです。

けれども私たちは、国際社会においても国内社会においても、日々通学する学校において、勤務する会社において、さらに家庭内において、特に問題なく生活しています。これは、上記に見たようにさまざまな法文化（しつけ、子育て、昔話、童話、マナー、道徳、慣習といったもの）や制度（教育、政治、経済など）によって、また、各自の努力（読書、議論、芸術鑑賞など）によって「常識」や「良識」「道徳観」を身に付けているからに他ならないのです。

POINT 　**法と法律と社会規範**

【法】 ： 社会生活を規律する準則としての社会規範の一種。他の社会規範（道徳・宗教・習俗・義理）との相違は、法には組織的強制（国家による強制）が加えられる事という説（強制説）が有力。

【法律】 ： 法と同じ。狭義では、議会の議決を経て成立した法形式をいい、効力は憲法以下、政令・条例、他の法形式の上位にある。また長い歴史の中で社会に認知された慣習法も含む。

【社会規範】 ： ある社会の中で従うことが求められる行動や考え方の型。この中には、**モラル**・**道徳**・**慣習**・**宗教教え**・**しきたり**・**おきて**などさまざまな概念が含まれる。

第2章 法と文学

　司法過程は、固定的なルールを機械的に適用するだけの非人間的な計算世界ではなく、むしろ人間の価値観や文化、生育環境や人間関係によって大きく影響を受ける人間ドラマといえるでしょう。刑事裁判では、「検察側の求刑を8掛け（80％）したものが判決となる」といわれていますが、判決理由書をよく読んでみますと、裁判官の思考の混乱ぶりや判断の甘さや冷たさを批判されたくないために常套句や文学的な表現を利用して膨大な量の文章を作成していることがわかります。そこには、一般人から見たらちょっと違うかなという違和感とともに、裁判官も感情を持った人間なのだという実感が行間からも感じ取れることでしょう。

　ところで、欧米の法学部やロースクールでは、必ずといっていいほどカリキュラムの中に「Law ＆ Literature」という科目が置いてあり、学ぶことができるようになっています。文芸作品の基本要素を分析してみると、①守ることが期待される規範（ルール）が前提となってストーリーが始まり、②その規範（ルール）からの逸脱行為（事件や犯罪）があって、③その結果、予測の難しいストーリーの展開（この辺が作家の腕の見せ所）があり、④最後に、一連の出来事の価値判断が総括される（結末）、という形での構成が多いことに気づきます。この構成要素は、実は司法過程ととてもよく似ていると皆さんは感じませんか。

　日常生活の中でのトラブルや近隣関係、事件、事故といったテレビ報道や週刊誌ネタによく登場するストーリーは、すべて司法過程にのせられて処理されるわけではありません。多くは、法外のフレームワークによって対応・処理され、人間関係のしがらみの中で沈滞したまま、個人の深層心理の中に押し込め

られてしまうことでしょう。おもしろい文芸作品の多くは、ふとした折に顔を
のぞかせる人間の感情の機微を、社会的前提（規範）の中で、その葛藤をどう
描いていくのかを巧みに表現しているのでしょう。

　ここでは、欧米の法学部やロースクールで講じられている「法と文学」科目
を参照しながら、日本的な文学作品の中にある日本的な司法過程、さらには欧
米の法文化と日本の法文化の比較などを通して、法の正体をとらえてみたいと
思います。

１　法の正体と法文化

　まず、欧米の大学法学部でよく利用されている『審判』カフカの作品からエ
ピソード「法の前」を読んでみましょう。この作品は、ジャック・デリダやジ
ル・ドゥルーズなどのポスト構造主義の哲学者が、解釈のためのテキストに使
っていて、いくつかのカフカ論として出版されていますので、知っている方も
いらっしゃるでしょう。また、アメリカの控訴審判決の中にも、引用（United
States v. Candy, 1997, U.S.）されたりもしています。この小品は読み手によって
さまざまな解釈が可能なので、みなさんもカフカが何をいいたかったのかを考
えてみてください。従来の解釈は、主に“das Gesetz”をどうとらえるかに依
存しているようです。ドイツ語の“das Gesetz”の原義は「置かれたもの」あ
るいは「定められたもの」という意味です。そこから「法の前」や「掟の前」
などと訳されることが多いようです。では、考えてみてください。

●「掟（法）の前」カフカ（『審判』のエピソードより）

　掟の門前に門番が立っていた。そこへ田舎から一人の男がやって来て、入れて
くれ、と言った。今はダメだ、と門番は言った。男は思案した。今はダメだとし
ても、あとでならいいのか、とたずねた。

　「たぶんな。とにかく今はダメだ」と、門番は答えた。掟の門はいつもどおり開
いたままだった。門番が脇へ寄ったので、男は中をのぞきこんだ。これをみて門

番は笑った。

　「そんなに入りたいのなら、おれにかまわず入るがいい。しかし言っとくがおれはこのとおりの力持ちだ。それでもほんの下っ端で、中に入ると部屋ごとに一人ずつ、順繰りにすごいのがいる。このおれにしても三番目の番人をみただけで、すくみあがってしまうほどだ」

　こんなに厄介だとは思わなかった。掟の門は誰にもひらかれているはずだと男は思った。しかし、毛皮のマントを身につけた門番のその大きな尖り鼻とひょろひょろはえた黒くて長い蒙古髭をみていると、おとなしく待っている方がよさそうだった。

　門番が小さな腰掛けを貸してくれた。門の脇にすわっていてもいいという。男は腰を下ろして待ちつづけた。何年も待ち続けた。その間、許しを得るためにあれこれ手をつくした。くどくど懇願して門番にうるさがられた。ときたまのことだが、門番が訊いてくれた。故郷のことやほかのことをたずねてくれた。とはいえ、お偉方がするような気のないやつで、おしまいにはいつも、まだだめだ、というのだった。たずさえてきたいろいろな品を、男は門番につぎつぎと贈り物にした。そのつど、門番は平然と受け取って、こう言った。

　「おまえの気がすむようにもらっておく。何かしのこしたことがあるなどと思われないようにな。しかし、ただそれだけのことだ」

　永い歳月のあいだ、男はずっとこの門番を眺めてきた。ほかの門番のことは忘れてしまった。ひとりこの門番が掟の門の立ち入りを阻んでいると思えてならない。彼は身の不運を嘆いた。はじめの数年は、はげしく声を荒らげて、のちにはぶつぶつとひとりごとのように呟きながら。そのうち、子どもっぽくなった。永らく門番をみつめてきたので、毛皮の襟にとまったノミにもすぐに気がつく。するとノミにまで、おねがいだ、この人の気持ちをどうにかしてくれ、などとたのんだりした。

　そのうち視力が弱ってきた。あたりが暗くなったのか、それとも目のせいなのかわからない。いまや暗闇のなかに燦然と、掟の戸口を通してきらめくものがみえる。いのちが尽きかけていた。死のまぎわに、これまでのあらゆることが凝結して一つの問いとなった。これまでついぞ口にしたことのない問いだった。から

だの硬直がはじまっていた。もう起き上がれない。すっかりちぢんでしまった男の上に、大男の門番がかがみこんだ。

「欲の深いやつだ」と、門番は言った。

「まだ何が知りたいのだ」

「誰もが掟を求めているというのに──」と、男は言った。

「この永い年月のあいだ、どうして私以外の誰ひとり、中に入れてくれといって来なかったのです？」

いのちの火が消えかけていた。うすれていく意識を呼びもどすかのように門番がどなった。

「ほかの誰ひとり、ここには入れない。この門は、おまえひとりのためのものだった。さあ、もうおれは行く。ここを閉めるぞ」

（カフカ「掟の前」『ある流刑地の話』所収、角川文庫、pp. 93−94）

いかがでしょうか。ストーリーは単純なのに、何をどう考えたらいいのかさっぱりわからないという方が多いのではないでしょうか。ただ、疑問点は明確で、①禁止されていない禁止（なぜ男は開かれているのに入門できないのか）、②門番の役割・意味は何か（門番自体は掟（法）そのものではないし、掟（法）を理解もしていない。しかし、この門はこの男だけのために開かれているという）、③掟（法）の実存と実在（門は現前とあるにもかかわらず、その中味は先送りされている。法という実存概念を確固たるものとしているのが、まさに堅牢な実在する門そのものである）の３つが解釈のポイントになります。

「法の前」は、まさしく「法の入門」に他ならないでしょう。この本のテーマ「法のおもしろさ」が、本当におもしろくなるか、無味乾燥な味気ないものになるかは、カフカの「掟（法）の前」のように田舎から出てきた男同様、入門せずに終えることになるか、入門してひとつずつ門をくぐってみるかによるでしょう。

①～③について、少し詳細に考えてみましょう。

①禁止と自由、強制と自主、主体と客体、禁止はどこにもない。法の禁止とは。

禁止はどこにもない。掟の門はつねに開かれている。にもかかわらず接近不

可能。ただ遅らされているだけ。「何も決心しないことを決心する」接近不可能性の物語。男は法への侵入を「自ら禁じる」。法に従うのではなく、法に近づかないことを決心する。法が禁止を下すということではない。法そのものが禁じられている。ダブルバインド：法との関係を維持するためには、法とかかわってはならない。「法の根元的分割」：法の中に入らないことを自主的に決心する。自由と呼ばれるものは、法の前の存在。法の前にいる。法の外に入る。これが法の主体だということ。

⇒自由なのか？　禁止がないこと。強制がないこと。法の恐ろしさ。何も禁止しない。

②**門番の意味。**

唯一の禁止者。しかし男より自由なわけではない。力関係の逆転。自由でない。しかも門番は掟を理解していない。その意味では門番は男に従属している。光も見ない。しかし掟の一部ではある。門番もすきがないわけではなく、義務を越境してしまう。「門番の性格のうちにあるすきま」余計なことをいってしまう。門をすりぬける可能性がここにあるのか？　たとえこの門番を乗り越えたとしても次の門番が待っている。同じことが繰り返される。掟というものはこうしたヒエラルキーというよりは、こうした力関係のシステムなのではないか。法は禁止するモノではない。しかしだからこそ、われわれの人間関係のすべてに入り込み、それを支配している。境界のシステムはわれわれを常に取り囲んでいる（国境）。ある閉じられた領域ごとに門番がいる。このシステムにおいてどうすればよいのか。もし法が現れたとしたら、われわれは主体の自由の名の下にそれを破壊することができる。だがわれわれが関係するのは、つねに相対的に強い門番だけである。法はどこにも現れてくれない。法の代表者つまり法の表れだけがわれわれに関係してくる。この法の仮象を前に、男はどうすることもできない。ベールを引きちぎることも（役立たない）、そこから去ることもできない（つねに物語の始めから、男は門前に呼び出されてしまっている）。普遍的な法が閉じられているならば、アクセス権の名の下にそれを要求すればよい。しかし、法はつねに「お前だけ

のために」開かれている。しかしそれに入ることはできない。

⇒こうしてわれわれは無限に法の前に立ち止まらざるを得ない。

③法それ自体は現前しない（実在としての門と法の存在）。

無限の彼方にある、というよりは、境界につねにあるが、いつも現れないという形で内在している法。実在しない（人々の意識の中に共有されている抽象的な概念として法はあるが、実在する警察署、検察庁、裁判所などの威圧を受けながら存在を意識しているに過ぎない）、いわば共同幻想（吉本隆明の言葉を借りて）としての守るべきルールが、法なのである。人間が編み上げた言葉はとても不思議なもので、たとえば、「無が存在する」といえば誰もが首肯するが、「無」は存在しないから「無」なのであって、「無が存在する」というのはおかしな表現である。このように言葉は実在しないものを表現によって存在させる（実存）力を持っているのである。自由や権利、平和や正義、といった言葉も、よくよく考えてみると多くの人が存在すると考えることができてはじめて、存在する（このことは、また後で章を変えて説明します）のではないか。

⇒実在する門の堅牢さを象徴的に表現することで、法の威厳、権威性を強調し、実体のない法をあたかも自明の概念として位置づける。

さて、カフカの「掟（法）の前」から見えてきたことを整理してみましょう。

法や裁判というものは、まず、堅く、強固な権威を持った存在として人々に認識されることが必要で、そのことが人々を法に遵守させる力となるのです。法はすべての人に開かれてはいるが、近寄り難い存在としての法に価値があるので、人々は自ら自主的に法を利用することを避けようとするものなのです。法は、いわば頑丈な空箱（ハード）であればよく、その内実（内容／ソフト）は、法以外のさまざまな知識や学問分野の知見（たとえば、工学や医学や薬学・化学、あるいは倫理学や宗教学や心理学などの鑑定を利用すること）によって最終的な判断がなされます。実は、法という堅牢な空箱の中には何もなく、裁くときには、法以外の学問が総動員されはするが、最終的に裁判官という法専門家が法的に

38 第2章 法と文学

判断を行ったという建て前で権威づけがなされる司法システムのことなのです。

　では、次に裁判というものの正体を一部だけでも見て行きましょう。

② 裁判と裁きの意味

　ここでは、カフカの作品と一変して、日本の文学作品『どんぐりと山猫』
(宮澤賢治) を使い、裁判というものの正体をさぐって行きたいと思います。
まずは、あらすじを読んでみてから、実際の物語をどうぞ。

　ある秋の土曜日、一郎少年のもとに、間違いだらけの怪しいはがきが届く。
翌日面倒な裁判があり、ぜひ出席してほしいという内容で、差出人は、山猫と
なっている。一郎は、はがきを秘密にして、ひとりで大喜びする。翌日、一郎
は山猫を探しに山へ入る。深い櫟の森の奥に広がる草地で、異様な風体の馬車
別当と会い、いきさつを話すうちに山猫が登場し、どんぐりが集まってきて裁
判が始まる。どんぐりたちは誰が一番偉いかという話題で争っており、めいめ
いが自分勝手な理由をつけて自分が偉いと主張するので、3日たっても決着が
つかないという。裁判長である山猫は「いいかげん仲直りしたらどうだ」と威
厳を保とうとするばかりで、判決を下せないでいる。一郎は山猫に解決策を耳
打ちし助けてやる。山猫が判決を下すと、一瞬にしてどんぐりたちの争いが解
決し、どんぐりは一ヶ所に固まってしまう。山猫は一郎の知恵に感心し「名誉
判事」という肩書きを与え、はがきの文面を権威的な文面に書き換える提案を
して失敗する。山猫は謝礼として、塩鮭の頭と黄金のどんぐりのどちらかを選
ばせ、一郎が黄金のどんぐりを選ぶと急によそよそしくなり、白いきのこの馬
車で家まで送ってくれる。家に帰ると黄金のどんぐりは色あせて茶色の普通の
どんぐりとなっていて、その後も二度と山猫からの手紙はこなくなってしまう。
一郎は、出頭すべしと書いてもいいといえばよかったとちょっと残念に思うの
である。

●宮澤賢治『どんぐりと山猫』

おかしなはがきが、ある土曜日の夕がた、一郎のうちにきました。

かねた一郎さま　九月十九日

あなたは、ごきげんよろしいほで、けつこです。

あした、めんどなさいばんしますから、おいでんなさい。

とびどぐもたないでくなさい。

山ねこ　拝

こんなのです。字はまるでへたで、墨もがさがさして指につくくらいでした。けれども一郎はうれしくてうれしくてたまりませんでした。……中略……

山猫はひげをぴんとひっぱって、腹をつき出して言いました。

「こんにちは、よくいらっしゃいました。じつはおとといから、めんどうな争いが起こって、ちょっと裁判に困りましたので、あなたのお考えを、うかがいたいと思いましたのです。まあ、ゆっくり、お休みください。じき、どんぐりどもが参りましょう。どうも毎年、この裁判で苦しみます。」……中略……

「裁判ももう今日で三日目だぞ、いい加減に仲直りをしたらどうだ。」山猫が、すこし心配そうに、それでもむりに威張って言いますと、どんぐりどもは口々に叫びました。

「いえいえ、だめです、なんといったって頭のとがってるのが一番えらいんです。そしてわたしが一番とがっています。」

「いいえ、違います。まるいのがえらいのです。いちばんまるいのはわたしです。」

「大きなことだよ。大きなのがいちばんえらいんだよ。わたしがいちばん大きいからえらいんだよ。」

「そうでないよ。わたしのほうがよほど大きいと、昨日も判事さんがおっしゃったじゃやないか。」

「だめだい、そんなこと。せいの高いのだよ。せいの高いことなんだよ。」

「押しっこのえらいひとだよ。押しっこをしてきめるんだよ。」もうみんな、がやがやがやがや言って、なにがなんだか、まるで蜂の巣をつついたようで、訳が判らなくなりました。山猫が叫びました。

「やかましい。ここをなんと心得る。静まれ、静まれ。」

別当がむちをひゅうぱちっとならしましたのでどんぐりどもは、やっと静まりました。山猫は、ぴんとひげをひねって言いました。

「裁判ももう今日で三日目だぞ。いい加減に仲直りしたらどうだ。」

すると、もうどんぐりどもが、口々に云いました。

「いえいえ、だめです。なんといったって、頭のとがっているのがいちばんえらいのです。」

「いいえ、違います。まるいのがえらいのです。」

「そうでないよ。大きなことだよ。」がやがやがやがや、もうなにがなんだかわからなくなりました。山猫が叫びました。

「だまれ、やかましい。ここをなんと心得る。静まれ静まれ。」別当が、むちをひゅうぱちっと鳴らしました。山猫がひげをぴんとひねって言いました。

「裁判ももう今日で三日目だぞ。いい加減に仲直りをしたらどうだ。」

「いえ、いえ、だめです。あたまのとがったものが…。」がやがやがやがや。山猫が叫びました。

「やかましい。ここをなんと心得る。静まれ、静まれ。」別当が、むちをひゅうぱちっと鳴らし、どんぐりは皆静まりました。山猫が一郎にそっと申しました。

「このとおりです。どうしたらいいでしょう。」一郎は笑って答えました。

「そんなら、こう言い渡したらいいでしょう。**このなかでいちばんばかで、めちゃくちゃで、まるでなっていないようなのが、いちばんえらいとね**。ぼくお説教で聞いたんです。」山猫はなるほどというふうにうなずいて、それからいかにも気取って、繻子のきものの胸を開いて、黄色の陣羽織をちょっと出してどんぐりどもに申し渡しました。

「**よろしい。静かにしろ。申し渡しだ。この中で、いちばんえらくなくて、ばかで、めちゃくちゃで、てんでなっていなくて、あたまのつぶれたようなやつが、いちばんえらいのだ。**」

どんぐりは、しいんとしてしまいました。それはそれはしいんとして、堅まってしまいました。

山猫が言いました。

「どうもありがとうございました。これほどのひどい裁判を、まるで一分半でか

2　裁判と裁きの意味　　41

たづけてくださいました。どうかこれから私の裁判所の、名誉判事になってください。これからも、葉書が行ったら、どうか来てくださいませんか。そのたびにお礼はいたします。」

「承知しました。お礼なんかいりませんよ。」

「いいえ、お礼はどうかとってください。わたしのじんかくにかかわりますから。そしてこれからは、葉書にかねた一郎どのと書いて、こちらを裁判所としますが、ようございますか。」

一郎が「ええ、かまいません。」と申しますと、山猫はまだなにか言いたそうに、しばらくひげをひねって、眼をぱちぱちさせていましたが、とうとう決心したらしく言い出しました。

「それから、はがきの文句ですが、これからは、用事これありに付き、明日出頭すべしと書いてどうでしょう。」

一郎は笑って言いました。

「さあ、なんだか変ですね、そいつだけはやめた方がいいでしょう。」

山猫は、どうも言いようがまずかった、いかにも残念だというふうに、しばらくひげをひねったまま、下を向いていましたが、やっとあきらめて言いました。

「それでは、文句はいままでのとおりにしましょう。」……中略……

それからあと、山ねこ拝というはがきは、もうきませんでした。やっぱり、出頭すべしと書いてもいいと言えばよかったと、一郎はときどき思うのです。

　　　　　（宮澤賢治「どんぐりと山猫」『新編　注文の多い料理店』収録、新潮文庫、pp. 11−12）

　いかがでしょうか。宮澤賢治の有名な童話なので、何となく知っていた方も多いでしょう。カフカと同様に宮澤賢治の作品は読み手によってさまざまな解釈ができるので、解釈論も多い作家のひとりです。

　この作品の一般的な解釈は、「山猫と馬車別当を無能な指導者とそれにへつらう管理者の姿として描き、どんぐりは民衆を表していると考えられます。一郎の常識をひっくり返す進言は、発想の転換となっていて、単に謙虚な者が一番偉いという訓話にとどまらず、その真意を理解できたのはどんぐりたちだけであった、という風刺にもなっています。また、この物語は、一郎少年の成長

の瞬間を描いた物語となっている」のです。以下のような疑問点について、回答を考える楽しみもあります。

① 「めんどなさいばん」とはどんな意味があるのでしょう。
② 山猫はなぜどんぐり裁判をまとめられなかったのでしょう。
③ 一郎の解決策はなぜ紛争を解決できたのでしょう。
④ お礼の選択を黄金のどんぐりにしたとたん、山猫がよそよそしくなったのはなぜでしょうか。
⑤ 二度とはがきがこなかったのはなぜでしょうか。

　一郎は人間らしい知恵や思いやりを持つ一方で、動物たちと会話できる力を持った（子どもらしい）少年です。山猫は、以前から一郎を知っており、手紙をよこしたのでしょう。見事に解決された裁判の後、山猫は一郎を部下にしようと、名誉判事の肩書きをちらつかせてうまく行きます。しかし、次回の裁判召集のために「出頭」という言葉で拘束しようとしましたが、一郎のやんわりとした拒絶にがっかりしてしまいます。もし、一郎が肩書きに惑わされ、山猫の申し出を受けて（さらに、お礼の品として鮭の頭を選んで）いたら、馬車別当のような存在になって、家に帰ることができなかったかもしれません。微妙な選択の中で、人間の欲を出して「黄金のどんぐり」という判断を下した瞬間、一郎はファンタジーの時代を卒業し、大人の仲間入りをしたのではないでしょうか。お礼の黄金のどんぐりを選んだとたん、山猫は興味を失ったかのように態度がよそよそしくなり、どんぐりは色あせてしまいました。手紙が二度とこなくなった理由は、一郎が成長し山猫の手の届かない世界に行ってしまったからかもしれません。

　宮澤賢治は、どんぐり裁判＝学校と考えていたようです。社会も学校も秩序を保つためには、何らかの規範が必要で、その規範は人々に容認されていないといけません。ですから、どんぐりたちが争い合ったように、一度秩序が乱されると収拾がつかない状態になり、沈静化するためには、何らかの形で威厳を取り戻すか、新たな規範が必要になったのでしょう。「お説教」と一郎がいうのは、お寺で、坊さんが地域の信者を集めてする法話（説法）のことでしょう。

②　裁判と裁きの意味　43

「一番威張らない者が一番えらい」とか、「一番偉いと思っている者が、一番だめである」という考えは、仏教ではよくいわれることのようです。「善人なおもて往生をとぐ、いわんや悪人をや」（親鸞）や「最低の人にも最上の智恵があり、最上の人にも智恵の盲点がある」（慧能）などがいい例でしょう。

　面白いことに、この『どんぐりと山猫』のどんぐり裁判は、2009年5月から始まった裁判員制度の裁判員による裁判と共通することがうかがえます。よく聞かれる意見で「法律や裁判を知らない素人は、感情的な判断をするので、裁判の結果がおかしなことになる」というものです。無作為に選ばれた6人が1回限りの裁判でまともな判断ができるわけがないというのでしょう。こうした考え方の根底には「裁判は専門家に任せておけばよい」という責任回避型と「裁判や法律を十分に理解していない国民がいけない」という国民見下し型とが合致した（逃げ腰の市民と素人介在を嫌う専門家の）思惑が見え隠れするのが面白いと思います。

　実際、裁判員法の1条では、その主旨について「国民の中から選任された裁判員が裁判官と共に刑事訴訟手続に関与することが司法に対する国民の理解の増進とその信頼の向上に資する」と述べられています。ここでも、「司法に対する国民の理解の増進とその信頼の向上に資する」という文言から、少なからず「裁判を理解していない国民の自己責任」を問うニュアンスと「裁判や法律を知れば、司法の信頼が向上する」という安易な期待（あるいは逆に、大変な判断を行うことを実感させ黙らせる意図）が感じられてしまうのです。

　そこでは、司法と国民の信頼関係のあり方が、一方的に「国民の側の司法に対する信頼」の向上に偏っていて、「司法の国民に対する信頼」（国民に対する司法の不信感）は残されたままだということです。したがって、「素人の裁判は何をするかわからない」という批判は、司法の側の不信から来るものであって、市民自身が裁判員制度の批判として述べるということは、結局「裁判は専門家に任せておけばよい」という専門家のホンネを支持することになるでしょう。このことは、裁判員裁判の評決で裁判官にだけ否認権があること（評決の際の有罪判決の場合、多数派に必ずひとりの裁判官がいなければならない）や裁判員裁

判は一審のみ（上訴裁判は専門家だけで行う）であることからも、外野（市民に限らずメディアも）にとやかくいわれたくないという思いが感じ取れます。

もともと、日本の刑事司法では、ひとたびそのプロセスにのると根強い司法慣習に拘束され、被疑者や被告人自身が主体的に判断する余地はほとんどないのが実情です。被疑者を起訴するかしないかはすべて検察官の手に委ねられています。したがって、検察官の悪を正したいという願望が強ければ強いほど、そして被疑者がかたくなに犯行を否認すればするほど、是が非でも起訴をして厳罰に処したいと考えることになります。また、裁判官は、事実認定と法律の解釈・適用、量刑判断までを一手に行う権限を持っています。したがって、検察官が熱意を注いで起訴し、厳罰を求める事件に対し、まさか無実の罪を着せられた冤罪などとは考えもしないでしょう。否認事件では勾留の延長を（簡易）裁判所自身が認めているのですから、いっそう無罪判決が出しにくいといえます。その結果、有罪率99.9％という驚きの数字が生まれるのでしょう。

一般的に、たくさんの事件を効率的に処理しようとすると、繰り返し行う業務はシステム化するのが合理的ですね。そしてそのプロセスにおいて、なるべく結果を予見可能なものにする方が都合がよいでしょう。裁判はそのもっとも典型だと考えられます。したがって、判決の質の面からすれば、予測できない行動をとる素人や被害者（遺族）はなるべく排除するのが合理的な判断ということになります。専門家が予見不可能な裁判員や被害者（遺族）の判断を軽視したり、批判したりしながらも、司法の民衆化と称して被害者（遺族）や裁判員を裁判に参加させるシステムを追加したのは、その影響力を制限する工夫をちゃんとシステムに用意してあるからに他なりません。

しかし、人を裁くことは、商品のように正しい規格が事前にわかっているのとはわけが違います。いつも同じ人間が基準（相場）どおりに判断する場合であっても、ときとして思わぬ事情が含まれていたりするものです。たとえば、裁判員は他の事件とのバランスを考える必要がなく、裁判の結果に対する利害関係もないでしょう。継続的な人間関係や組織としての人事評価も受けません。裁判員は司法専門家の予見できない判断をするかもしれないという意外性こそ

が、公権力に対してより慎重な行動をとらせることになるのではないでしょうか。その場限りの一回性の判断は、いつも悪人に対峙している裁判官のルーティン（99.9%）を越えて、新鮮な眼を評議に与えるかもしれません。

　人を裁くということをもう一度考えてみる事も必要でしょう。

> **POINT**
> 　紛争を解決するときにどんな視点に立って判断すればいいのでしょうか？
> →結論の妥当性（具体的妥当性）＋秩序の維持（法的安定性）＋公正・公平性（平等原理）、それに「威厳（権威）」が必要？

③　法文化と国民性

●取引の社会と情けの社会

　法的判断も人間が行うものでありその社会の文化が色濃く出てくるものです。このことは、前章でもお話しましたが、ここでは、佐藤欣子の著書『取引の社会』（中公文庫）と犯罪学者デイビッド・T・ジョンソンの『日本の検察制度』（シュプリンガーフェアラーク東京）を中心に話を進めていきましょう。

　日本人は誰しも「悪者を正したい」という強い願望があり、犯罪者に関するさまざまな情報に基づいて無意識に矯正可能かどうかを判断し、可能であるとわかれば厳しく接しながらも反省や謝罪、改悛の情を引き出し、寛大な処置をすべきだと考えるといいます。逆に、矯正を試みるに値しないと思われる犯罪者に対しては、矯正ではなく当然の報いをうけさせるべきだと考える傾向があるといいます。いかに冷静・厳格であるべき司法専門機関であっても捜査・訴追・行刑・保護等の権限を利用することで、いっそうこうした傾向が見られるといいます。犯罪学者デイビッド・T・ジョンソンは、日本の検察官に同行させてもらい、半年間の観察調査を行いました。彼によると、検察官は犯罪者の起訴を決めるにあたって、いくつかの犯罪類型の中から犯罪事実に適合し、かつ刑罰に適合する罪名を裁量権に基づいて判断しているといいます。犯罪者の

46 第2章 法と文学

有責性や性格の評価に基づいて行われているとされていた「犯罪にみあう刑罰」の選択が、実は犯罪者の有責性や性格の評価によって、まず「刑罰」を決め、それにみあう「犯罪」の選定を行っていたというのです。日本の検察官は、処罰の必要性と矯正可能性についての自己の評価を反映するような罪名を選択する傾向があるというわけです。この比較考察によれば、「犯罪者を正したい」（矯正）という検察や裁判所の決意の強さと、従来の「検挙率の高さ」という組み合わせが、日本の刑事司法システムの寛大性（相対的な「刑罰の軽さ」）を支えてきたともいえるでしょう。したがって、検察官は犯罪者の矯正可能性（犯罪の重大性と犯罪者の性格の悪質性）を権威主義的に評価する傾向が見られ、その可能性の存する犯罪者（選別された犯罪者）に対しては、「指導」と「寛大性」をもって対応することが多く、指導によって犯罪者に反省と更生を求め、寛大な処置と温情で応えてきたのだと推測されます。

　アメリカの検察官に比べ、日本の検察官は被疑者との対話の場を多く持つため、「もし自白したならばこうした刑罰になり、黙秘を続ければこうした結果になる」（利己心に訴える。有罪の証拠を突きつける）や「隠していることがあると苦しいものだ……。自分を偽るだけでなく家族をも傷つけることになる……、大勢の人がこの犯罪事実を知り、何の反省もなければ、社会に受け入れられなくなる……」（道徳性・良心に訴える）などの指導をして、自白を引き出そうとすることが多いといわれます。前者は、「もし……の場合は」という被疑者の先行きの情報を提供し、犯罪者本人の不安や利己心に訴え、取引をしようという方策です。後者は、恥・否定・叱責・説教などを通して良心に訴えるものだといえるでしょう。アメリカの司法取引は前者であり、日本の刑事や検察は、後者のような「道徳的指導」（良心）や「社会規範」に訴えることが多いといえます。アメリカの検察事情を早くから論じていた佐藤欣子の著書『取引の社会』には、「アメリカにおける裁量は、いわば取引（bargain）型であり、日本におけるそれは酌量型である。……このような我が国の情状酌量主義の基礎は徳川時代においてはパターナリスティックな配慮ないし仁政の精神に、明治以降においては寛恕の精神とよばれたものに、そして第二次大戦後の民主化以降

は、いわゆる人間主義とよばれるものに求めることができる」として、イソップ童話「ライオンとねずみ」の翻訳の違いを例に、日米の精神的・社会的風土の差を論じています。とてもおもしろいので、ここで披露してみましょう。簡単に翻訳の違いを要約すると次のようになります。

●イソップ童話「ライオンとねずみ」

日本で翻訳された「ライオンとねずみ」 そもそも、誤ってライオンの頭に上ってしまったねずみが、目を覚ましたライオンに捕まるところから始まる。そして、ねずみは無礼を詫び、涙を流してゆるしを請う。それを見て、かわいそうに思ったライオンは、ねずみを放してやる。深く感謝し、ねずみは去って行く。あるときライオンは罠にかかり、吼え声を上げる。くだんのねずみは、恩返しとばかりにやって来る。網を食いちぎり、かつてライオンに受けた情に応えるのである。かくして百獣の王ライオンとちっぽけなねずみは仲直りをするのである。「情けは人のためならず」といったところであろう。

アメリカで翻訳された「ライオンとねずみ」 アメリカの翻訳は日本のような「温情あふれる物語」ではない。対等な取引の話となっている。そもそも物語は、仲間のねずみに「ライオンなんか怖くない」と強がる主人公が、ライオンの頭に飛び乗ってみせるところから始まる。果たして、ねずみはライオンに捕まる。しかし、ねずみは謝るどころか胸を張って「私を放しなさい。そうすれば、いつの日かあなたが困ったときに私が助けてあげよう」と取引を申し出る。ライオンはまともに取り合う気にもならなかったが、ねずみ一匹食しても腹の足しにもならないので放してやる。ねずみは意気揚々と仲間のところに帰って行く。あるときライオンは人間の罠にかかり、吼え声を上げる。ねずみが聞きつけ、かの契約を果たすために網を食いちぎり救い出す。それからというもの、ライオンはねずみに対し、パートナーとして小さ過ぎるとは思わなくなったというのである。（※ 最近では、独立行政法人経済産業研究所フェロー山口一男氏が「ライオンと鼠：日米規範文化比較論」と題して面白い分析をしています。http://www.rieti.go.jp/users/yamaguchi-kazuo/yjs/01-1.html）

48　　第2章　法と文学

　自由な個人を大切にする社会では、外的な枠組み（「こうあらねばならぬ」と
いう**普遍主義的道徳観**）が薄れてきます。人間はそれぞれが自由に行動できる
反面、態度決定をどこに求めたらよいか迷うものです。本来、この指針となる
ものは倫理観を背景とした人生の生き方ですが、現代のように「人それぞれで
いいじゃん」とか「他人に迷惑さえかけなければいいんじゃないの」という程
度の道徳観では、他者と対立した場合それぞれが自分に都合よく「**迷惑の基
準**」を解釈することになります。

　結局、**ものさしが多様化**すればするほど「**法的にはどうなっているのか**」とい
うことに頼ろうとするでしょう。しかしそれは、（「行列の出来る弁護士事務所」
などのように）「法律にはどう書いてあるのか」「どうしたら損をしないですむ
のか」ということではなくて、「**どのように判断すれば具体的に妥当性があるとい
えるのか、その判断で秩序がたもてるか**」という考え方の問題でなければならな
いのです。

　しかし、残念ながら現実は、「口の達者な、押しの強い者」が功を奏し、「ま
じめで、内気で、はっきりものがいえない人」がいつも損をするようです。こ
うした関係が続くと、いつも踏み台にされる人は、いつか相手を打ちのめすた
めの法利用を考え（あるいは法の抜け穴を探ろうとする）るようになるでしょう。
そして、うまく行かなかった場合の口実は、きまって「他のやつらだってやっ
てるじゃないか」「見つからなければいいんだろ」「やられたらやり返してなぜ
悪い!!」「周りがわかってくれないから悪いんだ！」となるでしょう。

　かくして法の正体、裁判の何たるかを知らない者は、常に裁かれる側に回り
ます。法の「マインド＝心」は「公平」「公正」であり、人間関係のあるべき
姿を示す「物差し」であるはずなのですが、「共通の物差し」が身についてい
ない人には伝わりません。自分をないがしろにされないために、「あなたと同
じ権利を持つ人間がここにいること」を、声を出して叫ばなければならないの
です。「私と同じ人間であるあなたに、私が悲しんでいること」をわからせな
ければならないのです。**法は言葉であり、力**でなければならないのです。その
ためには、自分の気持ちをきちんと伝えられることが何よりも必要となるでし

③　法文化と国民性　49

ょう。六法全書があなたを助けてくれるわけではないのです。コミュニケーションは、仲の良い人同士に必要なのではなく、知らない人との関係を良くするために必要な力なのです。わかってくれるまで待っている奥ゆかしさは、日本人としてもけっして美徳とはいえなくなってきています。

　みなさん、法的な思考力とコミュニケーション能力を身につけましょう。

POINT

　法は誰にも開かれているはずですが、安易に法を利用しようとすると、さまざまなしがらみからの圧力と今ある人間関係を断ち切ることを求められ、「本当にいいのか」と何度も問われることとなります。自らの権利を主張することは、誰かの権利を侵害することになるかもしれないという脅しに耐え、社会秩序の維持と具体的正義の実現を調整し、法的主旨に鑑み、よりよき解決手段の選択が必要となります。そうした法的思考に必要なことをまとめると、次のような内容になります。

① 　紛争や意見の対立に直面した場合、錯綜した状況を整理して、その中から法的に何が問題なのか、問題を発見する能力。

② 　法的に関連のある重要な事実・争点とそうでないものとを区別し、法的に分析する能力。

③ 　関係者の言い分を公平に聴き、適正な手続きを踏んで、妥当な解決案を考え出す能力。

④ 　適切な理由に基づく合理的な推論によって、きちんとした法的論理構成を行う能力。

⑤ 　正義・人権・自由・平等などの法的な価値を尊重する感覚。

⑥ 　全体的状況を踏まえて各論拠を比較衡量し、バランスのとれた的確な判断をする能力。

⑦ 　思考や判断の理由・過程・結論などを関係者に説得する能力。

　皆さんも法的に考える能力やコミュニケーション能力を身につけ、トラブルに巻き込まれない（巻き込まれたら最善の解決ができる）人生を送りましょう。

第3章 法と道徳と倫理

1 グリム童話の中の法

1983年に発売されたレコードに「子供達を責めないで」（作詞：秋元康、歌：伊武雅刀）という曲があります。その歌詞は当時の世相（奇しくも少年非行の第3のピーク）を反映したブラックユーモアとも思われますが、あらためて読み直してもとても面白い言説を含むので抜粋してみましょう。（※　作詞の秋元氏は、現在、社会現象化しているとも言われる "ＡＫＢ48" のプロデュースで有名です。）

> 「……子供は幼稚で礼儀知らずで気分屋で、前向きな姿勢と無いものねだり、心変わりと出来心で生きている。甘やかすとつけあがり、放ったらかすと悪のりする……はっきり口に出して人をはやしたてる無神経さ……忍耐のかけらもない……火事の時は足でまとい、離婚の時は悩みの種、いつも一家の問題児……定職もなくブラブラし、逃げ足が速く、いつも強いものにつく、あの世間体を気にする目がいやだ。あの計算高い物欲しそうな目がいやだ……何が天真爛漫だ、何が無邪気だ……何がつぶらな瞳だ。そんな子供のために私達おとなは、何もする必要はありません。……これだけ子供がいながらひとりとして感謝する子供なんていないでしょう……私は本当に子供が嫌いだ」　　　　　　　　（JASRAC　出0911377−901）

いかがでしょうか。子どもを非難するというよりも、むしろ子どもの特徴を鮮やかにとらえていて「だから子どもなのだ」と変に納得してしまう力があります。「子どもは無邪気で素直であるはずだ」などという思い入れに無理があるのであって、憤慨するのは大人気ないと思わせてしまう可笑しさを持ってい

ます。子どもの不遜な行動や悪戯に対し、逆に笑い飛ばしてしまう大人の寛容
さがそこにはあるように思います。

●「罪を犯す能力」と子どもの処罰原理

　子どもの処罰原理を考えるには、初版『グリム童話集』がたいへんおもしろ
く、参考になります。

　グリム兄弟は、2人とも法学者だったというのは意外と知られていませんね。
では、子どもの「罪を犯す能力」を考えるにあたり、初版『グリム童話集』を
分析してみましょう。

　西部フリースランド（オランダ）にあるフラネッケルという名前の小都市で、五
歳か六歳ぐらいの女の子と男の子、まぁそういったような歳のいかない子供たち
が遊んでいました。

　やがて子供たちは役割を決めて、一人の男の子に、おまえは牛や豚をつぶす人だ
よと言い、もう一人の男の子には、おまえは料理番だよと言い、またもう一人の
男の子には、おまえは豚だよと言いました。それから、女の子にも役をこしらえ
て、一人は女の料理番になり、もう一人はお料理番の下働きの女になることにし
ました。この下働きの女は、腸詰めをこしらえる用意として、豚の血を小さいい
れものに受ける役目なのです。

　役割がすっかり決まると、豚をつぶす人は、豚になるはずの男の子へつかみかか
って、ねじ倒し、小刀でその子の喉を切り開き、それから、お料理番の下働きの
女は、自分の小さいいれもので、その血を受けました。

　そこへ、市の議員がはからずも通りかかって、この惨たらしい様子が目に入った
ので、すぐさまその豚をつぶす人を引っ立てて、市長さんの家へ連れていきまし
た。市長さんは早速議員を残らず集めました。

　議員さん方は、この事件を一生懸命に相談しましたが、さて、男の子をどう処置
していいか、見当がつきません。これが、ほんの子供心でやったことであるのは、
分かり切っていたからです。ところが、議員さんの中に賢い老人が一人あって、
それなら、裁判長が、片手に見事な赤いリンゴを、片手にライン地方に通用する
一グルデン銀貨をつかんで、子供を呼び寄せて、両手を子供の方へ一度に突き出

してみせるが良い。もし、子供が、リンゴをとれば、無罪にしてやるし、銀貨の方をとったら、死刑にするが良いと、うまい知恵を出しました。
　その通りにすることになりました。すると、子供は、笑いながらリンゴをつかみました。それで、子供は、何にも罰を受けないですみました。
　　（『グリム童話集（一）』「子どもたちが屠殺ごっこをした話（第1話）」岩波文庫、pp.248−250）

　『グリム童話集』がはじめて世に出たのは1812年のことです。チッティ（E. Chitty）の『刑法』やラッセル（William OldnallRussell）の『犯罪・軽犯罪概論』によれば、「子どもの刑事責任に関する準則」は、19世紀初頭まではっきりと確立されていたと説明しています。そこでは、「7歳未満の子供は犯罪を侵す能力がないとされ、14歳に達している場合には未成年者に対する刑事裁判は、大人と同じ解釈

岩波文庫

方法に従うとされた。また、7歳以上14歳未満の子供は、犯罪の意図を欠くと推定され、訴追者が有罪の認識を明確に疑いの余地なく立証した場合には、覆すことができる」とされていたとされます。前述のグリム童話の内容は、「刑事未成年者に対する無罪推定の原則」（コモンローでいう「ドリ・インキャパックス」（Doli incapax））が既に民衆の間に確立されていたことを裏づけるものといえるでしょう。

　当時のヨーロッパは、冬になる前に家畜を屠殺し、肉を保存していたのですから、5・6歳くらいの子どもが遊びの中で同様の行為（ごっこ遊び）を行うことはしばしばあった（ブリューゲルの絵画「子供の遊戯」の中にも、豚の膀胱を風船代わりに遊ぶなどが見られます）と思われます。そうした背景の中で起きた事件でしょうか。見方によっては事故なのかもしれません。子どもは、「ごっこ遊びと現実」とをはっきり区別できません。だから、処置に困ったのでしょう。結末の「赤いりんごと銀貨」のどちらを選ぶかが、この話の落ちといえます。無罪と死刑という極端な展開になってはいますが、子どもの「罪を犯す能

力」（Doli capax）を「りんごと銀貨」で鑑定し、処断したものといえましょう。もちろん、りんごを取ったからといって、「罪を犯す能力」がないと単純に判断はできません。しかし、18・9世紀にして、7歳未満の子どもの「罪を犯す能力」に悩み、判断したところにこの話の面白さがあるのです。

　昔は大人も子どもも同様に処罰されていたという俗説が信じられていますが、19世紀以前の英米の刑法が「14歳以下の子どもにも重罪については処刑する」という内容を持っていたとしても、それが通例になっていたという証拠は何もありません（山本聡「少年法と保護者に対する命令」刑法雑誌40巻3号参照）。逆にその厳格さゆえに「子どもの場合には①軽い罪で起訴する。あるいは②訴追しない。③死刑が科せられる可能性のある事件では、子どもを有罪と認めない」などの措置で緩和されていたことがわかっています。そして、こうしたあらゆる手段が効を奏さなかった場合には、子どもを処刑から救うために、しばしば④国王の恩赦が利用されたといわれます。裁判所は14歳以下の子どもに死刑を宣告することにはきわめて消極的であったし、最悪の事態が生じ、死刑の宣告がなされた場合でも、他の裁判所に移送され、保護されているうちにうやむやとなり、実際に14歳以下の子どもが処刑されることは滅多になかったと考えられています（Anthony M. Platt, *The Child Savers : The Invention of Delinquency*. 藤本哲也・河合清子訳『児童救済運動』中央大学出版部、補論参照。そこには、「子どもが実際に処刑されたならば州の犯罪記録簿か、その当時の新聞記事に記されているはずであるが多くは何の記載もない」と説明しています）。

　子どもに過酷な時代と考えられている中世であっても、「子どもを大人と同様に処罰していた」という事実は見当たらないようです。むしろ、現代ほど子どもに厳しいまなざしを向ける時代はないともいえるでしょう。

グリム童話の初版本には他にも面白い話が載っていました。

昔、わがままな子供（女の子）がいた。彼女は母親の言うことを聞かないので、神が彼女をどんな医者でも治せない病気にした。しばらくして彼女は死んでしまった。彼女を墓に入れ、土をかぶせたが、間もなく突然子供の手が土から出てき

54　第3章　法と道徳と倫理

た。手を元に戻して再度土をかぶせたが。手は何度も出てくる。そこで、子供の母親が呼ばれ、子供の腕をピシャリと叩いた。すると手は地面の中に戻って二度と出てくることはなかった。

「KHM117わがままな子ども」（Das eigensinnige Kind）より要約

　この話は、当時の子どもへのしつけの仕方が、日本より西洋の方が厳しかった、子どもへの虐待が日常茶飯であったということの証左ともいえるでしょう。

［2］　人形と小判

　前節で『グリム童話』のひとつを例に、法律になる前の共通ルール（掟・慣習など）があり、そうした考え方の根源には昔話や説話があるということをお話ししました。実は、グリム童話よりも以前に日本でも子どもをどのように裁けばいいのかという難しい問題を書いた人がいます。ある有名な浮世草子作家で、江戸時代の裁判説話44種をまとめ比べると題して出されたものだそうです。

　　昔、京の町で子供たちが遊んでいた時、七歳の子が不用意に小刀を手にして九歳の子を刺し、死なせてしまいました。加害者の家族は「まだ思慮分別のない子供だから、どうか死罪にしないでもらいたい」と懇願しましたが、被害者の遺族は何としても加害者を死罪にしてもらいたいと譲らないのです。双方の訴えを聞いた奉行は、おもちゃの人形と小判を用意し、「その子が小判を取ったら、価値判断の分別があるものと見なして死罪とし、人形を取ったら命を助ける事とする。明日は必ずその子を連れて出頭せよ」と告げて、その日は一同を解散させたのでした。
　　家に戻った加害者の家族は、奉行が用意したものと同じ人形と小判を加害者に見せて、「小判を取ったら殺されるのだよ」と一晩中繰り返し教え、翌朝にもよく言い聞かせてから奉行所に出頭しました。一同が見守る中、奉行が「人形を取れば命を助け、小判を取れば死罪にするぞ」と言いながら加害者の前に人形と小判を出してみせると、加害者は歩み寄って小判を取ってしまったのです。これを見た被害者の遺族は、「この通り、この者は不敵な悪人でございます」と言って加害

者の死罪を要求したため、加害者の家族は絶望のあまり声を上げて泣き崩れました。しかし、奉行は意外にも「この子が何の思慮分別もない子供である事がよく分かった。小判を取れば死罪にすると言われたにも関わらず、この子は平気で小判を取った（つまりこの子は死罪の意味さえも分かっていない）ことから、それは明らかである」と言い、加害者を死罪にせずに命を助ける判決を下しました。

井原西鶴『本朝桜陰比事』より巻4の2「善悪二つの取物」（1689年）

　この話は、日本最初の現実主義的な市民文学を確立したとされる江戸期の作家、井原西鶴による子どもの裁判の話しです。井原西鶴といえば「好色一代男」や「日本永代蔵」「世間胸算用」など日本史で必ず出てくる浮世草子の作者です。洛中洛外の事件を題材に、奉行が解決・判決を下すという裁判説話を「昔、京の町、云々……」という書出しでまとめたものです。

　この物語の奉行は、京都所司代の板倉勝重と重宗の親子がモデルといわれています。重宗は死刑囚に対して刑を延期にしてでも反論の機会を与えて慎重に取り調べを行い、言い分がすべてなくなってから刑に処したなどの逸話が残っている奉行で有名です。時代劇などでは残酷な刑罰が容赦なく人々に科されているように描かれるのが常ですが、実は庶民に対しては温情の判断が多かったという証拠でもありましょう。こうした裁判の話を集めたものが、井原西鶴「本朝桜陰比事」なのです。

　おどろくのは、先ほどの『グリム童話』が世に出たのが1812年です。そして、この『本朝桜陰比事』は1689年です。日本人独特の心情中心の裁きばかりか、子どもは子どもであって大人と同じ裁き方はできないというある程度割り切った理解と寛容性があるからかもしれません。

③　法（LAW）と倫理（ETHICS）と道徳（MORARITY）の関係

　法と道徳は、互いに補いながら社会の秩序を保持してきたといえます。道徳が社会に強く根を張り、共同体の他律的な拘束が強かった時代には、法が生活

の前面に出ることは少なかったでしょう。しかし、他律的な道徳というものが社会の後ろ盾を失えば、これほど容易に崩壊してしまうものだということも、今の社会を見れば納得できるでしょう。道徳が後退すれば法が前面に出てくるのは道理といえましょう。近隣のいざこざから兄弟間の遺産相続、離婚の調停や親権の問題まで、ありとあらゆるところで裁判所に決定してもらわないと済まなくなってきているようです。しかし、どんなに厳しく細かい法を張り巡らしたとしても、もはや昔のように人々を拘束することはできないでしょう。

　法は、「権威」をもって科されるものではなく、自律的な「人格」や「理性」という、個人に内在化された規律に従って実践されるものとなったからです。マスメディアやアカデミストたちは、憲法や個人主義哲学を根拠に「個人の尊重」と「自己決定」を語るけれども、その根底となる個人の自律（オートノミー）自体は、それほど確立されているとはいえないので、リスク管理を自己の責任に転嫁して何とか対面を保っている状況といっても過言ではないと思います。したがって、かつての共同体社会の持っていた道徳（他律的固定的な道徳）の儀礼的抑止力に遠く及ばないと、道徳教育に回顧を感じる年配者は多いのでしょう。

　柄谷行人の『倫理21』（平凡社）によれば、もともと日本の村落共同体には「自己」がないことが前提であったようです。人々は「世間」を恐れ、共同体での孤立を恐れてうわべだけの仲むつまじい付き合いを演じてきたのでしょう。ふつう、友情が存在するためには「自己」があらねばならないのですが、そこには自己が存在しない。利己的（エゴイスティック）なのに、自己（エゴ）が存在しないというのです。彼らは、自分たちの身（共同体）に害がなければ、国家に何が起きようが関心がないし、より良き社会にしようなどという考えすら浮かばないのです。ただ、「世間」を恐れ基準からずれないように暮らしていたのです。それが今よりも道徳的に見えていたといえるのでしょう。

　現在、個人主義を謳歌しているといわれる若者にも同じような傾向が見られます。友達関係は気楽で、明るく騒ぐことにたけています。しかし、他方で彼らは関係の毀損をひどく気にし、仲間の基準からずれないように気を使ってい

ます。昔は「世間」を恐れていたように、彼らは得体の知れない「仲間」というものを恐れて生きているようです。ここでも自己がないのにひどく利己的な若者が存在しています。村落共同体と少しも変わっていないのです。戦後のアメリカ化によって道徳観が壊れたという言い方がメディアでされますが、もともと道徳とされている思想は儒教ないし仏教道徳であって、日本由来の「情け」や「もののあはれ」といった、弱いもの・はかなきものに対する「配慮」や「思いやり」とは異質のものだと思われます。

　戦前からあった道徳は、個人に内在化された自律に基づく道徳（西欧的な正義原理に基づく道徳）ではなく、政治的色彩の濃い（国をまとめるため）儒教道徳でしかなかったともいえるでしょう。だから、共同体という他律的な拘束があってはじめて意味をなしていたのでしょう。共同体は崩壊し、人々は緊密な人間関係から解放されましたが、形を変えて親子関係や近隣関係、あるいは職場関係において「世間」（たとえば、公園デビューやゴミ出しなどの他人の行動の監視など）は根強く存在しているようです。個人主義が予測した「自律的自己」の存在しない自由（人に迷惑をかけなければ何をしてもいい）は、青少年にとってはよりエゴイスティックに、年配者にとっては秩序のないすわりの悪い勝手な社会に見えるのでありましょう。

　私たちは、誰しも「常識」とか「モラル」といったものを持ち合わせています。これは成文化できていないという意味で、意識レベルにとどまっているものでしょう。一方、法や倫理は規範として成文化できるレベルにあります。主として常識から法が、モラルから倫理が、規範として抽出されてくると考えられます。また、法は国家権力等に強制される他律的な規範であり、倫理は自主的な順守が期待される自律的な規範とされ、その意味でも補完関係にあると考えられます。

　これらを図にしたものが、以下です。

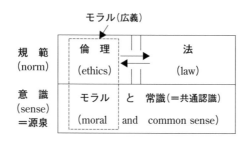

考えてみましょう　社会的に自分自身の行動の選択が正しいとする（される）ためには、自分の利益のみならず、他人の利益をも抑える（おせっかい）必要があります。つまり、行為者以外の利益のためになされるような行動（たとえば、公共の福祉、正義や人道的な行為）も、しばしば道徳的行為者自身の利益になっている可能性があるでしょう。たとえば、短期的な自己利益（うそをつくことで得られる利益）を我慢して、正直であるという対人的（社会的）評価を得た場合、これを長期的に見れば、そうした評判は好ましい社会的関係の相手方として有利に働くといえるからです。

こうしたことが、成長の過程で繰り返し経験として認知され、正義感や道徳的な人が生み出されます。競争社会の中で自分に有利に事を運ぶために、道徳や正義それ自体を（心理的）武器として使うことを発明した人がいても何ら不思議ではないでしょう。好き勝手に振る舞っているように見えるが、犯罪者はあれこれ知恵を絞って自分の行動の合理化を考えるのです。悪いことに、現在の刑事司法過程はそうした時間と力を与えてくれます。加害者は、自分のしたことは大したことではない（結果の甚大さに比例した責任の取り方）。被害を受けるのは当然だ（相手の落ち度や悪意といった違法性の相殺）。誰だってやっていることだ（処罰性が低い）。保険会社が損害の世話をしてくれるだろう（被害者自身に帰属する損害の希少）。などと信じ込むようになります（中和の理論）。彼らは、非難の対象を自分自身から他人や周囲の状況に転嫁する技術を身につけようとします。さらに、被害者や被害を受けそうな人についての固定観念を持ちます。被害者に何をいってもどうせ理解してはくれないと思うでしょう。無

意識のうちに被害者と縁を切ろうと試みます。被害者のことを考えなくてもすむように無関心をよそおうでしょう。

　刑事司法手続過程には、こうした誤った合理化に対抗できるものは何もないのです。むしろ、自律性を弱め、これらを助長し、固定観念を強めてしまうように働くこと（逮捕・取調べ・勾留・裁判・服役・保護観察など）が多いのです。結果として、彼らにとっての道徳や正義はしばしば悪行を言い逃れるための道具として利用されることになります（自分を蔑んできた不当な社会への仕返しだ）。刑事手続過程には、誰に対して何を行ったかということときちんと向き合う機会がまったくといっていいほどないからです。

　改正中学校学習指導要領は、平成27年4月1日から移行措置として、その一部又は全部を実施することが可能となっていて、平成31年4月1日から全面実施（小学校は平成30年度より実施済み）することとされています。これにともない教科としての「道徳」が導入され学校現場ではその対応に四苦八苦しているようです。今回の改正は、いじめ問題への対応の充実や発達の段階をより一層踏まえた体系的なものとする観点からの内容の改善、問題解決的な学習を取り入れるなどの指導方法の工夫を図ることなどを示したものとされています。

　「特定の価値観を押し付けたり、主体性をもたず言われるままに行動するよう指導したりすることは、道徳教育が目指す方向の対極にあるもの」と指摘し、「多様な価値観の、時に対立がある場合を含めて、誠実にそれらの価値に向き合い、道徳としての問題を考え続ける姿勢」こそ道徳教育で養うべき基本的資質であると、従来のような固定的な道徳を押し付けるのではなく、発達の段階に応じ、答えがひとつではない課題を一人ひとりの生徒が自分自身の問題と捉え、向き合う「考える道徳」、「議論する道徳」へと転換を図るものと考えているようなのです。

特別の教科「道徳」(道徳科)の内容　4つの指針＆22項目の関係図

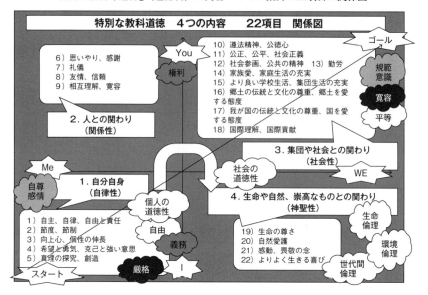

(著者が、総論的な「道徳科の目標」をもとに「道徳科の内容」22項目を、その関係性と意義、社会の中での真の意味をつないで再構成してみたもの)

(山本『法と教育 Vol.7』(2017年) 所収)

　まず、社会規範と考えられる「倫理・道徳・マナー・法律」がどのような関係性を持つのかを明確にしておくことは、法教育と道徳教育のそれぞれの特徴をわかり易くする一助にもなります。たとえば、よくいわれる法諺「法律は道徳の最低限である」とか「法律家は悪しき隣人」とは、まさにこのことをいい当てています。人間の規範レベルで考えるとより高尚なものからレベルの低いものを不等号で表していけば、以下のようになります。

より強い拘束力で考えれば真逆（不等号が＜）になることになります。

　つまり、法律は社会規範として最低限守ることが期待されているルールであって、そのルールに逸脱した場合に他律的な制裁が与えられるようになっているのはこのためなのです。また、「法律さえ守ればいい」という人間や法律を盾にとって有利に動こうとする人、法的権利を強硬に主張して相手の立場を考えない人に、どこか共感できない、冷たいイメージを持ってしまうためです。「良き法律家は悪しき隣人」とはよくいったものです。

　次に図を説明します。第３象限からスタートし、主に自分自身に関する事項の道徳（筆者はこれを「道徳の自律性」と呼ぶ。）第２象限の主に人との関わりに関する事項（同様に「道徳の関係性」）を経て、第１象限の主に集団や社会との関わりに関する事項（同じく「道徳の社会性」）をゴールに到達すべく、心情＋判断力＋実践意欲＋態度を身に付けていくことになります。ただ、第４象限はゴールの下に位置していて重視されないように見えますが、実は効率的に市場主義的に道徳教育を考えるとこぼれ落ちてしまうものを集めて、生命や自然、崇高なものとの関わり（同じく「神聖性」）としてある場所でもあるのです。言い換えればこれらは「倫理」「普遍」「個人を超えた存在」ということなのです。生命倫理や環境倫理は「概論賛成・各論反対」との対応が多いのはこのためであり、法律でなく、多くはガイドラインといわれ、強制力が低いのもこの理由によります。

　グラフの縦軸を I ⇒ You への移行軸（一人称から二人称）、横軸を Me ⇒ WE への移行軸（同じ一人称でも自分のモノからみんなものへと移行）、第４象限は、They（それら）と言い換えてもいい直接個人との関わりが薄いものをいい、そうした存在に気づくことが人間のおごりや利己心を内省させることになります。

　各象限内の雲の吹き出しは、濃淡になっており、同じ吹き出しは相対関係になっています。たとえば、「自尊感情」と「規範意識」は裏腹なものであり、極端にいえば自己を大事にする（究極な利己）ためには、周囲の関係性や環境を改善していかなければ自己への危害を防げないということです。同様に

「厳格」と「寛容」は表裏一体で、自分に厳格な人が社会を構成すれば、他人のあやまちにヒステリックでなく、やり直しの機会を与えてくれる寛容な社会ができ上がることになります。今日の社会は、ちょうど逆向きになっています。また、「権利」「義務」の関係は逆だと思われるかもしれませんが、権利は個人にあるのではなく相手の理解によって生まれてくるものであることを考える（これを義務基底的権利といいます）と、相手や社会の理解や合意がないのに権利主張ばかりではクレーマーといわれる所以ということになります。

　シモーヌ・ヴェイユは『根をもつこと』の中で、権利と義務関係を「義務と権利は表裏一体をなすが、まったく対等な関係ではなく、主体と客体の混同から生じる誤りである」と断じています。また、義務は自律的であり、権利は他律的であるから、人間は主体としては義務を、客体としては権利を有するというべきであるともいっています。義務は単独でも成立するが、権利はあくまで他者の良識と善意が前提であって、他者の同意を得てはじめて発生するからです（第4章「権利と義務の関係」で詳細を確認してください）。

　「自由」「平等」の関係もまた同じです。自由な社会が築かれるためにはその前提として各人が自由な存在として自由意思に基づく意思決定ができなければなりません。つまり、「個人」はそれぞれの人の個体差・能力差を前提に表す言葉であって、個人（個性）を「尊重」（生かす）ためには「自由」がなければならないのです。いっぽう、大人も子どもも高齢者も障害者もそれぞれみな能力や体力や生命力はそれぞれ違う個性を持っているのに同じ人間として平等に扱われる社会が求められる社会だとすれば、「人間」という言葉は個性や違いを考えず、みな同じ人として比較しないことが前提となることになります。したがって、人間として共通に持っている「尊厳」に基づいて「平等」に扱う必要が出てくるのです。

　最終的には「個人の道徳性」（人間的に高い道徳性を持ち得たか）の確立だけではなく、「社会の道徳性」（損失や被害に過敏な責任追及の社会構造でなく、人の過ちに寛容で、回復に小さなコストで済む場合は、立ち直りの機会を与えようとする社会）についても重要な視点であることも付け加えておきます。

③ 法 (LAW) と倫理 (ETHICS) と道徳 (MORARITY) の関係　63

　あらたな「道徳科」の指針と内容をあらためて考察してみると、生徒に対する道徳教育の目標は単に子どもたちに対する道徳の涵養にとどまらず、大人や社会全体の道徳性に関する問いかけでもあるといえるでしょう。「そんなに偉そうなお題目を唱えている大人たちはどれほど道徳的なのか」、「道徳とは人に厳しく自分に甘い考え方を持つことなのか」と、生徒たちは皮肉を込めて思うかもしれません。思春期に足を踏み入れた中学生たちは、不正や不正義なことにひどく敏感ですし、言うことと行動が不一致である大人は酷く嫌われる時期でもあります。してみると、むしろこの時期の子どもたちは、建前と本音の違いを感じ始め、そのダブルバインドに過敏となるがゆえに、「考える道徳」「議論する道徳」にはうってつけの年齢なのかもしれません。

　あらたな道徳科の学習指導要領が他の教科に比べてその内容の具体性や指導内容の縛りが少ないのはむしろ良いことと考え、教師の側も「議論の結果」がどうなるかわからないが対話をさせてみることが何かを生み出す契機になる。そう考えて、ネット上の怪しい情報（いい話サイトの情報に騙されないように）を逆手にとり、疑いの眼差しで授業の材料にしてみてはいかがでしょうか。（学問・科学には疑いの眼差しが必要ですから……。）

第4章 権利と義務の関係

1 権利の内容

ふつう、人がある行為をすることが正しいと認められているとき、その人がその行為をする（人にその行為をさせない）ことができる状態を権利があるといいます。

法律上の権利では、①一定の範囲内で欲するままに振る舞ってよい地位（たとえば、自己の所有物の処分など）、②他者にある行為を行い、あるいは行為を行わないように求めることのできる地位（たとえば、代金を払ってタクシーにある場所へ行ってもらうこと）、③他者からの、ある行為をせよという求めに応じなくともよい地位（たとえば、立ち退きに応じなくてもよい家屋賃借人の地位）、④他者の法的地位を変更し得る地位（たとえば、自己の所有物を他者にあげることによって、ある者を新たな所有者とすること。贈与）、⑤自己の法的地位を不利に変更されない地位（たとえば、解雇されない被雇用者の地位）などが含まれているといわれています。

権利には、ある状況において正しいとされる行為が何であるかを判断する明確な規範の存在が前提となっています。したがって、誰がどのような権利を持っているかは、その規準に従ってあらかじめある程度明らかであるか不明の場合でも規準に従って客観的に確定し得ることが必要となります。それはまた、権利者が、自己の権利を他者に対して積極的に主張し、権利の強制的な実現を要求可能であることが認められています。

権利の規準となる規範は、法以外に、道徳規範でも、また慣習や習俗でもあ

り得ます。社会の構成員の行為の規範的規律が、こうした権利の観念に基づいて行われることは、西欧近代社会の特徴であるといえます。しかし、日本のように義理や人情、情けと恩返しなどの観念に基づく社会秩序では、社会的責務に権利が対応せず、利益を得る者が積極的に他者にその履行を請求することが必ずしも正しい行為とは認められない場合もあります。

Think in Law　権利と義務は、複数の人間が社会を構成してはじめて生まれてくる地位であるということです。だから、自分ひとりだけの世界、たとえば、離れ小島にひとりで悠々自適に生活している常態においては、権利も義務も発生しない（必要ない）でしょう。好きなときに、好きなように、好きなことをやればいいわけですから。

　では、もっとも身近な権利としておなじみの「所有権」は、いったいどこから発生してきたのでしょうか。ちょっと、おもしろい話を材料に考えてみましょう。

●居酒屋でのビールの所有権と贈与の話

　「このグラスに注がれたビールの所有権は誰にあると思う」

　「自分でお金を払うのだから、自分のものでしょ」

　「でも、まだ勘定は払っていないのだから、お店のものなんじゃないの」

　「じゃあ、飲み干して胃の中に入ったビールもお店のものかな」

　「そいつはもう戻せないから飲んだ人のものなんじゃないの……」

　「じゃあいつの時点で所有権がお店から飲んだ人のものに変わるんだい」

　「やっぱ、注文した時点で、売買契約が成立してるんだから、注文者のものじゃ
　　ないの。後で代金を請求されるわけだから、飲んだ者には代金支払いの義務が
　　生じるわけで……」

　「そんならさ、先輩におごってもらったビールの場合はどうなるの」

　「注がれた時点では、先輩のもので、飲んでしまえば後輩のものってなる」

　「じゃあ、いつ贈与の契約が成立してるんだ？」

　「今日はおごってやる、ご馳走様ですっていったときかな……」

　「贈与は、書面による約束がなければいつでも撤回できるから、飲み会の途中で

先輩が怒って、やっぱりおごりはやめだっていったら、飲んじゃって胃の中の
ビールも自腹になっちゃうの？」
「贈与の履行が既になされているのだから、撤回できないんじゃないの」
「じゃあ、先輩がおごりはやめたっていった時点から自腹になるのか……」

今どき、法学部の学生だからって、こんな会話を居酒屋でする者もいないで
しょうが、身近な会話に法学用語を使うとちょっとこっけいで、お笑いのネタ
ぐらいにはなりそうですね。

② 誰かのものである（所有）ということの意味

●安部公房「赤い繭」

日が暮れかかる。人はねぐらに急ぐときだが、おれには帰る家がない。おれは
家と家との間の狭い割れ目をゆっくり歩きつづける。街中こんなに沢山の家が並
んでいるのに、おれの家が一軒もないのは何故だろう？…と、何カ遍かの疑問を、
また繰返しながら。

電柱にもたれて小便をすると、そこには時折縄の切端なんかが落ちていて、お
れは首をくくりたくなった。縄は横目でおれの首をにらみながら、兄弟、休もう
よ。まったくおれも休みたい。だが休めないんだ。おれは縄の兄弟じゃなし、そ
れにまだ何故おれの家がないのか納得のゆく理由がつかめないんだ。

夜は毎日やってくる。夜が来れば休まなければならない。休むために家がいる。
そんならおれの家がないわけがないじゃないか。

ふと思いつく。もしかするとおれは何か重大な思い違いをしているのかもしれ
ない。家がないのではなく、単に忘れてしまっただけなのかもしれない。そうだ、
ありうることだ。例えば…と、偶然通りかかった一軒の前に足をとめ、これがお
れの家かもしれないではないか。むろん他の家とくらべて、特にそういう可能性
をにおわせる特徴があるわけではないが、それはどの家についても同じように言
えることだし、またそれはおれの家であることを否定するなんの証拠にもなりえ
ない。勇気をふるって、さあ、ドアを叩こう。

２　誰かのものである（所有）ということの意味　　67

　運よく半開きの窓からのぞいた親切そうな女の笑顔。希望の風が心臓の近くに吹き込み、それでおれの心臓は平たくひろがり旗になってひるがえる。おれも笑って紳士のように会釈した。

「一寸うかがいたいのですが、ここは私の家ではなかったでしょうか？」

　女の顔が急にこわばる。「あら、どなたでしょう？」

　おれは説明しようとして、はたと行き詰る。なんと説明すべきかわからなくなる。おれが誰であるのか、そんなことはこの際問題ではないのだということを、彼女にどうやって納得させたらいいだろう？　おれは少しやけ気味になって、

「ともかく、こちらが私の家でないとお考えなら、それを証明していただきたいのです。」

「まあ…。」と女の顔がおびえる。それがおれの癪にさわる。

「証拠がないなら、私の家だと考えてもいいわけですね。」

「でも、ここは私の家ですわ。」

「それがなんだっていうんです？　あなたの家だからって、私の家でないとは限らない。そうでしょう。」

　返事の代わりに、女の顔が壁に変って、窓をふさいだ。ああ、これが女の笑顔というやつの正体である。誰かのものであるということが、おれのものでない理由だという、訳の分らぬ論理を正体づけるのが、いつものこの変貌である。

　だが、何故……何故すべてが誰かのものであり、おれのものではないのだろうか？　いや、おれのものではないまでも、せめて誰のものでもないものが一つくらいあってもいいではないか。時たまおれは錯覚した。工事場や材料置場のヒューム管がおれの家だと。しかしそれらはすでに誰かのものになりつつあるものであり、やがて誰かのものになるために、おれの意志や関心とは無関係にそこから消えてしまった。あるいは、明らかにおれの家ではないものに変形してしまった。

　では公園のベンチはどうだ。むろん結構。もしそれが本当におれの家であれば、棍棒をもった彼が来て追い立てさえしなければ……たしかにここはみんなのものであり、誰のものでもない。だが彼は言う。

「こら、起きろ。ここはみんなのもので、誰のものでもない。ましてやおまえのものであろうはずがない。さあ、とっとと歩くんだ。それが嫌なら法律の門＊から

地下室に来てもらおう。それ以外のところで足を止めれば、それがどこであろうとそれだけでおまえは罪を犯したことになるのだ。」

　さまよえるユダヤ人とは、すると、おれのことであったのか？

　日が暮れかかる。おれは歩きつづける。

　……中略……おや、誰だ、おれの足にまつわり付くのは？　首つりの縄なら、そうあわてるなよ、そうせかすなよ、いや、そうじゃない。これはねばりけのある絹糸だ。つまんで、引張ると、その端は靴の破目の中にあって、いくらでもずるずるのびてくる。こいつは妙だ。と好奇心にかられてたぐりつづけると、更に妙なことが起った。次第に体が傾き、地面と直角に体を支えていられなくなった。地軸が傾き、引力の方向が変ったのであろうか？

　コトンと靴が、足から離れて地面に落ち、おれは事態を理解した。地軸がゆがんだのではなく、おれの片足が短くなっているのだった。糸をたぐるにつれて、おれの足がどんどん短くなっていた。すり切れたジャケツの肘がほころびるように、おれの足がほぐれているのだった。その糸は、糸瓜のせんいのように分解したおれの足であったのだ。

　もうこれ以上、一歩も歩けない。途方にくれて立ちつくすと、同じく途方にくれた手の中で、絹糸に変形した足が独りでに動きはじめていた。するすると這い出し、それから先は全くおれの手を借りずに、自分でほぐれて蛇のように身にまきつきはじめた。左足が全部ほぐれてしまうと、糸は自然に右足に移った。糸はやがておれの全身を袋のように包み込んだが、それでもほぐれるのをやめず、胴から胸へ、胸から肩へと次々にほどけ、ほどけては袋を内側から固めた。そして、ついにおれは消滅した。

　後に大きな空っぽの繭が残った。

　ああ、これでやっと休めるのだ。夕日が赤々と繭を染めていた。これだけは確実に誰からも妨げられないおれの家だ。だが、家が出来ても、今度は帰ってゆくおれがいない。

　繭の中で時がとだえた。外は暗くなったが、繭の中はいつまでも夕暮れで、内側から照らす夕焼けの色に赤く光っていた。この目立つ特徴が、彼の眼にとまらぬはずがなかった。彼は繭になったおれを、汽車の踏切とレールの間で見付けた。

最初腹をたてたが、すぐに珍しい拾いものをしたと思い直して、ポケットに入れた。しばらくその中をごろごろした後で、彼の息子の玩具箱に移された。

＊：「法律の門」とは、カフカの短編「法の前」を指す（第2章「法と文学」参照）。

（安部公房『壁』新潮文庫、pp. 220－224）

「なぜ……なぜすべてがだれかのものであり、おれのものではないのだろうか？　いや、おれのものではないまでも、せめてだれのものでもないものが一つくらいあってもいいではないか」という男のせりふは、大変重要な言葉です。いつ誰が、土地の所有権を得たのでしょうか。もともと地面は誰のものでもなかったわけで、考えてみると不思議な事ですね。その点を、早くから指摘していた思想家がいます。あの社会契約論や直接民主政を主張したルソーの著作にあたってみましょう。

●ルソー『人間不平等起源論』

……ある土地に囲いをして「これはおれのものだ」と宣言することを思いつき、それをそのまま信ずるほどおめでたい人々を見つけた最初の者が、政治社会（国家）の真の創立者であった。杭を引き抜きあるいは溝を埋めながら、「こんないかさま師の言うことなんか聞かないように気をつけろ。果実は万人のものであり、土地はだれのものでもないことを忘れるなら、それこそ君たちの身の破滅だぞ！」とその同胞たちに向かって叫んだ者がかりにあったとしたら、その人は、いかに多くの犯罪と戦争と殺人とを、またいかに多くの悲惨と恐怖とを人類に免れさせてやれたことであろう？　しかしまたその頃はすでに事態がもはや以前のような状態をつづけられない点にまで達していたことも明らかなようである。というのは、この私有の観念は、順次的にしか発生できなかった多くの先行観念に依存するもので、人間精神のなかに突如として形作られたのではないからである。すなわち、自然状態のこの最後の終局点に到達するまでには、多くの進歩をとげ、多くの才覚と知識とを獲得し、それを時代から時代へと伝達し増加させなければならなかった。そこで物事をもっと遡って考え直し、そのもっとも自然的な順序において、そのようにゆるやかに継起する出来事と知識を、ただひとつの見地から

70　第4章　権利と義務の関係

集中するようにつとめてみよう。……　（ルソー『人間不平等起源論』岩波文庫、p.85)

　ひょっとしたら、現在、東京の一等地に大きな土地を所有している人の中に
も、戦後まもなく、土地の登記簿など焼けてしまった東京で、他人の土地にバ
ラックを建てて、自分の土地のように占有していた人なのかもしれません。ま
た最近では、月の土地が売り出されたことがありますが、これもどのような権
利なのでしょうか。

●金の鈴

　所有と占有に関しては、「金の鈴」というおもしろい話があります。考えて
みてください。今まさに持っている状態を保護する権利が占有権で、本来の持
ち主の権利が所有権ということに注目してみてください。

　ある日、田んぼのあぜ道を武士の子と農民の子と商人の子が歩いていました。
武士の子を先頭に、3人並んで歩いていましたが、数メートル先に金色に光る
モノが落ちているのに気づきました。武士の子が「何か落ちてる」といいなが
ら走り寄り、「金の鈴だ‼」と叫びました。他の2人もあわてて近寄り、商人
の子が「俺のものだ‼」と叫び拾おうとしたとたん、農民の子がいち早く拾っ
てしまいました。さて、この「金の鈴」はいったい誰のものでしょう。

　　　武士の子＝発見者
　　　商人の子＝所有の意思を示した
　　　農民の子＝占有した

　法的（現在の）には、拾得物（占有離脱物※犬猫などの動物もこれにあたる）な
ので、警察に届け出なければなりません。拾得してから7日以内に届け出ない
と、報労金を受ける権利がなくなりますし、遺失者などが判明しなかった場合
の拾得物の所有権も認められません。そして、3ヶ月が経過しても遺失者がわ
からない場合、拾得者のものとなります。所有の意思を示したり、いち早く拾
って手に入れても、第一発見者は武士の子であることに変わりませんね。

　さて、この話の結末は、どうなったかというと、「金の鈴」を巡って3人が

取っ組み合いの喧嘩になったので、近くで見ていた大人がお寺の和尚さんのところへ連れて行き、事の顛末を話したそうです。すると和尚さんは、説教をして3人に仲直りをさせたそうです。喧嘩になるのは「金の鈴」があるからだといってお寺で預かることになったのはいいのですが、その後古寺は立派な寺に変身したそうです。

③ 権利が先か義務が先か

「権利には義務が伴う」「権利ばかり主張して義務を果たそうとしない」などということはよくいわれることですが、これは、前述の権利の内容（p.64）の②〜⑤の権利内容として共通している「他者との関係の中で発生する」権利だからでしょう。相手がこちらの主張（権利に伴う）を無視してしまえば、権利を享受できないのですから、権利も絵に描いた餅に過ぎません。

たとえば、国家が安定せず、多くの人が難民状態にある地域で、明日の生存さえも覚束ない人々に向かって「君たちにも生きる権利があるのだ」と叫んだところで、何の意味があるのでしょうか。宗教対立でいまだに紛争の絶えないパレスティナとイスラエルに向かって、「戦争をやめろ!!　生まれながらに誰にも人権があるのだ」と平和的生存権を訴えたとしても、両国が了承しない限りは空虚なスローガンに過ぎないのです。

たとえ裁判所で、法的に権利があると認定されたとしても（たとえば損害賠償請求訴訟において1000万円の支払いを命じても）、相手に支払う能力（意思）がないならば、「ない袖は振れない」のです。

巨大掲示板の管理者として有名な人物も、悪意のある書き込みを削除しなかったとして、多数の民事裁判に訴えられましたが、一度も裁判所に出頭せず、ほとんどが敗訴となりました。賠償額も合わせると数十億円にも上り、差し押さえなどの強制命令を受けたりもしましたが、本人名義の銀行口座を突き止めても残高がなかったり、取締役を務める会社からは「役員報酬は払っていない」との回答があったりで、ほとんど支払われていないといわれています。こ

れは、権利それ自体で完結する権利ではないという象徴的な例でしょう。

　人に対しての権利である人権についても同様で、法は誰に対しても公平に開かれていて、同じ人間であるなら、同じく尊厳性を持ち、人間という意味では平等であり、同じ権利の主体となり得ることになっています。だから、誰しもが権利の主体として主張することができるわけなのですが、さまざまな人間がいて、自らその主張をし得ないところに特殊性を持った存在（障害を持った人や未熟な存在としての子どもなど）があって、否応なしに今置かれている環境に影響を受け、権利を十分行使することができない人がいるのです。そんな中で、障害を持った人や幼い子どもも権利の主体であるという主張にはいかほどの意味があるというのだろうかという疑問もわいてきます。

　最首悟は『星子が居る──言葉なく語りかける重複障害の娘との20年』（世織書房）の中で、障害を持った娘さんに天賦人権があるとみなすのは欺瞞であると述べています。最首は、人が星子さんに接しているうちに、その人を放っておけないという気持ちが出て来る、その気持ち、つまり「内発的義務」が生じる限りにおいて、人との関係性のうちに人権が発生するのだととらえ、「ヒトが共同へ向かったときの、その自発意思、すなわち自由を狭めながら責任観念を発生させた内発的義務とは……自発的に内発的にこれは義務と思うようなことが自分の中に形成されてきて、その義務がか弱い存在、愛する存在に向けて行為化されるとき、相手の感謝などには関係なく、深い充足感がはらまれるだろう。……行動原理の根底は内発的義務であり、その内容は『かばう』とか『共に』とか『世話をする』とか『元気づける』であって、それを果たすとき、心は無意識のうちに満たされるのかもしれない」と述べています。

　この「内発的義務」という概念を、最首はシモーヌ・ヴェイユ『根をもつこと』（春秋社）の「義務の観念は権利の観念に優先する。……一つの権利はそれ自体として有効なのではなく、その権利と対応する義務によってのみ有効となる」という言葉の中に見出しています。

●シモーヌ・ヴェイユ『根をもつこと』

　さて、ここでは、シモーヌ・ヴェイユの『根をもつこと』についてもう少し詳しく説明してみたいと思います。

　そのまえに、ここでいう権利は、私権としてのたとえば自己の所有物の処分権などをいうのではなく、もっと根底にある人間としての権利と義務の関係を論じようと思います。けっして所有権には深い意味がないというのではなくて、より根源的な権利を考えてみようということを断っておきます。

　シモーヌ・ヴェイユをご存知の方はそれほど多くはないでしょう。彼女の著作が日本語に翻訳されたものは非常に少ないのですが、「ヴェイユ論」については日本人が大好きなようで、数多く出版されています。大雑把にいうと、ヴェイユは西洋人にはない知性を持った日本人好みの社会活動家だといえるでしょう。

　ヴェイユは『根をもつこと』の中で、権利と義務関係を「義務と権利は表裏一体をなすが、まったく対等な関係ではなく、主体と客体の混同から生じる誤りである」と断じています。また、義務は自律的であり、権利は他律的であるから、人間は主体としては義務を、客体としては権利を有するというべきであるともいいます。義務は単独でも成立するが、権利はあくまで他者の良識と善意が前提であって、他者の同意を得てはじめて発生するからであるともいいます。

　フランス革命以来、宣伝されてきた無条件で不可上の絶対的人権などどこにも存在しないのです。人間らしく扱われる権利があるのだと声をからして叫んでも、周囲の人々がそれに同意しなければ、自分がどれほど立派な権利を有するか証明しても意味がないということになります。

　ローマ法に起源を持つ権利の概念は、分配、交換、量の概念と不可分であり、商業的な関係とすこぶる相性がいいといえましょう。たとえば労働者の権利要求が、建前的には働く人間としての尊厳を回復するためであっても、実際は賃金上昇の交渉という商取引を導き出すためのものであることを考えればわかるでしょう。権利要求は失った何かを取り戻したり、与えられずにいる何かを手

に入れるという手続きを踏みますが、**権利要求が通るのは、要求の正しさが認められたからではなく、要求する側の力が認められたから**なのです。権利要求は、力強さと結びつきやすく、少なからず権威や威信などのしがらみを免れません。それゆえ、道理ではなく力に屈しただけの雇用者は、機を見て反撃に出るだろうことは想像に難くないでしょう。

　ヴェイユは、より自立的で自己充足的な基礎の上に権利を再構築しようと考えました。『根をもつこと』の冒頭で示した「義務の概念は権利の概念に先立つ」という命題は、18世紀の革命家たちが犯したあやまち、つまり権利の充足を平和と幸福への第一歩とみなしたことへの新たなアプローチでもありました。

●権利基底的権利と義務基底的権利

　「なぜあなたは私より優遇されるのか」「なぜあなたは私より多くを所有するのか」という恨みがましい叫びは、闘争の精神や権利の概念を呼び覚まします。自分と他者を比較するこの叫びには、どうしても自己の主観的な思いが入り込み、人と人の間の連帯や共感ではなく、分裂と警戒をかきたてることになるでしょう。

　「権利」という概念自体がそもそも孤立した個人を基礎に成立した概念であり、権利を享受するためには、その対岸にある義務が遂行されてはじめて得られる利益であるからです。「義務は自律的だが、権利は他律的」である。なぜなら、義務は単独でも成立し得るが権利はあくまで他者の同意を得てはじめて発生するものだからです。他者の良識と善意が前提なのです。あらゆる権利が消滅しても義務は残るが、義務が消滅すれば権利の方は存在し得ません。人間らしく扱われる権利があると声をからして叫んでも、周囲の人々がそれに同意しなければ、どれほど立派な権利を有するかを証明しても意味がないでしょう。相手を殺すことを思いとどまることはできても、自分が殺されることを相手に思いとどまらせる確実な手立てはないでしょう。権利要求が功を奏するのは、要求の正しさが認められたからではなく、要求する側の力が認められたからです。シモーヌ・ヴェイユが「義務の概念は権利の概念に先立つ」という命題を

掲げ、義務基底的に権利を再構成したのは、こうした理由があったからでしょう。

　現在、こうした権利論を展開する人がいます。ケンブリッジ大学ニューナムカレッジ元学長の女性倫理学者でオノラ・オニールという人です。オノラ・オニールは、「子どもの権利と子どもの生」という論文（現代思想1996年6月号）で、「子どもの良き生を保障する際の判断基準としては、子ども自身が有する権利観念よりも、子どもに対する大人の側の義務観念の方が優れている。子どもの実定的な権利（法的・制度的・慣習的権利）自体は認められるが、その実定的な権利の基礎づけのあり方としては、さらにファンダメンタルな権利（天賦人権のような）によって基礎づけるのではなく、子どもに対する大人の側の義務の観念（細やかで暖かな配慮といった大人の側の不完全義務とオニールは呼んでいる）によって基礎づける方が少なくとも理論的に優位である」と述べています。

　最後に、デューイの言葉を引用して、社会の責任（義務）について考えてみましょう。

　　ひたすら悪から逃れて、自分の良心を曇りないものにしておきたいという個人の欲望は、結局は悪を助長することになる。罪をもっぱら一人の人間に帰して、悪人は殺してしまうか、石塀の中にでも閉じこめてしまえば、それで、その悪人も、その悪人を生み出すのにわれわれが一役買っている事実をも忘れることができる。悪人は悪人で、幼少の頃のひどい環境や、他人の誘惑や、よくなる機会のなかったことや、警官の迫害などに罪を着せて、逆捩じを食らわす。……罪を犯したものの側に、いかほどの罪があったにしても、その犯罪者に対するわれわれの取り扱い如何によって、彼と他の人々にどのような結果が及ぶかという点については、どこまでもわれわれは責任を負うべきであり、人々が悪い習慣をのばすこととなるような諸条件に対しても、引き続きわれわれが責任を負わねばならないことに変わりはない。　（Ｊ・デューイ『人間性と行為』東宮隆訳、春秋社、pp. 16-17）

　犯罪や悪行の責任は、行為者の道徳的成熟度の問題だと思われがちですが、社会（大人）の側の道徳的成熟度の問題でもあるのだということを忘れてはな

76　第 4 章　権利と義務の関係

らないでしょう。

　さて、今までの説明をふまえて、所有権を考えた場合、次のような身近な事件について法律違反（犯罪？迷惑行為？損害賠償？モラル？）かどうかを考えてみるのもよいでしょう。こんな問題はいかがでしょう。どろぼうが成立するのはどんな場合なのでしょう。

＊自宅に冷蔵庫なく氷14キロ盗む　容疑で男逮捕、茨城・牛久 (2015年 6 月 2 日 朝日新聞やネットより要約)

　朝日新聞などによると、氷を「盗まれた」というのは、茨城県にあるスーパーマーケット。その入り口付近には、買い物客が「無料」で氷を持ち帰れるように、製氷機が用意されていた。男性は 7 月29日午前10時20分ごろ、この製氷機から12キロの氷を、持参した袋に入れて持ち帰ろうとした。店長から「買い物客用の氷だからやめてほしい」と注意を受けたが応じず、通報を受けて駆けつけた警察に現行犯逮捕されたという。逮捕された男性は「私は窃盗だと思っていない」と容疑を否認しているという。SNS 上では、「これで逮捕されるのか」「買い物せずに試食だけしても窃盗なの？」「12キロも持ち帰れば逮捕されて当然」など、さまざまな声が上がっている。

　スーパーで売られている商品を勝手に持ち帰ったら、当然犯罪となってしまうでしょう。しかし、今回の事件で盗まれたものは、店が「無料」で提供していた物です。なぜ「窃盗」容疑で逮捕となったのでしょうか。この事件に対して「弁護士ドットコム」の【「無料の氷」持ち帰ったら逮捕された！　タダなのに「窃盗罪」になってしまうのか？】という文章を参考に要約してみました（途中、※印分は筆者が法律用語を太字で入れています）。

　＊所有者の承諾があれば「窃盗」にはならないが……　（※違法性阻却事由？）

「窃盗とは、他人の財物を盗む犯罪です。モノを持ち去ることについて、所有者が承諾していた場合には、窃盗にはあたりません。今回、スーパーは買い物客に対して、無料で氷を提供していたようですが、それだけで『誰でも好きなだけ氷を持っていって良い』という承諾があったとは言い切れません。ポイントは、『ス

ーパーマーケットがどの程度までであれば、氷を持ち帰ってもらってもいいと考えていたか』、また『それが顧客に分かるように表示されていたか』という点だと考えます」

＊スーパーの「考え」はどうだったのでしょう？

「前提として、この店で提供していた氷は、店に所有権があります。そして、この氷は、店で買った商品の保冷用として、無償で提供されていたものだと報じられています。つまり、『商品を保冷するために使う』という限りで、顧客が持ち帰ることを、店側は承諾していたと評価できます。裏を返すと店側は、買い物客以外が持ち帰ることや、保冷目的から著しく逸脱した量の持ち帰りは承諾していないということです」

＊今回逮捕された男性は「窃盗だと思ってない」と容疑を否認（※法律の錯誤か事実の錯誤か？）しているようです。もし店の承諾があると「誤解」していた場合は、どうでしょう。

「そうした場合、罪に問えないことがありえます。そこで重要になってくるのが、表示の問題です。買い物客用の表示や、保冷用の表示などがあれば、それ以外の者に対して承諾していないことはわかります。しかし、現実にそれだけで窃盗罪に問うことは少ないでしょう。（※傘たての他人のカサを勘違いで持って帰ったなども似ています。友達の消しゴムを無断でちょっと拝借するなども※不法領得の意思がないとして処罰されることはありません。）今回のケースでは、店長が『買い物客用の氷だからやめてほしい』と注意をしたにもかかわらずこれに応じなかった、という点が逮捕の決め手になったと思われます」　弁護士ドットコムの弁護士はこのように述べていました。

また、こんな事件もネットにアップされ話題になりました。「公園のつつじ、子どもと蜜すい事件」です。

女医でタレントの友利新さんが、保育園の帰りに息子さんとツツジ摘みを楽しんだのでした。友利さんは、立ち寄った公園にて長男がツツジの花の蜜を吸ったことをつづり、写真とともにブログに掲載しました。「ツツジといえば思い出すのが子供の頃に花の蜜をチュッとすっていた事　このお花甘いんだよーと息子に話し

たら『やりたい！』と……。食いしん坊の息子　ツツジの蜜にはまったようです」
とごく日常のブログを更新していました。

ところが、このブログに対し批判が殺到したのです。

花を摘む行為が「窃盗罪もしくは器物損壊罪」にあたると一部から指摘。「花が可
哀想。公園の花を採らないでください。一応市町村の物です。やりたいと言えば
何でも許可されるのですか？」といったコメントが寄せられた。

あまりの炎上に、友利さんは「行為はご指摘の通り大変軽率でした。不快な思い
をさせてしまい本当に申し訳ありません。今後はこの様なことがない様しっかり
と気を引き締めていこうと思います」と謝罪しました。

　ここにも、法と感情の矛盾に気づかない人たちのゆがんだ正義感が見え隠れ
します。法律を優先することが正義だと考えているはずの人なのに、むしろ相
手を非難する道具として法律を使用し、じつは感情的に法を利用して謝罪させ
ていることに気づかないのです。

　この程度の行為をすべて法律違反だとして処罰するならば、世の中どれ程住
みにくくなることか考えられない想像力のない人たちなのでしょう。取り締ま
る警察官も膨大な仕事量となって大変なことになるでしょう。じっさいは、法
律の判断には「裁量」といって、諸般の事情を考慮して許容することも大事で
あることが含まれているのです。刑法上は「可罰的違法性」などと呼ばれ、
「罰を与えるほどの違法行為といえるのか」という判断が必要となってくるの
です。最初に考えてもらった「スーパーの氷大量に盗む」という事件も諸般の
事情で違法性ありとして窃盗罪を成立させたのでしょう。

　法律を自分の権利を守る道具としてではなく、人を批判する道具として使う
人々がネット上では多く見られます。でも、よくよく考えてみると、「法とは
何で、何の為にあるのか」を考えることもなく、自分の怒り（正義感情？）を
法律という盾を利用して人を批難する道具に使っているだけなのだということ
に気づいて欲しい。一時期、コンビニ店員の対応が悪いと土下座させたり、法
外な代償を請求したりして捕まった輩がいましたが、その根にある感情は同じ
ような気がします。失敗や理不尽をした人間には何をしてもいいという歪んだ

正義感といってもいいかと思います。

　ついでにもうひとつ、これもネット上で話題になった「席を譲らなかった若者」の話は、多くのネットユーザーの賛同を得て、小学校の道徳の指導案としてもアップされています。

席を譲らなかった若者 （著者が要約）

　……電車の座席はほぼ埋まり、60代半ばくらいの男性1人、女性2人のハイキング帰りらしい高齢者が立っていた。彼らの目の前の座席には若者2人と50代ぐらいの女性1人が座っている。若者は2人とも茶髪、1人はサングラスをしていた。高齢者組の男性が「最近の若い者は年寄りを立たせても平気なんだから」「ちょっと前は罪悪感からか寝たふりをしたもんだが、最近じゃ寝たフリもしないからふてぶてしい」などとかなり大きな声で話している。……その瞬間、サングラスの若者が口を開いた。

　「あんたたちさぁ、山は歩けるのに電車では立てないの？　それっておかしくない？　遊んできたんだろ？　こっちはこれから仕事に行くところなんだよ。だいたいさぁ、俺みたいなヤツが土曜日も働いてあんたたちの年金を作ってやってるんだって分かってる？　俺があんたみたいなジジイになったら年金なんてもらえなくて、優雅に山登りなんてやっていられないんだよ。とにかく座りたかったらシルバーシートに行けよ」

　こうした理由（正当性）ある反論は、その後も繰り返しネットに登場し、多くのネットユーザーの賛同をえてシェア数を増やしました。こうしたエピソードが出現し出したときと前後して、「教育現場での模擬裁判」が行われ始め、法専門家が小中学校に出前授業や模擬授業を行う機会が増えてきます。年金制度という政治的システムをからめるとなかなか難しい問題になります。公平性の問題からも現在の年配者やお年寄りへの富の偏在と現代の若者の質素で物を買わない傾向についても言及すべき問題であり、単純に道徳や教条的な年配者への尊敬だけでは答えは出ないものですが、ひとつだけいえることがあります。それは、想像力とバランスの問題だということです。若者が若者である唯一の

80 第4章 権利と義務の関係

価値は、若いことです。活動的であり可能性があること、それゆえ失敗しても
やり直せるということです。いっぽう、高齢者は残された可能性が少なく、過
去の出来事に拘泥することです。こう考えると、この若者の言い分は的を射て
いるものではありますが、だから座っていていいという理由にはなりません。
年寄りの嫌味に対抗して頑張ってみても精神的によくありません。いうべきこ
とをいってから「じゃあどうぞ」と譲ればいいのではないでしょうか。これも
権利と義務の関係ではなく、また法あるいは道徳というよりも感情の問題では
ないでしょうか。言い換えれば当該シチュエーションにおける「ニーズ」の問
題ではないでしょうか。よりニーズの高い方に譲ればいいわけです。お年寄り
であるか若者であるかは二次的な問題でしょう。

POINT

- 権利には、①相手に関係なく、自己の所有するものを自由に処分できる地位と他者にある行為を行い、あるいは行為を行わないように求めることのできる地位のように、②他者との関係で発生する権利がある。
- 誰かのものである（所有）ということが権利となったのはいつからだろうか。
- 権利と義務は表裏一体なのではなく、むしろ義務が根底にあってはじめて権利が意味を持つのではないか。
- 義務は自律的であり、権利は他律的である。
- 権利要求が認められたのは、その正当性からではなく、主張の強さが認められたからに他ならない。
- 権利論には、①権利基底的権利と②義務基底的権利があり、対等な関係にない人間やそうした環境においては義務基底的権利の考えからの方が実効性がある。

第 **5** 章　法の解釈と屁理屈

① 法解釈と言語学

　法や法律は、言葉でできています。また、言葉には、記号と意味の２つの側面があるといわれています。こうした言語や言語に類する人間の実践作用を研究対象にする学問が言語学で、言語によって生まれる意味の体系について調べる分野を「記号論」と呼んでいます。

　フェルディナンド・デ・ソシュールという言語学者によると、記号があるところには記号作用部＝意味するもの（シニフィアン、signifian）と、記号意味部＝意味されるもの（シニフィエ、signifie'）の２つの要素*があり、受け取る側の意味される要素の解釈によって、大きく内容が変わってしまうことも多いのです。ですから、人は誤解や誤認によって争い、失望や怒りに打ち震えることになり、地球上のどこかで戦争のなかった時代はないといわれるのです。

> ＊注：日本語で「犬（いぬ）」という「意味するもの」があるが、これを聞いた日本語を理解する人は、「ワンワン吠えたり、尻尾をふったり、よだれをたらしたりする動物」のことを理解する。この後者が「意味される」ものです。ただ、人によって、チワワをイメージする人やレトリバーをイメージする人などいろいろで、場合によっては警察官のことを意味したりすることもあります。

　このように、社会におけるさまざまなトラブルは、言葉であることによって生じる反面、言葉によって解決するしかないのが実情だと思います。そういう意味では、法や法律の解釈というのがどれほど大事か理解してもらわなければなりません。

82　第5章　法の解釈と屁理屈

では、まず論理学でよく問題にされる『ドン・キホーテ』（セルバンテス作）の中に出てくる「サンチョ・パンサの絞首台」の話を材料に解釈のおもしろさを説明して行きたいと思います。まず、『ドン・キホーテ』の大雑把なあらすじを書いておきましょう。

当時のヨーロッパで流行していた騎士道物語を読み過ぎて妄想に陥った下級貴族の主人公アロンソは、騎士物語の読み過ぎで、遍歴の騎士になる夢に心を奪われており、彼は自らを＜ドン・キホーテ・ア・ラマンチャ＞と名乗り、今の生活を捨て去る決心をする。年老いた痩せ馬のロシナンテにまたがり、隣の農夫サンチョ・パンサを従者に任命して、旅に出る。旅の途中、風車のそばを通りかかったドン・キホーテは、風車を巨人だと思い込み戦いを挑む。その際、ドン・キホーテは風車の帆に巻き込まれ、大空高く持ち上げられる災難にあったが、彼自身は敵である魔法使いマルファットの闇の魔法の仕業であると思い込んだのだった。さて旅の結末は……。

●サンチョ・パンサの絞首台

ドン・キホーテは、サンチョ・パンサをお供につけるときに、目的を達成すればインスラの太守にしてやると約束していましたが、後篇でサンチョは念願かない、めでたく島の太守となります。だが、いざなってみると食いたいものは食えず、退屈な裁判の仕事ばかりでした。ここで意外にサンチョは、大岡越前なみのみごとな裁きを見せますが、そんなサンチョに難問が……。

「橋を一方から他方へ通行する者は、事前に、行き先と、行く理由を、誓いを立てた上で陳述すること。正直に述べれば通行を許す。嘘をつけば絞首台で容赦なく絞首刑に処す」という王様のお触れに、ある男が、「自分は絞首台に架けられに行く」と誓った。そのまま渡らせると、嘘をついたことになって死刑になるが、死刑にすると嘘をついていないことになり矛盾する。橋守は困ってサンチョのところへ……。さあ、どうする、サンチョ？　どんな裁きを見せるのか……。

さて、皆さんはどう処理しますか？

こうした問題は、場合を整理して、それぞれを論理的に導けば以外と簡単に解けます。ここでは、２つの場合に分けられますね。

場合１：　男の誓いが正しいとしたら ⇒ 橋の通行を許す ⇒ 誓いの実行のため絞首しなければならない ⇒ しかし、絞首すると、誓いが嘘であったことになる ⇒ 誓いが嘘なら絞首 ⇒ 絞首するなら誓いは本当 ⇒ 判断と結果が矛盾する……。

場合２：　男の誓いが嘘だとしたら ⇒ 即刻絞首をする ⇒ 絞首するならば、誓いは本当になり、絞首してはいけない ⇒ しかし、絞首しないと嘘になり、絞首しなければならない ⇒ どちらにしろ矛盾した結果が生じるので、判断する事ができない……。

どちらにしても、サンチョ・パンサは判断をすることができなくなります。『ドン・キホーテ』のストーリーでも結局サンチョは判断できず、インスラの太守をやめ、再び旅に出ることになります。気まぐれな王様 vs ある男の決着は、男の勝ちということになります。

このような、論理的に考えていくと矛盾が生じる話をパラドックスと呼び、論理学のテキストに使われ、多くの人をたのしく悩ませることになります。他には、「ワニのパラドックス」が有名です。この話は、『不思議の国のアリス』の作者ルイス・キャロルが創作し、「クロコディルズ」というタイトルで発表したものだそうです。

●ワニのパラドックス

人食いワニが川を渡ろうとした親子から子どもを奪い、その母親に「自分がこれからどうしようと考えているか言い当てたら、子どもを返してやる。間違えたら食ってしまう」と尋ねました。しかし、母親が「あなたはその子を食うつもりだ」と答えたので、人食いワニは混乱してしまうという話です。

これも場合を整理して、論理的に考えると、

場合１：子どもを食おうと考えている ⇒ 言い当てたので食べてはならない。

場合２：子どもを返そうと考えている ⇒ 予想が外れたのでワニは子どもを食

84　第5章　法の解釈と屁理屈

べても良い ⇒ しかし、食べると母親の予想は正しかった事になるため、矛盾となります。

このように、ワニが何をしようとも自己矛盾となってしてしまい、子どもを食べる事も、食べない事もできなくなってしまいます。凶暴な人食いワニではなく、ばかなワニさんということですね。

もうひとつ、論理的思考の問題でよく出される話があります。

●うそつき村と正直村

旅人が正直村とうそつき村の分かれ道にたどりつきました。そこに村人がひとり立っています。その村人が正直村の村人かうそつき村の村人かはわかりません。正直村の人は質問に必ず正直に答え、うそつき村の人は質問に必ずウソの答えを返します。旅人が1回の質問でどちらの道が正直村への道かをあてるにはどう聞いたらよいでしょうか。

　答え：「あなたの村はどっちですか？」
場合1：男が正直村の住人 ⇒ 正直村の方を指差す。
場合2：男がうそつき村の住人 ⇒ 正直村の方を指す。
ということで、どちらにせよ、正直村を指してしまうというのです。

さて、準備運動はこのくらいにして、法の解釈について話を進めてまいりましょう。

② 法解釈と屁理屈の違い

●シェークスピア『ベニスの商人』

まずは『ベニスの商人』（シェークスピア作）に出てくる高利貸しシャイロックの訴えに対するポーシャの有名な判決を見て行きましょう。まずはあらすじです。

イタリアのベニスに住むバサーニオは、富豪の娘の女相続人ポーシャと結婚するために大金が必要であった。そこで、友人のアントーニオから金を借りよ

うとするが、アントーニオは商船で貿易を行っているので財産は航海中の商船
にあり、金を貸すことができない。アントーニオは悪名高いユダヤ人の金貸し
シャイロックに金を借りに行く。アントーニオは、金を借りる条件として、指
定された日付までに借りた金を返すことができなければ、シャイロックに胸の
肉1ポンドを与えることに合意する。アントーニオは簡単に返済できるつもり
でいたが、商船が難破し全財産を失ってしまう。シャイロックは、自分の商売
を邪魔されて恨みを募らせていたアントーニオに、復讐できるチャンスだと喜
ぶ。

　一方、バサーニオは、ポーシャと結婚するためにベルモントに向かい、ポー
シャの父親が遺言に残していた金、銀、鉛の3個の小箱から正しい箱を選んだ
者と結婚させるという難問に挑戦する。ポーシャの巧妙なヒントによって正し
い箱を選択し、結婚する。幸せなバサーニオの元にアントーニオがシャイロッ
クに借金返済ができなくなったという報せが届く。バサーニオはポーシャから
金を受け取りベニスへと戻る。ポーシャも侍女のネリッサを連れて密かにベル
モンテを離れる。

　高利貸しシャイロックはバサーニオから厳として金を受け取らず、裁判に訴
え、契約通りアントーニオの肉1ポンドを要求する。若い裁判官に扮したポー
シャがこの件を担当することになる……。

『ベニスの商人』のクライマックス（裁判場面）

裁判官：「この商人の肉1ポンドはおまえのものである。当法廷はそれを許す」

商人：「公正この上なき裁判官様」

裁判官：「したがっておまえはこの男の胸を切り取らねばならぬ。法律が認め、
　　　　当法廷がそれを許す」

商人：「博学この上なき裁判官様。判決が下ったさあ用意しろ！」

裁判官：「まて、まだ後がある。この証文によれば血は一滴も許されてはいない
　　　　な。文面にははっきり＜1ポンドの肉＞とある。よろしい証文のとおりに
　　　　するがよい。にくい男の肉を切り取るがよい。ただし、その際、血を一滴
　　　　でも流したら、おまえの土地も財産もベニスの法律に従って国庫に没収す

る」

男：「おい聞いたかユダヤ人！立派な裁判官様」

商人：「それが法律でございますか……」

裁判官：「正義を求めたのはおまえだ。よいか、ここにおまえの欲する以上の正
　　　　義をとらせようと言うのだ。さっさと肉を切り取る用意をせい。血を流し
　　　　てはならんぞ、それから肉はきっかり１ポンド。それより多くても少なく
　　　　てもならん！」

　いかがでしょうか。文学作品としては、劇的で、ストーリーの流れを変える
ドンデン返しの効果がよく伝わってきます。

　しかし、法解釈としてはどうでしょうか。裁判官に化けたポーシャがフィア
ンセの友人を助けるために、屁理屈を並べ立てたのではないでしょうか。証文
には「肉１ポンド」とあるので、きっかり１ポンド、しかも血を一滴たりとも
流してはいけないという判断は、まず、アントーニオを助けることが前提にあ
り、そのために証文の文言に言いがかりをつけているに過ぎません。とても法
的な解釈とはいえないでしょう。

　たとえ証文には「肉１ポンド」と書かれていても、生体から肉を切り取るに
際し、血を流さないことはベテランの外科医でもできないでしょうし、きっか
り１ポンドを切り取る事も、材料工学の専門家でさえ難しいといえましょう。

　では、法解釈としてどのように解釈するのがよいのでしょうか。

　法は記載されている文言を形式的に解釈するものではありません。適用しよ
うとする法の目的（何のためのルールか）と諸般の事情を考慮しながら、法的
安定性と具体的妥当性の調整、手段の最適さを十分考慮しながら判断すべきで
ありましょう。そう考えると、まず契約は民法上の法律行為ですので、私的自
治（契約自由）の原則の下にその内容を自由に取り決めることができます。で
すから、返済できなかった場合に「肉を切り取る」という契約は、民法上の契
約として対等な場でフェアーに取り決められたものなら、有効といえましょう。
しかし、私人間で自由に取り決められる内容でも、人の生命にかかわる場合に
は、その契約自体が「公序良俗」に反する契約（殺人依頼の契約や不倫契約、奴

隷契約などを許したら社会の秩序が維持できない）といわざるを得ないでしょう。もちろん、この証文どおりに実行されれば刑法上、傷害罪ばかりでなく、殺人罪や殺人未遂罪が適用されることになるでしょう。

ですから、「血を流さないこと」「きっかり１ポンドであること」を理由に実行を不可能にするのではなく、「公序良俗」違反（日本では民法90条）を理由に契約を無効とすべきでありましょう。

ポーシャの判断は、あのとんち話で有名な一休さんの「この橋渡るべからず」という立て札に「真ん中を渡ればいい」とやり返したのに似ています。書いてある言葉に固執して、文言の行為を限定的に解釈し、ならばそうでなければいいのだと反対解釈によって判断して、事態を切り抜けようと考えたからです。

ふつう、橋のたもとに立っている立て札に「このはしわたるな」（ひらがなばかりで書かれていたとは到底思えないのですが……）と書かれていれば、その状況から、「はし」は「端」ではなく「橋」に決まっているだろうし、「胸の肉１ポンド」といえば血を流すことも含まれ、約１ポンドであることは容易に理解できるでしょう。

ここで、ちょっと整理してみましょう。

●解釈の原則

文理解釈　かつ　論理解釈　が基本‼

※反対解釈・文字解釈・類推解釈・限定解釈などは注意

文理解釈……法文の文字・文章に重きを置く解釈。

論理解釈……立法の目的・背景、他の法律との関係を考慮して解釈。

拡張解釈……法令の文言を広げて解釈。

類推解釈……法に規定が無い場合に、類似の場合の規定から解釈（刑法では禁止）。

縮小解釈……法令の文言を縮めて解釈。

反対解釈……法が規定している以外の場合、反対の効果が生じると解釈。

88　第5章　法の解釈と屁理屈

　限定解釈……法令の文言を限定的に解釈。

　法の解釈は法律（ルールや規範なども）の文字を「**常識**」に従って「**文理解釈**」**する事が基本です**。また、**法律の主旨・目的を考えるとともに他の法律との関連や法秩序全体から考えて「論理解釈」しなければなりません**。

　その**論理解釈**で大事なことは、自分の都合のいい解釈になってはいけないし、かといって杓子定規な融通の利かない解釈であってもいけません。

　ここでは、特に、「類推解釈と拡張解釈」は微妙で難しく、もう一度念を押しておきます。

【類推解釈】：AとBという類似した事実があり、Aについては規定があるがBについては規定がないというときにBについてもAと同様の効果を認めようとするものです。

　よくあげられる例としては、「犬通るべからず」というのは、言語の意味として「犬」（記号論でいうシニフィアン）の中に、馬の意味（記号論でいうシニフィエ）を含ませることはできませんが、犬がだめなのはその大きさによるのであれば、それより大きい馬は当然だめだろうと考えることで、馬にも適用することになります。

【拡張解釈】：法律の条文に「配偶者」とある場合、この配偶者には、「内縁の妻」（法律上配偶者でない者）も含むというような解釈をすること（言語の意味として、実質的な配偶者をも含ませることが可能）で、文字どおり文言を拡大的に解釈することです。cf. 反対解釈と縮小解釈

　また、一般的に次のことがいえます。

①その規定が網羅的・限定的であるときは、反対解釈をする。

②その規定が例示的であるときは、類推解釈をする。

③ただし、刑法では類推解釈を禁じている（罪刑法定主義）。

■TEST

　さて、ここで皆さんに問題です。以前、行刑施設の見学に学生を連れて行く際、実際にあった話です。

②　法解釈と屁理屈の違い　　89

★刑務所参観に行くことになりました。先生から次のような注意書きが渡されました。あなたならどう解釈しますか？　タンクトップは？　サンダルは？　ジャージは？

◎　参観者への注意　＜横須賀刑務所参観＞
　　２．服装について
　　　　男女とも見苦しくない服装をお願いいたします。
　　　　（不適当な服装の例：奇抜な服装、極端に派手な色や模様、
　　　　　Ｔシャツ・ジーンズ、半ズボンなど）

　ところが、集合場所には、数人の女子学生がタンクトップにサンダル履きでやってきました……。私は、その「ＫＹ」ぶりに唖然として、注意書きを読まなかったのかと彼女たちに尋ねました。すると、「**サンダルはダメなんて書いてなかったもん！**」と、口々にいいました。
　彼女たちは、まぎれもなく私の法学の授業を履修している学生でしたが、残念ながら私の授業内容（特に法的解釈のテーマ）や法学の学習意図が十分伝わっていなかったようです。
　いちおう、この注意書きの解釈をしておきましょう。

◎服装の注意として、
　「男女とも見苦しくない服装をお願いいたします。
　（不適当な服装の例：奇抜な服装、極端に派手な色や模様、Ｔシャツ・ジーンズ、半ズボンなど）」
　　⇒　　②その規定が例示的であるときは、類推解釈をする。

よって、「Ｔシャツや半ズボンでさえ刑務所という場にそぐわないのだから、タンクトップやミニスカートやサンダル履きは厳禁」と解釈するのが法的解釈（常識的でもありますが）というものでしょう。

第5章　法の解釈と屁理屈

> **POINT**　「リーガルマインド（Legal Mind）」（法的思考）というもの
>
> ※　具体的に法に現れる指針は、
>   a．その法規が作られた根拠を考えること
>   b．約束は守らなければならないこと
>   c．公明正大で裏がないこと
>   d．結果のみではなく原因と経過を尊重すること
>   e．結論を導くにはそれにいたる適正な手続きを踏むこと
>
> 法の目的……紛争の平和的解決
>   内容……
>   ①具体的妥当性→
>   正義の実現
>   ②法的安定性→
>   秩序の維持

※　「正義の実現（＝具体的妥当性）と秩序の維持（＝法的安定性）」

【法的安定性】（一般的確実性ともいう）

　法秩序が安定していることをいう。法秩序には、ある事柄についてのどのような法的処理がなされるのかという予測可能性について、人々が不安を持つことがないほどの法的安定性が必要である。

　→　罪刑法定主義（慣習刑法の排除、被告人に不利な類推解釈の禁止、絶対的不定期刑の禁止、遡及処罰の禁止、刑罰の明確性の原則）、犯罪成立要件（構成要件該当性、違法性、有責性）など。
　　民法では、公序良俗違反、消滅時効・取得時効など

【具体的妥当性】

　個々の問題についてその事柄に応じたもっとも妥当な処理がなされることをいう。法の解釈・適用にあたっては、法の画一的な正確よりも、その事柄に応じた法的処理をすることが必要になる場合が多い。正義の実現という目的に資する。民法などの私法においては、この具体的妥当性が強調される。

　→　信義誠実の原則、権利乱用の禁止、私的自治（契約自由）の原則など

②　法解釈と屁理屈の違い　91

【法の目的・立法趣旨を考える】

　法律には、憲法、刑法、民法、刑事訴訟法、民事訴訟法、商法といったいわゆる六法があるが、それぞれの法律の解釈には、その法律の立法趣旨に基づいて、いくつかの原則がある。

　たとえば、

刑法……禁止規定：強行法規：社会の秩序を維持することが目的：また、あらかじめ罰する項目を明示していなければ罰してはいけないし、犯罪に見合った刑罰以上の罰を与えることを禁止する（罪刑法定主義）：犯罪成立要件（構成要件該当性、違法性、有責性）：故意責任の原則：刑法の謙抑主義（人間にとっての害悪を科することから、できるだけ適用を避けなければならない）：適正手続きの保障：「疑わしきは、被告人の利益へ（罰せず）」

◎　犯罪は、国家に対する法益侵害行為（けっして被害者ではない）とみなし、加害者を処罰することで、秩序の回復を行っているとされる。

民法……生活法：任意法規（一部強行法規）：私的自治（契約自由）の原則：公序良俗違反の無効：信義誠実の原則：過失責任の原則：不法行為に対する損害賠償請求権

◎　民法は「人が生活をする上で必要な、契約、近隣関係、家族、財産についてのルールを規定したもの」なので、当事者の話し合いで解決することが第一とされる。それゆえ、白黒の判断よりも、和解が中心（ただし、示談が刑事裁判に影響することは知られている）になる。

※　近代法では、「民刑分離の原則」とされているが、さまざまな事件の処理には元来（中世まで）民法も刑法もなかったのであり、その名残が示談と情状酌量に表れている。もともと贖罪とは犯罪行為に対してお金で解決することを表していた。

　また、2008年11月より「損害賠償命令制度」が刑事裁判の手続きを利用してできるようになった。（※「損害賠償命令制度」は一般に「付帯私訴」という。）

92 第5章 法の解釈と屁理屈

■TEST

次のような事例の場合、法的な思考で判断するとどのように考えたらよいでしょうか。

緊急の用事で車を駐車したいのだが、周囲の駐車場は一杯で止められず、仕方なく月極駐車場に無断で2時間ほど車を止めた。用事を済ませ戻ってきたら、管理人がすごい剣幕で怒っていたので、事情を説明して謝罪した。ところが、「無断駐車した場合は、罰金3万円いただきます」と立て札にあるだろうといわれ、払わないと警察に突き出すという。どう考えたら良いか。

■HINT

①法の目的・主旨：　私有地で無断駐車というのは、いかなる違法行為か。罰金とは。

②法的安定性：　立て札に「無断駐車罰金3万円なり」と書いてある意味は何か。罰金3万円の金額の根拠は。

③具体的妥当性：　周囲のコイン駐車場の相場はどのくらいなのか。その金額（1時間あたり）×2時間だけでいいのか。

■TEST

「鳩サブレ」で有名な老舗菓子店「豊島屋」は、1894年創業で鶴岡八幡宮に続く参道「若宮大路」通り沿いにある。店前の通りにはもう30年以上もベンチが置かれ、散策する観光客の休憩所となっていた。ところが、昨年突然ある鎌倉市議が質問書を議会に提出し、「ベンチは（鎌倉市の）許可を得ていなければ法令違反にあたるのではないか」と指摘した。この指摘を受けて豊島屋はベンチを撤去。以前から指摘もされず住民は休むのに便利だったし、誰にも迷惑かけていないのだから撤去しなくてもよかったとしきりに残念がっている。

市議の主張は（　ア　）の維持を目的とし、（　イ　）安定性を重んずる考えであるといえる。いっぽう住民の主張は（　ウ　）の実現を目的とする（　エ　）妥当性を重視したものといえる。この2つの調整を目的とするのが「リーガル・マインド（法的思考力）」なのである。法学を学ぶ目的は、このリーガル・マインドを身につけることである。

第6章 公法と私法の分離と融合

1 記憶と記録の不分離の世界から記録の世界へ

　法はもともと私法や公法のように明確に分離されていたわけではありません。西洋中世では、国家自体が独立したものとして存在したわけではありません。国家は社会と分離することなく、市民社会が政治共同体そのものでもありました。そして、近代になってはじめて、国家と社会の機能的分離が始まることになりました。やがて、法もそれぞれの機能に応じて分離することになります。

　西洋中世といえば、面白い話が残っています。それは、「記録」と「記憶」に関する話です。当時の村落では、結婚式の参列者同士が殴り合いの喧嘩をするのが普通でした。なぜかというと、まだ記録を書き残す習慣がなかった頃は、重要な出来事を人間の記憶に記録していたからです。つまり、殴り合う事で印象を強め「A新郎とB新婦」の結婚を記憶に強く残そうとしたのでしょう。同様に、土地の譲渡や有力な家系の結婚式では、7歳くらいの子どもに事の一部始終を脳裏にしっかり焼き付けるよう観察させ、その直後に川に投げ込むということをやっていたそうです。これも同じように、子どもの記憶に長く記録させようという荒業のひとつでしょう。当然、なかでも記憶力のいい子どもが選ばれたことでしょう。発達心理学の知見によると、子どもはもともと「直感像素質」（見たものをあたかも写真のように脳裏に写し取り、いつでも引き出せる能力）を持っていて、3、4歳頃から思春期以前までに急激に衰えるのだそうです。ちなみに、あの神戸児童殺傷事件の通称「サカキバラ」君は、この能力を維持していて、殺害の記憶を繰り返し楽しむために当該犯罪を起こしたといわ

れています。

　さて、話を戻しまして、上記の国家と社会の関係を図にしてみますと、中世では、国家と市場と市民社会が同心円状にあって、国家は市場や市民社会と同じ次元で機能していました（資料1）。ですから、法についても市場と市民社会にかかわる法と政治や国家にかかわる法は未分離で一元的状態にありました。こうした世界のイメージは、西欧の中世都市の形状や統治組織のあり方を見ると良く理解できます。たとえば、新婚旅行で人気の高いドイツのロマンチック街道などをイメージするとわかり易いのですが、西欧の中世都市は、堀と城壁に囲まれたひとつのミクロコスモスでありまして、その中心には、常に広場があり、そこで定期的に市場が開かれていたのです。広場の前には市庁舎があり、また教会もすぐ近くにあるのが通常でした（資料2）。

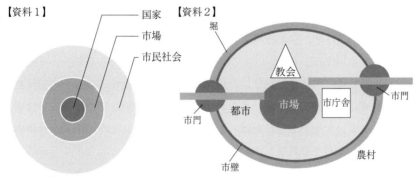

（『学術の動向』2008年10月号、p.66「＜国家・市場・市民社会＞と法の歴史」より作成）

　資料3・4を見てください。私が、ドイツのローテンブルクに遊学したときに手に入れた博物館のパンフレットの写真です。中世社会では刑罰も儀式として行われており、市民が参加することに重要な意味があったのです。ですから、不道徳な市民を辱める罰（左から「博物館パンフ」「いがみ合う女」「下手な楽師」「酔っ払い」）などの絵を見ると国家と市民社会の混在した模様がよくわかると思います。当時は、魔女裁判はもとより動物裁判（豚やバッタを被告として裁判が行われ、火刑に処せられたりしました）までもあったことは、国家と社会の機

1 記憶と記録の不分離の世界から記録の世界へ　95

資料3　中世犯罪博物館
　　　（パンフレット）

資料4　辱めの道具の絵
(pictures from the Crime Museum)

能分離が行われていなかった証しでしょう。もっとも、現代社会でも大型犬が人に噛み付いて死亡させてしまったときなど（さすがに裁判にかけたりされませんが、犬に責任能力があるとも思えませんし……）、同じように薬殺されることが多いのはおもしろい現象ですね。

　これが、近代になると、国家と社会は機能的に分離し、それぞれの役割が分けられ、法もそれぞれの機能に応じて分離することになります（資料5）。特に、大陸法系の世界では、国家活動にかかわる法は公法として、市民生活や経済活動を規制する法は民法や商法などの私法として区分されるようになります。国家・市場・市民社会は、それぞれが自律的に存在し、機能しますが、それで

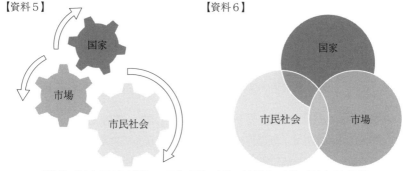

（『学術の動向』2008年10月号、p.68「＜国家・市場・市民社会＞と法の歴史」より作成）

もまだ、他の動きに連動している状態です。

しかし現代では、国家・市場・市民社会は、互いに重なり合う部分を持つものとして考えられるようになり、国家が市場や市民社会へ介入することによって、あるいは国家自身が経済活動の契約主体になるなどして、部分的に関係が相対的なものとなっていったのです。市場についても、非経済的な要素である倫理性が社会的責任や経済道徳（コンプライアンス）として求められ、経済活動に内在する公共性が認識されるようになりました。これに伴い、法も近代法の形式的でハードな法から、実態に柔軟に対応するソフトな法へと変化し、公法と私法は互いに協働し、融合する傾向が見られるようになってきています。

② 刑事司法と民事司法の関係

●「裁く」とはどういうことか

裁判員になりたくない。そういう市民の声が多いといいます。しかし、法を専門にしていない素人だからこそ、専門家のルーティンに注意を喚起する事ができるという意見もあります。法の素人とはいいながら、実は、私たちは日常生活の中で、知らず知らずに事実認定をしている事に気づいていません。

個人的な判断が入り込み、バイアスのかかった結論に達する場合もありますが、市民生活では、そうした場合、下した判断に対する責任を負うことになります。誤解や偏見から人間関係を悪くしたり、自らの評価を下げたりすることによって責任をとることになるでしょう。

●犯罪の事実認定の日常性

こんなたとえはどうでしょう。家庭によくある出来事です。

母親が来客のために用意したケーキを戸棚にしまい、駅まで来客を迎えに行っている間の出来事です。家の戸締まりをして再び戻ってくるまで、所要時間は約30分間です。来客と一緒に帰宅し、さっそくケーキを出そうと戸棚を開けたら、

しまっておいたはずの6個のうちひとつのケーキが無くなっていました。自分が店で買ってきたのだから数を間違えるわけも無く、戸締まりも確認したのだから、外部から不審者が入った可能性も低い。母親が留守の間、家にいたのは、長男と次男と三男の3人だけです。母親は、3人の息子にケーキを食べなかったかを問い正すことになりました。長男は、2階の自分の部屋で勉強をしていて、何も知らないといいます。三男は、1階で遊んでいたが、2階から次男が降りてきて、戸棚のある台所へ入っていくのを見たといいます。次男にそのことを正すと、美術の宿題で手が汚れたので、手を洗いに流しに行っただけで、何も知らないといいます。けれども、次男の口の周りをよく見ますと、わずかに白いクリームのようなものが付いているようです。

さてこの場合、ケーキを盗み食いした犯人をあてるのはそれほど難しいことではありません。3人の証言の中で誰かが嘘をついていると考えるのが普通でしょう。そのとき、証言の食い違いに注目することになります。そこでは、3人の人となりが判断のバイアスとして影響してくるでしょう。たとえば、次男は勉強が嫌いで、いつも悪い点ばかりを採っていて母親の心証が悪く、三男は過去に自分に都合の悪いことを人のせいにしたことがあった。こうしたことを母親は覚えているとしましょう。それでも母親は、犯人は次男に間違いないと判断するでしょう。何が決め手となっているのでしょうか。やはり、次男の口の周りについているクリームでしょうか。このクリームが、買ってきた他のケーキのものと同じであれば決定的な証拠となります。しかし、次男が気づき、口をきれいにぬぐってしまったらどうなるでしょうか。もはや、調べるすべがありません。それでも、口をぬぐう行為自体が証拠を隠すためのものであり、犯人である動かぬ証拠だといえるのでしょうか。三男が自らの疑いを逃れるために嘘の証言をしたのかもしれないし、次男の口の周りに白く見えたものは、冷蔵庫にあった牛乳を飲んだ後なのかもしれない。こうした推理は、生活の中にどこでも転がっているのではないでしょうか。

3人の行動や証言を論理的に判断し、次男が犯人である可能性は高いとはいえますが、断言できるような直接的な証拠は何もないのです。実は私たちの生

98　第6章　公法と私法の分離と融合

活の中でこうしたことは既にたくさん経験していて、間接証拠ばかりの状況の中でいつも判断を下していると考えてもいいくらいです。そういう意味では、私たちは法律の素人であっても、裁きの素人ではないのです。

　そもそも刑事裁判における事実認定は、法廷において証拠とされた人的・物的証拠をもとに裁判官が自由な判断によって認定を行うことになっています（刑訴法318条、自由心証主義）。つまり、事実認定の判断の仕方は、公判廷で朗読された証拠書類や証人尋問をもとに、裁判官が争点についての心証を法廷内で形成することになっているのです。しかし、実際の法廷では、朗読もされずに証拠書類が裁判官に渡されるなど、書面中心の事務的なやり方で進められ、誰が裁判官となっても（途中で裁判官が交代しても）支障がないように作られているのです。忙しい裁判官は書斎で膨大な裁判記録を読み、判決を書くという手法が定着しました。

　しかし、裁判員裁判ではそうは行かないでしょう。文書に頼らない審理中心の裁判が、常に犯罪者に対峙し悪い心証を形成し続けてきた裁判官のルーティンの弊害（99.9％の有罪率）を払拭してくれるかもしれません。「被告人を始めから犯人と考えてはいけない」「法廷外の情報を判断の材料にしてはいけない」「適正な手続きに基づく捜査・取調べで得られた証拠が、合理的な疑いのない程度に立証されているのかどうかを認定できなければ有罪とできない」といったあたりまえの刑事裁判の原則は、プロの裁判官が裁判員に説示することで、実は裁判官自身にとっても、より慎重な行動をとらせることになるでしょう。被疑者・被告人の人権よりも実体的真実の追及や治安の悪化から社会を守ることに重点が置かれ始めている現代社会の中で、その場限りの一回性の素人判断こそが、新鮮な眼を評議に行えることになるのかもしれません。

●刑事裁判と民事裁判のシステム比較

＜**刑事司法システム**：　犯人を捕まえ、客観的な判断によって事実認定を行い、処罰をするシステム＞

＜**民事司法システム**：　当事者間で解決がつかないトラブルを解決するため、

公機関が当事者に話し合いの場を提供し、最終的な判断を下すシステム＞

※　近代法では、「民刑分離の原則」とされていますが、さまざまな事件の処理には元来（中世まで）民法も刑法もなかったのであり、その名残が示談と情状酌量に表れています。もともと贖罪(しょくざい)とは犯罪行為に対してお金で解決することを表していました。また、2008年11月より「損害賠償命令制度」が刑事裁判の手続きを利用してできるようになりました。

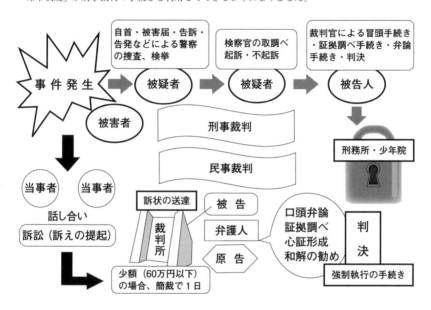

③　刑罰と損害賠償の実際

　時代劇によく登場する仇討ちシーン。親を殺された姉弟が憎き仇を探し求めて、ようやく見つけたが、相手が強すぎて返り討ちにあう……。あるいは哀れに思った侍が助太刀して仇を討つことができた時のドラマチックな結末。あるいは、『恩讐の彼方に』の結末のように、仇討役が仇の相手の贖罪意識の強さにうたれ、いつしか難所のトンネル掘削を手伝い完成させる感動物語など、時代劇ファンにはたまらない敵討エピソード。

1836（天保7）年発行のかわら版「下谷山本町代地において敵討ちの次第」

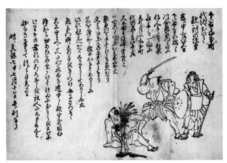

（大阪学院大学　経済学部教授　森田健司　所蔵　かわら版）

　江戸の庶民にも人気がありました。ストーリー性の高い敵討を報じたかわら版は飛ぶように売れたため、かわら版屋も競って取材をし、記事を書いたそうです。現代でも、いわれなき殺人の被害者遺族は犯人を殺してやりたいと法廷で意見陳述をすることが多く、「山口母子殺人事件」の被害者遺族（被害者幼児と女性の旦那さん）は、一審判決後に「司法に絶望した。加害者を社会に早く出してもらいたい。そうすれば私が殺す。」と発言していました。これを聞いたネットユーザーの多くは、「仇討の復活を！」と訴えていました。

　たしかに、人間の歴史の中で復讐が犯罪抑止に効果を与えていた事実は疑う余地がありません。必ず報復してやるぞという心理的脅迫は、相手や敵対する一族に強い抑止力となって働いたことでしょう。また一方で、家族や同胞を密接に結びつける力ともなったと考えられます。復讐は、延期された報復であり、その期間によって報復の内容が増幅されたり減少したりもしました。したがって、極端な場合は皆殺しという結果にもなったし、返り討ちにもあったようです。

　こうした復讐動機は、政治組織を作ろうとする者（王様や為政者）にとって悩みの種であったでありましょう。また同時に、厄介な義務（親族や民衆から仇討ちを期待され、時間とお金をかけて相手を探し出して仇をはたすこと）とも感じていた仇討ちの当事者にとっては、国家が正義を行うという保障（刑罰権の委譲）と交換に、個人的な復讐の権利を喜んで譲り渡したとしても不思議なこ

とではありません。

　実際、江戸期の仇討ち成功率が１％以下であったと大阪学院大学教授森田健二氏は述べていて、仕事をなげうち、私財を投じて行わなければならない大イベントであったことを解明しています。こう考えると、明治政府が一手に死刑を引き受けたことで胸をなでおろした仇討ち人が多かったことはうなずけます。ネットユーザーの「被害者遺族に仇討ちをさせよ」という輩がいるわけですが、被害者遺族を思ってのこととは言い難く、高みの見物の言い分であることがわかります。

　日本でも、犯罪被害者保護関連法が成立し、犯罪被害者等基本法が成立して犯罪被害者救済が本格的に行われるようになり、多くの国民は今まで犯罪加害者の権利ばかり守られ、ないがしろにされていた被害者の権利がようやく認められるようになったと胸をなでおろしているのです。犯罪被害者団体もその使命をある程度全うしたとして、活動を停止した団体も出てきました。しかし、実際はそれほど好転したわけではありません。犯罪被害者給付金支給法では、遺族給付金として約3000万円まで支給されることになっていますが、ほとんどが400万円前後であるし、重傷病給付金として上限120万円までとなってはいますが十分な補償はされていないのが実情です。

　無差別殺人などが起きると、私たちは複数の被害者が病院に運ばれるところをメディアで目の当りにしますが、その被害者が皆病院からの治療費を自ら払わなければならないことを知る人はいないでしょう。被害者本人も、突然降ってわいた災いばかりか、被害を受けた自分がさらに治療費の負担をする理不尽さに、被害者になって初めて気が付くのです。

　刑事裁判と民事裁判とは「被害者の救済」について、取り扱いが違います。犯罪者は国家によって訴追されます。しかし、刑事裁判は国家による処罰を命じるだけで、犯罪被害者の被害回復には別に民事裁判を起こさなければなりません。これは、被害者の自費で行う事になります。たとえば、損害賠償額1000万円を請求するためには、５万円の手数料がかかりますし、１億円ならば32万円の手数料がかかります。さらに、弁護士費用（まず、着手金数十万円）が必

102　第6章　公法と私法の分離と融合

要ですので、すべてを入れると最低、100万円くらいは必要となるでしょう。

●故意と過失の違いによる人間の値打ちの差

　交通事故死（刑法上では自動車運転過失致死傷罪）の場合の損害賠償裁判を考えてみましょう。死亡者が40歳代でサラリーマンだとすると、この先25年働けたはずであるので、その分の利益（逸失利益）は、年収（45歳平均650万円だから）×（1－生活費控除率0.5）×ライプニッツ係数（14.0939）となります。計算上4600万円です。この生活費控除率とは、死亡してしまいましたので、収入は絶たれますが逆に生活費（衣食住費）は要らなくなり、控除される費用のことです。これも、性別に応じて係数がきまっています。男は0.5、女は0.3となっています。ライプニッツ係数とは、25年かけて手に入れる生涯賃金を一度に請求することになりますので、25年分の中間利息をそこから控除することになります。その割合のことです。

　これに、いわゆる慰謝料が加算されます。判例では、一家の大黒柱である40代の男性が交通事故死した場合、慰謝料は3000万円くらいが相場とされます。よって、合計7600万円くらいが、交通事故死の賠償額となります。

　これが、殺人事件であった場合。故意犯では、民事上慰謝料が変わってくるようです。一般的には、過失（自動車運転過失致死）の約2～3倍といわれています。つまり、殺人事件の被害男性（40代半ば）に対する民事裁判での賠償請総額は約1億3600万円ということになります。

　しかし、これは、1億3600万円の請求権があるというだけです。実際に加害者が支払えるかどうかは別問題です。たとえば、1999年に起きた「山口JR下関駅構内殺傷事件」です。構内に車で突っ込み、その後刃物を振りかざして、5人死亡、10人重軽傷を負わせた事件がありました。自動車で跳ね飛ばされた被害者は、自賠責から保障されましたが、刃物で殺害された被害者には何の弁済もされなかったそうです。法の目的や立法趣旨が違うのだからしょうがないといえばそれまでですが、公法と私法を分離した現代法のおかしな所といえましょう。

第7章 刑罰は何のためにあるのか

① 犯罪カタログと構成要件

　六法全書に載っている法律の中で、刑法はもっとも親しみやすい法律のひとつでしょう。そして、刑法という法律は、いわば「犯罪と刑罰を定めたカタログ」といっていいと思います。どんな行為が犯罪とされ、どのように処罰されるのかが書かれたカタログという意味です。では、「犯罪」という言葉から誰もが連想するものは何でしょう。もちろん「殺人」でしょう。しかし、実際の殺人事件は犯罪全体の１％にも満たないほどの数（年間1200件前後）であり、犯罪の大半は窃盗罪（犯罪全体の約65％）なのです。一般に「犯罪」のイメージが「殺人」にあるのは、命を奪う行為で取り返しのつかないものであるというところから来ているのでしょう。

　イメージしやすい「殺人罪」や「窃盗罪」は、刑法ではどのように規定されているのでしょうか。刑法199条に「人を殺した者は、死刑又は無期若くは五年以上の懲役に処する」と書かれています。また、刑法235条には「他人の財物を窃取した者は、窃盗の罪とし、十年以下の懲役に処する」というように書かれています。このような条文自体は知らなくても、人を殺したり、他人の物を盗んだりすれば、罰せられるということは誰もが知っています。しかし、犯罪とは何かということを、あらためて考えてみると、意外と難しいものです。悪行、人に害を与える行為、社会に害を与える行為、秩序を乱す行為、など、いずれも「犯罪」についてあてはまります。しかし、これらの回答は、犯罪についてのもっとも本質的な点を見逃しているのです。

104   第7章　刑罰は何のためにあるのか

「人を殺す行為」は、さまざまな形態があり、戦争や処刑や安楽死や交通事故死などのように、場合によっては処罰の対象とならなかったり、同意があることや故意（わざと）ではないために殺人と認定できないものもあります。このようになぜその行為を殺人罪という「犯罪」として評価できるのかといえば、刑法199条に殺人罪の規定があるからなのです。この刑法の条文が存在しなければ、その行為を「人殺し」という悪行として認識できても、殺人罪という「犯罪」としては認識できません。ある行為について、それを「犯罪」として認識するということは、あくまでも刑法というレンズを通して見た事実に対するひとつの評価、つまり、刑法の何らかの条文をある事実に適用（構成要件要素に該当）した結果に過ぎないわけです。

　刑法と似て非なる学問分野があります。犯罪学と呼ばれるものですが、どう違うのかという質問を良く受けます。刑法は、犯罪と刑罰に関するカタログが書かれていて、それに犯罪事実をあてはめるための法解釈を行う学問です。一方、社会で起きる犯罪現象を刑法というカタログのみならず、心理、精神医学、社会学などの行動科学の知見を応用して、行為者の人となりを分析して、その後の対策に活かそうとする学問です。

　刑法は、過去の害悪な行為を評価して、それに見合う刑罰を与えるための判断・解釈理論を研究対象にしているわけです。犯罪学は、犯罪者自身の生まれや成育歴、精神状態や人間関係などを分析して、なぜそうした行動をとったのかを解明することによって、今後の犯罪予防に役立てようとする学問といえるでしょう。つまり、刑法は過去指向的であるのに対して、犯罪学は未来指向的と言い換えることができるでしょう。現在では、未来展望的な判断が裁判でなされるようになってきましたので、刑法（適正手続きや謙抑主義）と犯罪学（分析的、教育・治療的）の融合が図られているのではないかと思います。

●犯罪認定プロセス

　　──客が来ていた。そろえた両足をドアのほうに向けて、うつぶせに横たわっていた。死んでいた。……（安部公房『無関係な死・時の崖』新潮文庫より「無関係な死」の冒頭）

仕事を終えて帰宅すると部屋には見知らぬ男の死体が横たわっている。主人公の男は、事態をすぐには飲み込めないまま、なぜか閉め切っていなかった入り口のドアを閉め、ホッとするのです。そして、帰宅時に自分で鍵を開けたことを思い出しながら現状に疑問を抱くのでした。事態を冷静に判断するために、死体の様子をあらためて下の方から上の方へ確認して行く。不自然な格好をした上半身に比して、整えられたようにまっすぐな下半身の様子は、死んだ後から外力が加えられたことを示していた。ズボンのしわや靴の減り具合など、眼に入るものを次々に分析しながら顔見知りの人間かどうかを確認したくなる。回り込んで顔を見る。見覚えのない顔であることがわかるが、なぜか死体の傷口はどこか急いで捜そうとする。どこにも血痕らしきものは見当たらない。……やがて、ふと不安がよぎる。濡れ衣を着せられたら一大事と、急にさまざまな思いがせきを切ったようにあふれ出てくる。思案に暮れるうちに、時間は容赦なく過ぎて行く。今になってみれば死体を発見した時点で、警察に通報すれば良かっただけのことだ。たしかに、死体が部屋の外にあったならば、すぐにでも大声を出して誰かを呼んだかもしれない。しかし、自分の部屋の中で、しかも鍵がかかっていた部屋の中に死体があったのだ。状況を見て回ったように、たしかに身に覚えがない死体であることは事実であった。その身に覚えがないことは、その身になってみないとわからない。この状況では、警察と共有できる公認のものを証明して見せなければならないだろう。証明できるものを探そうととりあえず死体を動かしてみる。血痕が見つかる。あわてて血痕をぬぐってみる。ぬぐえばぬぐうほど染みをひろげてしまう。染みを取るためにいっそう力を入れてふき取る。血痕は消えるが、かえって周囲との違和感が生じ、そこだけ白くなってしまう……。ああ、身に覚えがないという証明を探せば探すほど、墓穴を掘るだけの自分の行為には呆れるばかりなのです。さぁ主人公はこの死体をいったいどう処理するのでしょうか？

刑事司法過程の端緒は、こうした状況から始まります。あなたが第一発見者であったら、しかも自室が現場であったら……。ちょっと恐い事ですが、話としてはおもしろいでしょう。安部公房は、この短編「無関係な死」の中で、な

ぜそこに死体があるのか、誰が置いたのか、自殺なのか他殺なのか自然死なのか、この死体は誰なのか、死体と主人公の関係は何なのか、こうしたことには一切触れることなく、ただ現場の状況のみ時間の経過とともに淡々と焦点をあてて行くのです。冒頭の「客が来ていた」、「横たわっていた」、「死んでいた」という畳み掛けるような短い言葉が効果的です。

　想像してみて下さい。もし一人暮らしをしているあなたが、仕事から帰って来て、アパートの部屋のドアの鍵を開けて入ったとたん、死体があるという状況を。どうしていいか混乱するでしょうが、警察に電話する人が多いでしょう。しかし、当然その死体との関係や状況を聞かれるでしょう。けれども、「帰って来たら死体があったんです」なんて話を信じてもらえるものでしょうか。

　この作品はまさにそういう立場になった主人公が、さぁどうしよう、どうしよう、とあたふたしている間に時間が経過し、どんどん墓穴を掘っていく過程を臨場感たっぷりに描いていきます。原因よりも現象そのものに焦点をあてていく方法はまさに刑事法的（犯罪の捜査・取調べの手法）で、読み手の視点が被疑者となって実にインパクトがあります。是非、全編を読んでみてください。

（1）　刑法の目的と機能——反省のない加害者は重い刑罰に科してよいのか

　刑法の目的や刑罰の本質を聞かれて答えられる人は少ないでしょう。**社会秩序の維持や犯罪の抑止**と答えるのが正解かも知れません。しかし、あえていえば、刑法には**人権保障機能**があり、**刑罰は謙抑的に科されるべき**であるという原則はとても重要なのです。

　懲役18年の判決が下された東名あおり運転事故裁判（2018年12月）は、確かにあおり運転の末の追い越し車線停止が後続のトラックの追突死を招いたともいえるでしょう。けれども、前方に違法に車が止まっているからといって後続トラックが追突していいわけではありません。たとえば何らかの理由で道路に寝ていた人を轢いて死亡させてしまった場合など、通常その車は自動車運転過失致死で処罰されることになります。そこに寝ているのが悪いといって、何の罪にもならないことはありえないのです。このことはほとんどメディアに公表されていませんでした。

民衆司法の流れにのり、被告人の罪の自覚や反省のなさ、不遜な言動を理由として、世間やメディアの処罰感情を後ろ盾に検察が論告求刑（危険運転致死傷罪として懲役23年）することは尋常では考えられないことです。あくまで、犯罪成立の要件は、刑事法の**構成要件に該当**し、**違法**、**有責**な行為に限られます。もし、今回の被告人が低姿勢で反省や償いの態度をはじめから見せていたら検察側は「危険運転致死罪」を適用しただろうか疑問です。ほとんど報道されていませんが、追突したトラックドライバーは前年（2017年12月）に、横浜地検により不起訴処分となっているのです。今回の判決を正当化するための布石だったのかと勘繰りたくもなります。

　被告人の悪印象や悪感情を前提にした犯罪事実の認定は、刑事法の原則に反することは自明です。ハワイ大学の犯罪学者Ｄ・Ｔ・ジョンソンは、『日本の検察制度』という著書で「日本の検察官は、被告人の態度や言動から矯正可能性を探り、それに応じて犯罪を決める」とその特殊性を論じていました。米国では、通常検察官は警察が集めた証言や証拠（ビデオ録画したもの）を判断材料とし、直接被疑者と対峙はしません。したがって、被疑者・被告人の態度によって感情的に犯罪認定を変えることはまずないのです。

　今回の事件では、当初警察が逮捕に踏み切ったのは「過失運転致傷罪」でありました。しかし、何をもって過失なのかということと上限７年の刑にしかならないということで、検察側は「危険運転致死傷罪」の検討を行ったといわれています。検察の冒頭陳述でも高速道路上で停車させている場合、つまり時速０キロメートルでも、重大な交通の危険を生じさせる速度で運転したことにあたると主張していました。しかし、「危険運転致死傷罪」の構成要件では、あおり運転をしたことに加えて、重大な交通の危険を生じさせる速度で自動車を運転したことが必要だったのです。自動車が完全停車している状態を、時速０キロメートルで運転しているとみなして、重大な交通の危険を生じさせる速度で自動車を運転したことに含めてしまうのは強引だといえます。そこで検察は、当該危険運転致死傷罪が成立しない場合のために、監禁致死傷罪での「予備的」起訴までも行ったという事実が判明しています。妨害運転によって衝突事

108　第 7 章　刑罰は何のためにあるのか

故が生じたのではなく、追い越し車線に停車させた行為によって衝突事故が生じたわけですから、直前の危険運転と死亡との因果関係がごく薄いといわざるを得ません。追突したトラックドライバーを前年に、不起訴処分にしている横浜地検の加害者憎しという思いが伝わってきます。メディアをはじめとして、社会全体がこの犯人の厳罰を求めるプレッシャーとなったともいえるでしょう。でも、そうであるなら「人権保障機能」としての刑事法の原則に基づき、検察は過失運転致死罪にすべきだったと思います。

　二度と会えない被害者に対し、被告人は弁護人と相談し、法廷で弁解できるのに、遺族は、そうした犯人の権利にさえ腹立たしく思い、被害者よりも幸せな生活を許さない。法廷内外での被告人の言動を詳細に伝えるメディア、遺族の気持ちを問うメディアに民衆も処罰感情が共有する。被害者のかけがえのない人生を台無しにした加害者を憎く思う心情と検察の被疑者被告人に対する矯正可能性（罪の意識・反省・贖罪意識）の低い評価がこうした結果を生み出したのでしょう。

　もうひとつ、カルロスゴーン被告の長期勾留に関しても同じことがいえます。人質司法と呼ばれ、再逮捕を重ねいまだに勾留されている状況は欧米の刑事司法過程では考えられないものでしょう。国連の人権委員会からの改善の勧告、内政干渉だとして耳を貸さない日本の刑事司法機関もさることながら、反省すらしないカルロスゴーン被告に対して、「懲らしめてやらねば」という日本独特の法文化が感じ取れます。罪の意識がまったくなく、否認をし続ける被告人をこれでもかと長期勾留し、自白を迫るばかりか、勾留を懲らしめの道具に使っている日本独特の取り調べ手法なのです。刑罰のひとつである「拘留」とは漢字が違うことに注意してください。

（2）　なぜ犯人に黙秘権があり、悪い人と決めてかかってはいけないのか

　2006 年千葉大教育学部付属小学校で行った刑事裁判に関する模擬授業において、「黙秘権はなぜ必要なのか」を理解させることができず混乱したという出来事がありました（NHK『わくわく授業』で放送されました）。

　この実践研究は、2007 年 10 月に開催された「法と心理学会第 8 回大会」の第

７ワークショップでもとりあげられ、NHK『わくわく授業』の内容を上映した後、参加していた専門家は、生徒や教員に対して黙秘権に関する正確な理解が欠けていることを問題視していました。刑事裁判の模擬授業では「推定無罪の原則」を身につけさせる必要性ばかりが話され、「犯人が黙っていたり、嘘をついていいというのはおかしい」という生徒の素朴な疑問を生かす方向への授業展開はないのかと質問したのは筆者しかいませんでした。

　その後いろいろな刑事法学者に、「なぜ犯人に黙秘権があり、被疑者被告人を悪い人と決めてかかってはいけないのか」について聞いたり、自分で調べてみたのですが、近代刑事法の原則であり、自己負罪拒否特権がもとであり、被疑者被告人の弱い立場を保護するための制度であるとしかわかりませんでした。しかし、どう見ても強い権限を持つ捜査機関や検察官・裁判官に対峙するにはあまりに心もとない権利ではないかと疑問に思っていたのです。ふつう、刑事法の研究者ならそんなことにこだわることなく、もっと重要な法解釈に専念するのが当たり前です。しかし、筆者は小学生並みの疑問点にこだわり続ける変な研究者であったため、学校教育における「道徳教育」と「法教育」の矛盾について今でも研究しているという異端の研究者なのです。

　そもそも、家庭や学校教育（道徳の時間）の中では、嘘をつかないこと、黙っていることは何か隠している証拠だと教えられているわけです。このため模擬裁判や刑事裁判の授業をやると、児童・生徒は被疑者や被告人が嘘をついたり黙秘することはよくないことであり、客観的な証拠がなければ犯人と断定してはいけないという刑事法の原則に違和感を覚えるわけです。こうした感覚はしごく自然の事であり、むしろ従来の学校教育では「不道徳」なことであると指導されてきたことなのです。これに対して、法専門家（および法教育を指導する教師）の説明では、「黙秘権」「無罪推定」や「疑わしきは被告人の利益に」といった刑事法の原則は近代刑事法が歴史から勝ち取った人権保障機能であり、証拠もないのに疑うことはあってはいけないのだ、感情を排した判断が大切だと理解させようとするわけです。こうした意味で、法教育は児童・生徒の素朴な疑問や矛盾の気づき、主体的に考える芽を摘いでしまっているともい

110　第7章　刑罰は何のためにあるのか

えます。

　なぜなら、こうした取調時の刑事や検察官のバイアスは、冤罪の構造を理解するために重要な視点であり、この矛盾が現実の問題を惹起していることを考えさせるよい教材に他ならないからです。それにもかかわらず、法専門家は刑事法のタテマエだけを教えてしまっています。警察や検察において、本当にやっていない人は、否認か黙秘せざるを得ないでしょう。しかし、黙秘することは何かを隠している（本当のことを言わない）ことになるので、当然疑いが強まります。無実の人が否認したり、黙秘したりすればするほど疑いは増すばかりという矛盾の構造になっているのです。このことを子どもたちはうすうす感じているわけです。

　じつは道徳には人間の本質的感情が表れていて、その中から理に適った（reasonable）感情と客観的な判断のみを法律としたのです。イエリネックが「法は道徳の最小限である」といったのはこのことでありました。しかし、理にかなった感情（正当な感情）と心情を掻き立てる感情（不正な感情）の線引きは困難です。法は、公平・公正、正義をもとにした「理性の秩序」だとされていますが、ある社会の成員が共有すべく求められている「感情」の表現でもあるといえます。たとえば「死刑」といった制度はその最も強い感情的な法的表現だといってもいいわけです。

　そもそも「怒り」は社会の公共性を支える大切な感情なのであり、その感情のもっとも重要な特性は「他人の不正な行為」という認知内容を含むことにあります（第1章 p.14『感情と法』参照）。

（3）　刑事裁判の起源──地獄に落ちないための装置

「証拠に基づき、皆さんの常識に照らして少しでも疑問があったら有罪にはできません。疑問が残っていたら無罪にしなければなりません」。裁判員裁判では、評議にあたり専門裁判官からそのような説示がなされます。刑事裁判といっても文化の違いによって判断のポイントが異なるのです。犯罪者の態度の選択的因子によって**酌量型（非難・攻撃・同情・寛恕などの情緒が裁く側に見られる）の日本の裁判と取引（bargain）型**のアメリカとはまったく異なるといって

もいいでしょう。

　そもそも刑事裁判とは、真実の発見の場でもないし、検察官と弁護人の主張のどちらが正しいのかを判断する場でもありません。裁判は、有罪を証明する責任を負っている検察官がこの証明に成功したのか失敗したかを検討する場であるわけです。実際に検察官がどの程度の証明を行えば成功したといえるのか、**合理的な疑い**を残さない程度の証明とはどの程度なのか。じつは専門家でもはっきりしません。ただ、最高裁の判決（平成19年10月16日）では、「……合理的な疑いを差し挟む余地がないというのは、反対事実が存在する疑いを全く残さない場合をいうものではなく、抽象的な可能性としては反対事実が存在するとの疑いをいれる余地があっても、健全な社会常識に照らして、その疑いに合理性がないと一般的に判断される場合には有罪認定を可能とする趣旨である。」と述べています。十分な説明にはなっていないように思われるのですが。常識に照らして検察官の主張（被告人が有罪）が間違いないといい切れるかということなのだそうだが、それでも何％以上の証明が必要なのか、99％なのか80％程度なのか明確ではありません。

　定説がないのには理由があります。①実質的にどれくらいの確からしさを求めることが適切なのかについて厳密な論証ができない。②有罪について高度な「確からしさ」を求めることで冤罪を防げるいっぽう、真犯人でも無罪になる可能性がある。③基準を設けることによって間違った無罪と間違った有罪ができ、結果として「間違った有罪を出さないもの」に限りなく近くすることが必要になる。したがって、当該基準こそが「合理的疑い」ということになります。

　実は**合理的な疑い**の起源は、神判に代わって人が裁くこと、処罰することへの恐れから生まれたという説（James Q. Whitman, The Origins of Reasonable Doubt, 2008）が有力です。裁判官は厳格な手続きに従い、法律と証拠によって裁く限りは「最後の審判」（キリスト教におけるあの世での神の裁き、バチカンにあるサンピエトロ大聖堂のシスティーナ礼拝堂の天井絵はこれをミケランジェロが描いたもの）を受ける危険はないとされていました。証人（最初は被告人も）は嘘や沈黙すれば神の呪いを受け、陪審員は裁くことの道徳的責任を負うこと

112 第7章 刑罰は何のためにあるのか

になっていました。しかし、有罪の判断が間違っていたら地獄に落ちることを
忌み嫌った民衆は、陪審員になることを拒否します。このとき、陪審員たちを
なだめ、励まし、克服させるために生まれたのが「合理的な疑い」であったと
いうのです。

　つまり、検察が証明しようとしている犯罪事実に対して、合理的な疑いがあ
るときは裁かずともよく（notguilty つまり、有罪ではないと言い渡してよい）、確
実性の発見の努力を導くための方策だったというのです。合理的な疑いは裁く
側の恐れ、おののき、躊躇、心配の発露だったのです。

　合理的疑いとは、「犯人であると断言することにためらいを感じる」「つじつ
まが合わない」「気になる点が残る」ということであり、また、「健全な社会常
識に照らして一般的に判断する」とは、多様な価値観を持った全員が一致を目
指して評議することでより客観的で妥当な結論を導き出し、より多くの人々が
納得できる判決に至るという意味なのです。各裁判員個人の"Sense of Justice"
が共有され、裁判が個々人の恣意に委ねられてはならないことが理解されます。
刑事法の原則は専門的な知識と技術の体系ではなく、むしろ市民ならではのセン
ス、悩む知恵から生まれたものだったのです。

　言い換えれば、黙秘権や無罪推定の原則、そして合理的な疑いを超える証明
が必要といったルールは、被疑者・被告人のためのものではなく、同胞を裁く
側、陪審員のための逃げ道だったのです。

② 刑罰の本質

●刑罰の起源と復讐の意味

　犯罪に対する処罰の仕方は、時代、地域、文化によって大きく異なります。
近代以前には人間だけでなく、死体や動植物、石などの無生物にさえ科されて
いました。たとえば木から落ちて死亡するとその木を切り倒したりもしました。
バッタの大量発生によって農作物が食い荒らされれば、バッタが法廷にかけら
れ、公開で火刑に処せられたりもしました。日本でも、犯罪者だけでなく連座

で責任を負わされた時代があったことはご存知でしょう。このことを、迷信や
アニミズムの世界観、あるいは個人の未分化や精神医学の未発達が原因だった
と説明することが一般的です。

　しかし、たとえば今日でも、飼い犬が人を襲い死亡させてしまった場合は、
（昔のように動物裁判を開いて有罪となるわけではないのに）なぜか薬殺してしま
います。犬に自由意思があって被害者に噛みついたのかどうかわかりませんが、
動物に責任（犯罪成立要件としての有責性）があると考える人はまずいないでし
ょうから、何で責任を取らせるのでしょうか。このように考えると、刑罰とい
うのはその本質に復讐（応報）の意味があるのは否定できないでしょう。

　そもそも犯罪は社会あるいは共同体に対する反逆であり侮辱であると考えら
れますから、犯罪によって社会秩序が破られると、社会の感情的反応が発生す
ることになります。この民衆の怒りや悲しみを鎮め、社会秩序を回復するため
に犯罪を廃棄しなければならないでしょう。しかし、起きてしまった犯罪を無
かったことにはできないので、犯罪を象徴する対象（犯人、関係者、動植物）
が選ばれ、そのシンボルが廃棄される儀式を通じ社会や共同体の秩序が回復さ
れるのです。これは、過ぎ去った昔の話ではありません。家族の誰かが凶悪犯
罪を犯した場合、両親や兄弟姉妹にまでその糾弾は達し、自殺・家族離散など
の憂き目にさらされることはよく知られています。犯罪を象徴する対象が選別
され、そのシンボル全体を廃棄しなければ儀式が完結しないかのように感情が
高ぶります。そこに大きな落とし穴もあります。そのシンボル自体が「身に覚
えがないもの」だった場合です。冤罪が起きる構造は、警察や検察の悪を探し
出し正したいという思いと、誰かが犯人でなければならない必要性（シンボル
全体を廃棄しなければ儀式が完結しない）が社会にあるからなのでしょう。

　したがって、犯罪成立要件を3つに分け、構成要件該当性と違法性と有責性
のそれぞれの要件が充足された場合にのみ犯罪と認定し、処罰する現代刑事法
システムは、人道的な配慮という点では発展ではありますが、単に社会や被害
者（遺族）の復讐の観念を表から背後に追いやっただけなのかも知れません。

　このように、責任という社会装置が裁判で機能するように見えるのは、犯罪

の代替物として被疑者や被告人個人が、犯罪に対する罰を引き受ける存在として認定されるからに他なりません。そこでは、責任があるから罰せられるというよりも、罰せられる存在として刑事司法プロセスに載せられた段階で責任の本質が付与されてしまっているのでしょう。したがって、「儀式や社会感情ではなく、正当な理由（再犯防止）をもって刑罰を科しているのだ」ということを示すために、結果発生の原因（犯行理由・動機）を遡り、責任者を確定する過程（起訴事実と証拠）が必要となります。この過程が逮捕〜起訴ということになりましょう。

法律専門家から「刑罰は被害者の復讐を満たすためのものではなく、刑事裁判は、国家が治安、秩序を守るため、犯罪者の更正・再犯防止のために裁く場であって、被害者が加害者を懲らしめる場ではない」と説明されます。また、民衆の処罰感情や被害者感情に耳を傾けることは被告人の人権を侵害し、処罰に公平を欠くことになると批判もされます。

たしかに、罪刑法定主義（何を罪とし、いかに処罰するのかについて、あらかじめ法律により明確に定めておかなければならない）という原則や責任主義（責任なければ刑罰なし）といった近代刑事法原理や「疑わしきは被告人の利益に」という刑事裁判の原則は、法律専門家にとっての自明のルールではあるでしょうが、背後に追いやられた社会や被害者（遺族）の復讐の観念をすくい切っていないために、いつまでもモヤモヤしたものが残っていたのでしょう。

しかし、民衆の法感覚を取り入れ、より民主的な裁判が行われることを目的とする裁判員制度が始まり、自明な原則は本当に自明なことなのか、そして裁判員に必要な資質とは何なのか、そのためには何をどう学習すればよいのか、今一度考え直す時期に来ているのでしょう。裁判員は、専門家の説示に従うばかりでなく、なぜそう（なのか）いえるのかを素朴に問い直す必要があるのではないでしょうか。

●復讐から儀式、儀式から刑罰へ、そして刑罰から法廷イベントへ

人間の歴史の中で復讐が犯罪抑止に多大な効果を与えていた事実は、疑う余

地がないでしょう。どんなことをしても報復してやるぞという心理的脅迫は、相手や一族に強い抑止力となって働いたことでしょうし、そのことが結果として、家族や同族を密接に結びつけることにもなったからです。復讐とは、延期された報復のことだといえます。その期間の如何によって復讐の内容が増幅されたり減少したりもしました。したがって、同等の復讐であるとは限らず、極端な場合には皆殺しという結果になる場合もあったでしょう。家族や部族の損失は計り知れないものとなったでしょう。やがて、復讐は経済的な贖罪金へと変化しました。復讐動機は、家族や一族以外（を越えた）の絆をもとに政治組織を作ろうとする人々にとっては、悩みの種となったであったろうし、同時に復讐を厄介な義務と感じていた関係人にとっては、国家が正義を行うという保障と交換に、喜んで個人的な復讐の権利を国家に譲り渡したとしても不思議なことではありません。実際、江戸期の仇討ちの制度は、残された者にとっては有難迷惑であったともいわれています。ちなみに、仇討ちの制度は、1873（明治6）年2月7日に「復讐ヲ禁ス」として、太政官布告第37号（別称、敵討禁止令）が発布されました。

　個人の復讐権が制限され、国家への刑罰権の独占にいたる説明として、「報復が報復を呼び、一族同士の争いとなり、場合によっては国を割るような騒乱に発展する」から、国家に取り上げられたのだとする説を有力視しますが、むしろ煩雑化して行く仇討ち作法や周囲の期待の重みに煩わしさを感じた復讐者が、その権利を放棄したものと考えた方が自然だと思われます。

　一般的に、血讐は世界中のさまざまな地域で、通文化に見られるもので、復讐の動機がいかに長持ちし、そのためにどれだけの力が注ぎ込まれ、目的達成の満足を得るためにどれだけの苦労が忍ばれるか計り知れないともいわれます。このことは、現代でもいじめた加害者への復讐として被害者が自殺行為に出る（必ずいじめた人物を特定できるものを残して、自らの死をもって復讐している）ことがあることを考えると、個人の復讐動機のエネルギーは計り知れないほどで、その衝動は家族や友人、あるいは社会に対して少なからぬ影響を与えていると考えられます。

116 第7章 刑罰は何のためにあるのか

『復讐と法律』の中で穂積陳重は次のように敵討ちを制限する過程を整理しています。まず、①復讐義務者（正当なる復讐者は誰か）の範囲が制限され、②復讐義務者の優先順位が定められ、③万が一不合理な復讐が行われる場合などに備えて復讐避難所が作られ、④復讐調停機関が設置され、⑤復讐には復讐届出が必要になり、⑥届出だけではなく、公的な復讐許可も必要となり、ついには⑦復讐に代わって賠償の制度が生まれてきた。

このように考えてみると、現代では復讐の表現がビジュアルなものに変わってきてはいますが、一種の復讐としての側面がそこにあるのではないかと考えられます。いわゆる闇サイト殺人事件の公判で、検察側が被害者の七五三や成人式の写真約20枚をスクリーンに映しながら証人尋問を行うなどしたり、江東区神隠し殺人事件の公判では、刻まれた遺体の一部がスクリーンに映し出されたなどがそれです。これらは、言い換えれば、激しい復讐を伴った被害者（遺族）の処罰感情が、プロジェクターという増幅器を通して映し出され、映像のハードさとソフトさの両面を上手に利用することで、被害者感情（復讐心）をある程度昇華させているのではないかと考えられるからです。言葉は適切ではないですが、まさに、「復讐から儀式」「儀式から刑罰へ」、そして「刑罰から法廷イベントへ」という表現がわかりやすいかもしれません（刑事裁判を考える：高野隆@ブログ：http://blog.livedoor.jp/plltakano/archives/65229980.html に、この江東区の女性殺害事件の公判での検察官のビジュアルな証拠提示について「裁判員裁判ではこうした人の感情をかきたてて理性的な判断を誤らせる可能性のある証拠の利用は慎重であるべきである。」として米国の裁判例を挙げて批判している。この高野隆弁護士こそ、ゴーン日産元会長の一連の保釈劇をプロデュースした張本人でした）。

さて、この法廷イベントですが、実は、このお手本になったとされるのが、サラと呼ばれる女性が殺害された米国の事件（1993年のケリー対カリフォルニア事件）です。この陪審裁判は、被害女性が好きだったエンヤの曲が BGM で流れる中、被害者の生前の写真を編集したビデオが20分余り証拠として映し出され、賛否を巻き起こした事例です。これに対し陪審員を過度に刺激し証拠に基づく判断に影響を与えるとして被告弁護側は上訴を行いました。連邦最高裁は

2008年11月、弁護側の主張を退け、ビデオを証拠として採用し、死刑を言い渡した一審判決を支持しています。この約20分余りの証拠ビデオは、被害女性の出生から学生時代までの映像を母親（弁護士でもある）のナレーションでつづったもので、見た者は被害者が単なる事件の証拠物ではなく、生身の人間であったことを思い知らされるものでした。

※　現在も米国連邦最高裁のホームページにそのビデオクリップが掲載され、誰でもダウンロードして見ることができるようになっています。
http : //www.supremecourtus.gov/opinions/video/kelly_v_california.html

　法廷イベントにおいて、母子家庭で苦労を重ねて育てた子どもがやっと嫁ぎ先を決めたとたんの犯罪であるとか、念願の大学進学を果たした矢先であったとかいう不幸な情報を耳にすると私たちは同情を禁じ得ないものです。

　一方で、犯罪被害者の社会的プレゼンスには注意が必要です。メディアを通して表出された被害者のイメージは、犯罪者に対する一般市民の道徳的憤怒を掻き立てるような「被害者感情」（被害者の悲しみと対比された加害者の悪性）が強調されることが多く、被害者は犯罪者に対する市民の道徳的反発を再確認し強化するために引き合いに出されているに過ぎない面が見られるからです。したがって、加害者側に偏った人権尊重は被害者への侮蔑と映り、被害者の人権を尊重するためには加害者の人権削減が必要だというアピールとなってしまいがちだからです。被害者は往々にして現実の被害者とは無関係なところで形作られた政治的イメージに過ぎないことがあるからです。

　倫理学者の加藤尚武氏の小論に「21世紀にも刑罰は存在するか」というユニークなものがあります。刑政という雑誌の編集者から「刺激が強すぎて掲載できない」旨を伝えられたという没原稿です。要約を紹介しましょう。
「本当の問題は、刑罰は人間の改善に成功しているかという点にある。応報は被害者の感情に救いをもたらすにはほど遠く、矯正は刑務所でかえって人間が悪くなる例もある。成功しているとはいいがたく、みせしめの効果はほんのすこしだ。刑罰には、犯人を道徳的に非難し、悪いと評価する（社会的評価）、犯人自身に自分の行為に対して後悔させる（犯人の自己評価）、犯人に罪をつぐな

118　第7章　刑罰は何のためにあるのか

わせて共同体の一員として復帰させる（贖罪）、犯人以外の人に警告し犯罪を予防する（みせしめ）、犯人に罪をつぐなわせて人間性を回復させる（教育）、危険な犯人を社会から一時的に隔離する（隔離）という機能があるが、実際の刑務所では社会復帰のための準備というよりは、社会に適応できるだけの自律性を奪う制度になっている。現行の刑罰制度は、社会的評価と隔離の機能を果たしているだけだ。」（下線は筆者）

「……お寺で預かって人間を鍛え直すことや、囚人であることは分からないようにセンサーを取り付けたり、孫悟空の緊箍児（きんこじ）のような装置を犯罪少年に取り付けたりして社会の中で管理する可能性などや、『矯正可能性』を前提とすれば、殺人犯には一年間の内に償いをして遺族から赦しをもらわないと死刑になるという制度を考えなければならず、死ぬという思いを真剣に受けとめたうえで改悛の可能性への道を拓くこと、すべての刑罰を『〇〇年以内に贖罪の実績を挙げない限り死刑』としなければ、本当の意味で『心を入れ替える』ことを刑罰制度が追求すれば、このような突飛な制度になってしまう。」

　確かにかなり過激です。刑罰の本質を鋭くついていると思います。刑罰制度は、まるで「心を入れ替える」ことが可能であるかのような錯覚の上に組み立てられているが、実際には不可能だという前提で組み立てるべきなのではないかと疑問を投げかけたかったからでしょう。

第8章 回顧的刑事責任から展望的刑事責任へ

1 ポッターの魔法薬「マンドラゴラ」と刑吏の話

　『ハリー・ポッター』は、英国人 J・K・ローリングの著作によるファンタジーノベルで、世界中で多くの人に読まれているベストセラーです。書籍が7巻出版され、映画化されたのは現在までで9作です。この物語は、魔法学校が舞台であるため、さまざまな魔法薬が登場します。第1巻の『賢者の石』では、ダイアゴン横丁というあやしい町並みで「ドラゴンのきも」や「うなぎの目玉」「こうもりの脾臓」や「黄金虫の目玉」などが売られていたりします。いずれも、薬の材料となるものですが、たとえば、おできを治す薬として「干しイラクサ」と「ヤマアラシの針」と「角ナメクジ」を混ぜるとよいといったようなものです。これらは、英国の魔法術の本に書かれているものであったり、ローリング自身が創作したものも含まれています。日本にもある、民間療法や漢方薬などとよく似ています。

　シリーズ映画第2作『ハリー・ポッターと秘密部屋』では魔法学校の授業で、不思議な温室に行き、マンドラゴラ（英名マンドレー）を引き抜いて植え替える実習のシーンがありました。引き抜かれるマンドラゴラの根は人間の形に似ていて、キーイ、キーイと悲鳴を上げて嫌がります。この叫び声を聞いた人は卒倒し、ひどい場合は死んでしまうといわれています。そのため、生徒たちはみな耳栓をして作業をしているというシーンが出てきます。このマンドラゴラの根は、薬草の王様といわれ、いかなる病も治し、解毒・魔術を解く効果があるとされている。ハリー・ポッターの賢者の石では、魔法にかけられ石と化し

120 第8章 回顧的刑事責任から展望的刑事責任へ

た友達をもとに戻す薬として登場しています。

マンドラゴラの根は、悪魔に取り付かれ、あるいは不治の病に侵された人が
こぞって求めた貴重な薬草だといわれています。ドイツのローテンブルクにあ
る中世犯罪博物館の資料にも記述が残っており、かのルイ14世にも献上され、
今でも秘宝としてベルサイユ宮殿に残っていると書かれています。

マンドレイクというナス科の植物は実在しますが、根には有毒なアルカロイ
ドを持っていることからこの伝説の薬草にちなんで名づけられたものでしょう。
不妊治療薬との伝説もありますが、あやしいものです。

さて、伝説のマンドラゴラは、不気味な細長い根が人の姿を連想させるため、
処刑された犠牲者の断末魔の血液や精液を栄養として育つと信じられ、キリス
トが息を引き取る瞬間に精液（または尿）を漏らした際、これが土中にしみ込
んでマンドラゴラが生まれたという話がヤコブ・グリムの『ドイツの伝説』
（1865年）にも見ることができます。

このように、マンドラゴラは、処刑場の土の中に根を張り育つとされている
ので、これを手に入れるためには刑吏（首切り役人）に大金を払って譲っても
らうか、自分で夜中に掘り起こさなければならなかったのです。しかし、中世
西洋の刑吏は、アンタッチャブルな存在として、一般の人々とは接触できませ
んでした。たとえば、刑吏がひとりで飲んでいる居酒屋で、知らずにその刑吏
に声をかけようものなら、即座にその人も最下層の不可触民に貶められてしま
いました。

刑吏は処刑の仕事を代々独占的に引き受ける家系であったため、人から忌み
嫌われていたからでしょう。ただしその見返りとして、処刑後の遺体の処分を
自由に任されていました。そんなもの何の利益にもならないと思うかもしれま
せんが、レオナルド・ダ・ビンチの解剖図や江戸時代の『蘭学事始』を思い出
してください。杉田玄白や前野良沢は、刑場の遺体を解剖する事で、蘭学医学
書の翻訳を完遂できたのです。つまり、刑吏は、首切り役人でありながら、外
科医・薬剤師でもあったのです。中世西洋では病気は悪魔の仕業であり、魔法
薬や特別な儀式的な治療が必要だったのです。刑吏は死体の処理を続けていく

うちに人体に関する専門知識を身に付けていったのでしょう。ですから、不治の病にかかった家族は、夜中にそっと刑吏を訪ね、大枚を払って治療を受けたり薬を分けてもらったりしていたのです。当然、マンドラゴラの根も刑吏にお願いする他なかったようなのです（このことは、阿部謹也『刑吏の社会史』中公新書に詳しいです）。

　やっと、ハリー・ポッターと刑吏の話がつながりました。刑吏は、首切り役人ですから、処刑の日には正装をして、多くの群衆の見守る中、斧やサーベルを振り下ろし、一刀両断で見事に首を切り落とさねばなりませんでした。ただ、この仕事は大変熟練が必要で、体調が悪かったり練習不足であると失敗してしまい、何度も振り下ろさねばならないこともあったそうです。こうした場合、多くの群集は被処刑人に同情し、不要な痛みを与えた刑吏をなじり、石や物が投げつけられたといいます。また、顔を覚えられているときは、後日街であっても石のつぶてを受けたといいます。刑吏もたまったものではありませんので、後に刑吏の仮面を被るようになったそうです（下資料参照、ただし、前章で説明した不道徳な者への罰としての「辱めの仮面」と間違えないように）。

　もうひとつ重要なのが、掘り出す方法ですが、罪に汚れた人間が近づくと逃げてしまうため、まずは長期間の禁欲生活をせねばならないそうです。2月2日の聖母マリアのお潔めの祝日に蠟燭を捧げて祈りを唱え、清らかな身になってはじめてマンドラゴラに近づくことができるとされています。そして次に、

資料：左から刑吏の仮面、処刑台と斧、辱めの仮面（pictures from the Crime Museum）

122 　第8章　回顧的刑事責任から展望的刑事責任へ

マンドラゴラの生えている地面近くに穴を掘り、そこに鼠や蝙蝠の肉を煮た汁に自分の血を混ぜて注いだあと、黒い犬をその穴に突き落とすそうです。犬は肉の匂いに刺激されて地面を掻くので、根が掘り出される。マンドラゴラは根が引き抜かれる際、赤ん坊の泣き声のような金切り声を発するため、犬は苦悶して死んでしまい、人間はこの音が聞こえないよう耳栓を使用する必要があります。

　あるいはまた、長い革紐の一方を根に結び、他の一方を犬の首輪に結びつけ、大急ぎで逃げ出す方法もあるそうです。犬は手厚く埋葬し、マンドラゴラを引き抜いたあとの穴にはパン、塩、1枚の貨幣を入れてから土をかぶせ、大地の神に捧げねばならないとのことです。

　採ったマンドラゴラは直ちに泉の水につけ、よく洗い清めておき、牛乳や赤ワインに浸して生気を保たせることも重要なのだそうです。保存のためには柔らかいシャツを着せ、その上に赤（犠牲の血、聖霊を表す枢機卿の色）または白（純潔・永遠・光を意味する法工の色）の、または紅白二色に染めた絹の生地をまとわせて悪魔の誘惑に抵抗できるようにしておく。さらに、それを棺の形をした小箱に入れる。小箱の蓋の内側には黒い十字架、外側には罪人が吊るされた絞首台の下にマンドラゴラが生えている絵を描く。また、小箱の中には布団を敷き、枕を置いてマンドラゴラを寝かせ、その手にはヤドリギの小さな束を持たせなければならない。ルイ16世が秘宝として、ベルサイユ宮殿に残されていたマンドラゴラの根は、このようにして保存されていたそうです。

② ギロチンと科学者の実験

　処刑の代名詞になっている「ギロチン」は、フランス革命後の政情不安定な時代に多くの処刑をこなす必要性から、医師で国民議会議員であるジョセフ・ギヨタンが、従来の斧や刀による刑吏の死刑執行の非効率性と受刑者に無駄な苦痛を与えず、しかも身分に関係せず同じ方法が適用できる、機械装置の作用によって人道的な処刑を行うよう議会で提案したことが始まりです。最初は、

議会で嘲笑され、議題にもなりませんでしたが、度々の説得で議案が採択されると、さっそく死刑執行人の総元締めであるシャルル＝アンリ・サンソンが法務大臣に呼び出され、斬首の難しさと問題点についての意見書が提出されました。これにより、処刑具の設計を外科医のアントワーヌ・ルイに依頼し、改良を重ねることでかの有名な刃を斜めにした「ギロチン」ができ上がったのです。当初は、設計者の名をとって「ルイゾン」と呼ばれていましたが、提案者主旨の正しさと処刑の平等性を訴えたギヨタンの呼び名が定着し、英語読みの訛りのギロチンが広く認知されています。試作品には、処刑人の元締めサンソンの知り合いであったチェンバロの製造業者があたり、後にギロチンの製造独占権を得てヨーロッパ随一の製造業者（シュミット工房）となったそうです。ちなみに、現在でもシュミット工房は存在し、依頼すれば新品のギロチンを作ってもらえるそうです。あまり良い趣味とはいえませんが、コレクションにと考えている人はどうぞ。日本では、レプリカが御茶ノ水の明治大学刑事博物館に展示してあります。

　形状についてですが、本体の高さは5メートルほどで、首を挟む場所は地面から40センチほどの高さにあるため、歯は約4メートルの高さから落下することになります。

　フランスでは1793年から使われ、ミッテラン大統領の政権になって死刑制度が廃止される1981年まで稼動していました。原則公開処刑でしたが、既に1800年代半ばまでには、白昼に広場で行うことを避け、刑務所の門前で早朝に行われるようになっていたようです。1939年6月に行われた処刑が公開処刑の最後といわれています。なぜなら、この処刑が盗撮され、映画化されたため、政府は非公開処刑に移行したのだといわれています。フランスで最後のギロチンによる処刑は、1977年9月10日だそうで、以後、フランスで公式にギロチンが使用されたことはなく、4年後の1981年に死刑が廃止されました。

　ギロチンで処刑された人物の中で、有名な「質量保存の法則」を発見した化学者のアントワーヌ・ラヴォアジェがいます。彼は、実験器具を買うために、徴税請負人となり、徴税長官の娘と結婚しています。その後フランス革命が勃

124　第8章　回顧的刑事責任から展望的刑事責任へ

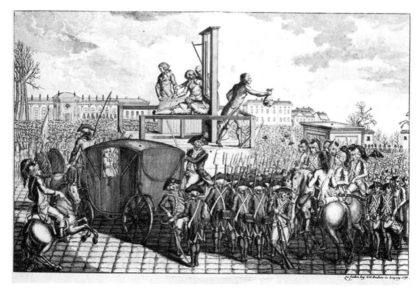

ルイ16世の処刑

発し、ルイ16世政権のもとで徴税を行っていたことを理由に投獄され、ギロチンで処刑されることになりました。

　ふつうでは考えられない事ですが、彼は自分の処刑すら実験の材料と考え、処刑後の人間に意識があるのかどうかを身をもって実験したそうです。その方法は単純で、周囲の人間に「斬首後、私は可能な限りまぶたを瞬き続けるので、確認して欲しい」と依頼したそうです。そして、処刑直後、実際にラヴォアジェの首は瞬きを続けたといわれています。ただし、医学的には筋肉の痙攣によるものではないかといわれています。斬首の瞬間に血圧が急激に変化するため、意識を失うはずで、意図的に瞬きをするのは不可能だというのが通説だそうです。

　その後も、たびたび処刑される人と契約を結び、処刑直後の首がどれほど反応するのかという実験が行われたそうですが、科学的な証明はされていないようです。こんな実験をまじめにやろうとする人の気が知れませんが、ラヴォアジェをはじめとして、科学者という人は、周囲の状況（自分の立場）を考える

ことなく、今ある疑問を解明したいという願望が強い人たちなのでしょう。

　広範性発達障害のひとつに、アスペルガー症候群というのがあります。人とのコミュニケーション能力や身体バランス・運動能力の未熟さが見られるのですが、知的にはまったく問題なく、むしろ特定の能力が高いことが特徴だとされる一群の人たちです。科学者に多いともいわれています。この一群の人たちの中に実験系のアスペルガーといわれる人がいて、疑問を解明したいという強い欲望にかられると周囲の状況が見えなくなるという欠点があるのです。たとえば、神戸児童殺傷事件の少年や静岡のタリウム事件の女子高生などは、「どれだけハンマーで叩けば人は死ぬのか」「薬物を少しずつ人間に投与するとどうなるのか」という事が知りたくて、犯行にいたったとされています。彼らは、被害者の視点（他人の痛みを感じとれる）で物事を見ることができなかったのでしょう。物質や現象であればいいのですが、実験の対象を間違えると困った事になることもあるでしょう。ラヴォアジェは、まさにアスペルガー的な人物だったのではないかと推測できます。

　このような実験の中で、おそらくもっとも有名な記録は、1905年6月28日にフランスの医師ボーリュー（Beaurieux）博士がヘンリー・ランギーユ（Henri Languille）死刑囚に対して行った実験のレポートでしょう。筆者が大学院時代に法哲学を教えに来られていた上智大学ホセ・ヨンパルト教授（当時）から聞いて、とても印象に残ったレポートであり、後日いろいろ調べてみましたが、このレポートを確認することはできませんでした。

　現在出版されている『図説死刑全書完全版』マルタン・モネスティエ著（大塚宏子ら翻訳）原書房、pp.404－407には引用されていますが、出典が定かではありません。また、最近、ネット上に"Jørn Fabricius"というライターの"The Guillotine Headquarters"なるサイトがあり、"Report From1905"というコンテンツ（http://www.guillotine.dk/Pages/30sec.html）を見つけましたが、それがボーリュー博士のレポートそのものから引用したのかはわかりません。したがって、当時筆者が教授から聞いた話をもとに、上記資料のみで確認した内容であることをお断りしておきます。

※　実際のボーリュー博士の論文が見つかりました。以下のアドレスに PDF として掲載されています。フランス語なのであしからず。http : // criminocorpus.cnrs.fr/bibliotheque/page/14782/

……頭は首の断面部を下に落下したため、私は首を拾い上げる必要はなかった。首を真っ直ぐこちらにむける必要さえなかった。私はかくして望み通り、（斬首後の意識についての疑問を）調べる機会を得た。……以下は私が斬首直後に記した記録である。

　まず斬首された男の瞼と唇は五秒から六秒にわたって不規則に律動的収縮を示した。……そして数秒が経過すると、発作的な運動は停止した。顔は弛緩し、瞼は半ば閉じて白い結膜だけが見えた。それは丁度、普段我々医師が仕事で度々眼にする瀕死の人間や死者のそれと同じものである。そして私は大きな強い声で“ランギーユ！”と呼びかけた。すると彼の瞼はゆっくりと開いた。もはや痙攣は見られなかった。これは私自身奇妙にさえ思えたが、とにかく、その時の瞼の動きは普段、我々の日常生活における瞬きのように、あるいは眼を覚ます時のように、全く正常な普通の動きだったのだ。このとき、ランギーユの眼は私の方を真っ直ぐに見つめ、視点も定められていた。それは普段私が見ている死にゆく者が見せる、曖昧で精彩を欠いた眼ではなく、疑いなく生きた眼が私を見つめていた。それから数秒後、瞼は再びゆっくりと、静かに閉じ、私が呼びかける前の状態に戻った。そして続けて、私はもう一度呼びかけた。すると瞼は再び、痙攣もなく、ゆっくりと開き、否定しようの無い生きた眼が再び私を見つめた。その眼は一度目よりも更に、透徹した眼だった。それから再び瞼が閉じたが、今度は完全に閉じることはなかった。私は三度目の呼びかけを行ったが、今度は何ら反応を得ることは出来ず、眼はどんよりとして死者のそれとなった。ここに記したことは私が見たことを可能な限り正確に伝えるものである。そして一連の出来事は二十五秒から三十秒の間に起きた出来事であった……

　このレポートをもって、斬首後の首が30秒間周囲を認識しているということにはなりませんが、外部からの刺激に反応するということはいえるのかもしれません。

③ 刑罰制度と社会の寛容性

　それにしても、このような恐いもの見たさのレポートで終えるのは、法学の授業の本道ではありません。刑罰の中でも極刑（キャピタル・パニシュメント）と呼ばれる死刑が、社会や国家にとっていかなる意味を持つのか、刑罰の目的は何で、何のために科されるのか。また、国連の死刑廃止条約に基づき世界では死刑廃止が大勢であり、いわゆる先進国ではアメリカと日本だけ存置しているのはなぜなのかを考える材料にしていただきたいのです。

　昨年の Death Penalty Information Center の統計では、アメリカの各州で死刑の執行停止が相次ぎ（50州中15州で停止）年間の執行数も2000年以来減少に転じて2008年では37件にとどまっています。その原因は、全死刑囚へのDNA型鑑定の実施による冤罪がクローズアップされたためです。全体の約15％の死刑囚に無罪の判定が出たからです。

　一方日本では、ここ数年死刑の言渡しが増え、執行数も年間３人〜10人と漸増傾向にあります。犯罪統計（警察統計や犯罪白書）上は、平成17年から一貫して凶悪犯罪は減少傾向にあり、また犯罪被害による死亡者も減り続けているのに、メディアを通した市民の体感治安の悪化が社会のリスクマネジメントを強化し、厳罰化に拍車をかけているからではないかといわれています。

　日本では、従来から刑事法のとらえ方の根本に「刑罰（法）の謙抑主義」というのがありました。国家刑罰は、生命・自由・財産を侵害する害悪なので、でき得る限り慎重に、謙抑的に適用すべきであるという考え方です。この前提には、社会の寛容性があったようです。権力側の厳格な対応と寛容な処置（罪の自覚も無いふてぶてしい犯人には厳しく、罪の自覚と反省が十分な犯人には寛容な処置をする傾向）がありました。たとえば、オウム真理教裁判の地下鉄サリン事件の首謀者であった林郁夫被告（当時）に対し、検察は罪の自覚と反省、被害者への謝罪、そして捜査への積極的な協力などにより無期懲役を求刑し、被害者遺族の代表である高橋シズエ氏も納得したという事がありました。他の

首謀者は皆死刑を求刑され、2018年7月に13人全員の執行が終了した。

　日本の社会は、こうした厳格と寛容を使い分け、最後は寛容な処置へと流れることで、再犯を少なくしていた、と多くの外国の犯罪学者に分析されています。ところが、最近の社会は、表面的に個人主義化したために、自分の身は自分で守るといった「リスクマネジメント社会」になりつつあります。国家としては、国の役目として治安維持を強化するよりも、国民に自己責任でセキュリティーを考えてもらう方が負担が軽減するからでしょう。しかし、そうなると、社会全体の安全よりも自分の身さえよければという極端な発想をするようになり、監視と厳罰化へ流れるのは自然のことでしょう。こうした厳しい見方をする社会を「法と秩序」の社会と呼び、生活環境の見直しや整備によって犯罪を撲滅させようといういわゆる環境犯罪学が流行ってきます。

　よくいう「割れ窓理論」による犯罪軽減対策のことです。この理論は、実際は犯罪軽減に直接の効果があるわけではなく、街の落書きや破損した箇所の修理に市民が積極的に参加し、自分たちの町を自分たちが守っているという自覚、さらに行動を共にする事になる警察との連携がうまくゆき、守られているという安心感や連帯感が体感治安を良好にするという事が最大のメリットであると考えられます。

　以上のことから、以前に比べ日本社会も寛容性が失われつつあり、不法・違法に対する厳しい目と厳罰化に視点が置かれるようになりました。こうした「冷たい社会」（見方によっては、自律と責任の所在を明確にするスマートな社会）に対して次第に批判も出てきています。死刑か終身刑以外は、最終的には社会に戻ってくるわけですから、自分の住む地域に戻さないとなると他の地域に行くか、永久に隔離されるかのどちらかしかなくなるわけです。こうして、どんどん悪を排除して行ってクリーンな社会が生まれるのかどうか、またそういう社会がよりよき社会といえるのかははなはだ疑問でしょう。

　これに対しては、犯罪社会学会から『犯罪からの社会復帰とソーシャル・インクルージョン』（現代人文社、2009年）という本が出ています。社会的排除（ソーシャル・エクスクルージョン）に対する言葉で、1970年代からヨーロッパ

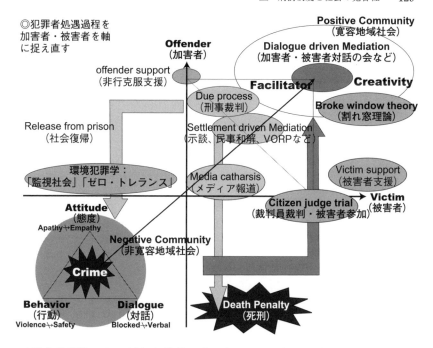

では社会的排除による新たな格差が広がり、EUの統一に伴って排除の限界を認識し、社会全体で対応する必要性を感じたことが始まりのようです。上の図は、筆者が第35回（2008年10月）犯罪社会学会のミニシンポジウム「非行少年の家族が求められるもの、求めるもの」で報告した刑事司法過程の概念図です。

　上記概念図は、従来の刑事司法の過程を、被害者よりか加害者よりかという指標によってとらえてみたものです。刑事裁判は（デュープロセスの観点から）加害者よりと評価し、メディア報道は被害者よりという評価をしてあります。修復的司法にも和解的なものと対話的なものとがありますので、和解（示談）的なものは被害者と加害者の主体性よりも落としどころを主眼にしますので、修復の過程を重視する対話的な修復的司法をよりクリエイティブなものと評価しました。第３象限（ネガティブな場）で発生した犯罪を切り取って、刑事司法過程に乗せ、処罰・矯正教育の後、社会へ戻すことになりますが、地域社会は犯罪発生時と変わらず、復帰時も加害者をモンスターと見て排他的であるた

め、矯正処遇は生かされないという現実を示したものです。

　本来、刑事裁判は、真実を求める場であると同時に、二度と同じ犯罪を起こさないための担保となるものを考慮すべきシステムではないでしょうか。行刑や保護観察、社会復帰などの出所後の現状を含めて判決に生かさなければ、刑罰は単なる懲らしめ（害悪を与える）でしかなく、結局、殺人には死刑しかないという考え方（応報）になるでしょう。行刑実務でいかに被害者の視点に立った贖罪教育を行ったとしても、地域社会が少しも変わらず排他的で、刑務所帰り（少年院帰り）はごめんだということであれば、判決理由に書かれた説諭もタテマエであって、結局、加害者は刑期さえ終えればいい（回顧的責任を果たす場）と考えるだろうし、社会はどうせまたあいつは犯罪を犯すよ、という「犯罪者は犯罪者」という悪循環になるでしょう。

　そこで、加害者にとっても被害者にとっても主体性を取り戻せる（犯罪は、被害者の主体性を加害者が奪う行為であり、社会の中で主体的になれなかった人間が加害者ともいえる）システムが必要となってきます。また、加害者が主体的に被害回復をしようという意欲を継続できる社会である必要があるでしょう。そうなれば、被害者の主体性も取り戻せ、社会に再起できるのではないでしょうか。非寛容社会から寛容社会へ、修復的司法の手法を借りて描いた概念図が前頁です。

　裁判員制度は、従来の司法専門家のルーティンな対応（事実認定および量刑）を変化させ、被害者と加害者を本当の意味で主体的に対峙させる事ができるシステムになるかもしれません。それには、裁判員が法的思考と公正さを持った判断力を身につけることと、被告の主体性を十分に考慮できる弁護人の度量が必要だと考えます。さらに、被害者参加制度をうまく運用して、検察側がいかに被害者の主体性を支えてあげられるかにかかっているでしょう。

④　昔話法廷と死刑制度

　究極の刑罰制度である死刑、こと日本の絞首刑という制度についてまず、法

的根拠と判決確定から執行までの流れを追ってみましょう。

　そもそも日本の死刑制度は、明治期に法制度として確立したものといわれています。もちろん古代より死刑はあった（ただし平安期300年は死刑がなかった）のですが、それは民主国家が行う刑罰制度としてではなく、儀式であり、為政者の恣意的目的（綱紀粛正）であって、多くの刑罰の中のひとつでしかなかったのです（窃盗でも死刑があったことを考えてみて下さい）。それは現代のような特別な意味の刑罰（極刑）としての死刑制度ではなく、むしろ恐怖のシンボルとして存在していました。

　日本では、死刑制度について法律に規定を設けているのは、現行刑法第２章第11条です。この条文の内容は、明治時代に成立した太政官布告令、改定律令の流れを汲んで作られています。絞首の方法については、太政官布告第65号がもとになっています。

刑法第11条　　死刑は、刑事施設内において、絞首して執行する。
２　死刑の言渡しを受けた者は、その執行に至るまで刑事施設に拘置する。

　ここでいう「刑事施設に拘置する」とは、死刑は自由（刑務所に拘束する）刑ではなく、生命（命を奪う）刑なので、刑務所とは別の拘置所（裁判中の被告人を勾留しておく施設）の一角に、処刑場とともに死刑囚房が在り、そこに収容されるということです。

明治六年太政官布告第六十五号（絞罪器械図式）
本図死囚二人ヲ絞ス可キ装構ナリト雖モ其三人以上ノ処刑二用ルモ亦之二模倣シテ作リ渋墨ヲ以テ全ク塗ル可シ凡絞刑ヲ行フニハ先ツ両手ヲ背二縛シ紙ニテ面ヲ掩ヒ引テ絞架二登セ踏板上二立シメ次二両足ヲ縛シ次二絞縄ヲ首領二施シ其咽喉二当ラシメ縄ヲ穿ツトコロノ鉄鐶ヲ頂後二及ホシ之ヲ緊縮ス次二機車ノ柄ヲ挽ケハ踏板忽チ開落シテ囚身地ヲ離ル凡一尺空二懸ル凡二分時死相ヲ験シテ解下ス

　次頁図１（絞罪器械図式）を見ると、階段のついたやぐら状の台を設け、そ

の上部に渡した梁から縄をつるし、台の中央部に設けた踏み板が開く仕組みになっていて、床が開くと死刑確定者の自重により首が絞められる構造になっていて、図2（2010年公開された東京拘置所の執行室）と方式はまったく同じであることがわかります。145年前からずっと同じ方式で行われてきたということから絞首刑自体の進歩は全くないといっていいでしょう。

判決確定から執行までの手順についてみてみると、刑事訴訟法第7編、第475条に「判決確定の日から六箇月以内にこれを執行しなければならない」と規定があります。「確定判決の日から6カ月以内」というのは、単なる訓示規定で法的拘束力はないというのが通説ですが、刑事訴訟法という実定法において条文に「…ければならない」と規定されているのに、訓示規定であるとの地裁の判断には疑問がないわけではありません。

平成10年3月20日の東京地裁判決によると、「……同項の趣旨は、同条1項の規定を受け、死刑という重大な刑罰の執行に慎重な上にも慎重を期すべき要

図1　絞罪器械図

図2　刑場公開・東京拘置所の刑場の「執行室」

［代表撮影］（時事通信フォト）

請と、確定判決を適正かつ迅速に執行すべき要請とを調和する観点から、法務大臣に対し、死刑判決に対する十分な検討を行い、管下の執行関係機関に死刑執行の準備をさせるために必要な期間として、6ヶ月という一応の期限を設定し、その期間内に死刑執行を命ずるべき職務上の義務を課したものと解される。したがって、同条2項は、それに反したからといって特に違法の問題の生じない規定、すなわち法的拘束力のない訓示規定であると解するのが相当である。」（下線は著者）という。この言い訳がましさは、かえって「死刑制度」が後ろめたいものであることを表す証左ではないでしょうか。

アメリカでは、死刑執行の日を裁判官と矯正局が決定しますが、日本では、いつどの死刑確定囚を執行するかは、刑事局長と同局総務課長ら数人の話し合いで決められるようです。通常、死刑判決が確定した後、判決謄本と裁判記録が上告審を担当した高検へ送られ、高検は法相への上申書と確定記録を法務省に送付します。確定記録は、法務省刑事局の検事が精査し、冤罪の可能性や刑が執行できない心神喪失状態にないか、再審請求の有無などを検討し起案書を作ります。完成した起案書は刑事局内で保管され、刑事局長と同局総務課長ら数人の話し合いで死刑執行の該当者と日程が決められ、死刑執行命令書と記録の要旨が法相に上がり法相が命令書にサインすると5日以内に執行されることになっています。

死刑囚の処遇に関する「刑事収容施設及び被収容者等の処遇に関する法律」では、執行までのあいだ平穏に収容し、自殺や精神的な問題が生じないよう「死の準備」に配慮する規定や死刑の執行をしない日にち（土日祝日、1月2日、3日及び12月29日から31日）なども規定されています。

死刑の執行に関しては、従来から死刑執行後の抗議と議論の盛り上がりを回避するために、戦略的に執行日を選んでいると批判された（確かに国会休会中の木曜日と金曜日が多い）ようですが、千葉法相がはじめて法相立ち会いの下執行された2010年7月28日は月曜日であるし、以前（2007年4月27日、長勢法相時）に国会会期中に執行された例もありますので絶対的な原則があるわけではないようです。

134 第8章　回顧的刑事責任から展望的刑事責任へ

●死刑囚に関する映画のおもしろさ

　死刑に関する映画はいくつかあるのですが（たとえば大島渚監督作品『絞死刑』、刑務官の心の葛藤を描いた門井肇監督作品『休暇』など）、2018年2月に急逝した大杉連さんがメインキャスト（初プロデュースの作品でもある）の最後の映画『教誨師＊』。タイトルから大きな劇場ではお客が入らないだろうという予想はつきますが、小劇場でも次々と上映終了となっていて評判はいまいちのようです。ただ、刑務所内にある教誨室の中だけでほぼ全編が進行する6人の死刑囚との対話劇が中々おもしろいのです。大杉連さん扮する教誨師：佐伯は少年時代のある事件を引きずり、教誨師としては経験が浅い頼りないプロテスタントの牧師です。6人もの一筋縄ではいかない死刑囚達との "攻防戦" がそれぞれの人物ごとにシーンが切り替わるように進んでいきます。

　　※　教誨師とは、刑事施設や少年院等の矯正施設などで、被収容者の宗教上の希望に応じ、所属する宗教・宗派の教義に基づいた宗教教誨活動（宗教行事、礼拝、面接、講話等）を行う民間の篤志の宗教家のことをいいます。教誨師の人数は約2,000名で、そのうち仏教系が約66パーセント、キリスト教系が約14パーセント、神道系が約11パーセント、諸教が約8パーセントとなっているそうです（平成29年度統計）。

　作品では、6人の死刑囚を特徴的に描いています。実は、この6人、実在の死刑囚をモチーフにしている（と私が勝手に思っています）。

1）　鈴木貴裕（古舘寛治）－「心を開かない無口な男」　⇒　長崎ストーカー事件の筒井郷太をおじさん化

2）　吉田睦夫（光石研）－「気のいいヤクザの組長」⇒　死刑確定後に他の殺人事件を告白した住吉会系元会長、矢野治死刑囚

3）　進藤正一（通称正一）（五頭岳夫）－「お人好しのホームレス」⇒　平野母子殺害事件と大阪道頓堀川ホームレス殺人事件のミックス

4）　野口今日子（烏丸せつ子）－「おしゃべりな関西の中年女」⇒　和歌山毒物カレー事件の稲垣眞須美／旧姓林死刑囚

5）　小川一（小川登）－「家族思いで気の弱い父親」⇒　岡山金属バット母親殺害事件をモチーフに子思いの親に変形？

4 昔話法廷と死刑制度 135

6） 高宮真司（玉置玲央）―「自己中心的な若者」⇒ 相模原障害者施設や
　　まゆり園殺傷事件／植松聖

　これらのうち、ある死刑囚は自身の正統性を、またある死刑囚は犯罪に対す
る罪の無自覚さと被害者への愛の継続を教誨師との会話の中で訴えます。人間
は自分の置かれている立場を受け止められない程の重大な犯罪を引き起こした
場合、その罪と罰を昇華できぬまま最期の時を待つ不安定な状態に置かれます。
新米教誨師は、戸惑いながらもきちんと向き合おうとします。そして教誨師佐
伯自身にもまた、幼い頃の兄への罪悪感故の迷いが影を落とすのです。

　この映画は、死刑制度への問題提起というよりも、人には善悪のレベルは違
うが、さまざまなドラマがあり、それが人生へ大きな影響を与えることもある。
こうした犯罪者に対して、人が人を裁き、人を処分する。この素朴で単純な問
題にどう答えられるかということが描かれています。特に、「相模原障害者施
設やまゆり園殺傷事件」をほうふつとさせる自己中心的な若者：高宮は「世の
中には生きていても意味のない人間とそうでない人間がいて、不要な人間を殺
害しただけだ」とうそぶきます。大変高慢でこんなひどい奴は死刑も仕方がな
いと思わせるのですが、よくよく考えてみると、この国の死刑制度自体も全く
同じことを行っていることに気が付きます。社会において不要（害悪）な大量
殺人犯：高宮を今度は国が処刑する……。どこが違うのだろうかという疑問が
残るのです。

　法教育とは、**法律専門家でない人々に対する、法にかかわる基本的な知識、考え
方、さらにはそれに必要な技能等の教育**のことです。法に囲まれて生活する人々
が、自由で公正な社会で、精一杯に充実して人間の尊厳さをもって生きようと
することにおいて役立つ、法的な権利やそれに伴う責任等を学ぶ教育であると
大きくはいえます。法教育は、法務省と文科省がタイアップし、道徳教育とは
違った形で平成23年度から、小・中学校および高等学校の各教育課程において
模擬裁判など法に関する教育の推進・発展を図るために関係機関が協力して取
り組んでいます。

　しかし、法教育は子どもたち（教員も含め）の専門知識のなさを指摘し、近

136　第8章　回顧的刑事責任から展望的刑事責任へ

代刑法の原則を押し付けることではありません。むしろ、子どもたちの素朴な疑問を契機として司法の問題点をクローズアップし、社会悪を減らすためにはどうすべきなのかを考えることなのではないかと筆者は考えています。もちろん国民性や法文化の違いは、諸国の法制度や解釈の違いに影響を与えます。したがって、理性の秩序とされる法律や裁判も、実は民衆の感情の表現（「死刑」はその最たるもの）のひとつを利用したシステムではないか、裁判官の判決理由には主文への言い訳ともとれる長上（詳細）な説明は、民衆の正義感や処罰感情を上手く利用しながら被害者にも加害者にも社会にも納得させるための理由を書き連ねるのでしょう。

● 「さるかに合戦」＜昔話法廷＞ NHK for school

　Web上の「NHK for school」(http://www.nhk.or.jp/sougou/houtei/?das_id=D 0005180278_00000) のコンテンツにある「昔話法廷」のテーマのひとつ「さるかに合戦」の資料を基に「人が人を裁く」ことの意味を探ることにしましょう。ただ、結論として「被告人のさるを死刑にするのかしないのか」といった死刑制度の存否を問うたり、ディベートのようにそれぞれの論拠を戦わせたりするのではなく、そもそも「悪行に対して罰は何のために与えるのか（刑罰の本質）」、「殺人は死を持って償うしかないのか（同害報復）」、「反省や後悔や償いの気持ちの影響（贖罪の意味）」、「犯行時と裁判時の犯人の変化（贖罪と赦し）」、「裁判は被害者遺族の復讐心を満たすものか（仇討の代替としての死刑）」、そして「人が人を裁く意味（裁判の目的）」といった法や道徳の本質を考え、議論することを目的とした授業の構成を考えてみます。難しい言葉で表現すると、**正義観（"Sense of Justice"）の共有と心情への配慮の相互補完性**について考えてみて下さい。

▼**あらすじ**：猿が、カニに硬い青柿を執拗に投げつけ死亡させた事件。罪を認める猿に、検察官は死刑を求刑。弁護人は、猿が改悛している点などを主張し、「生きて償うべきだ」と訴える。これに対し友永啓介ら6人の裁判員の評議を生徒に考えさせる教材である。「さるかに合戦」では友永啓介が主人公という

設定になっている。

【Scene01　裁判の被告人は猿】

　裁かれる被告人は、猿。硬い青柿をぶつけて、カニを殺した罪に問われています。啓介たち裁判員は、法廷で見たり聞いたりすることをもとに、判決（事実認定と量刑）を考えなくてはならない。

【Scene02　今回の裁判の争点】

　起訴状「事件当時20歳だった猿は、柿を取れずに困っていたカニの親子に出会った。猿は『取ってやろう』といって木に登り、熟れた柿を食べつくした。これに文句をいった母ガニに、猿は逆上。青くて硬い柿をしつように投げつけた。何発も直撃を食らった母ガニと幼い娘二人は、体を砕かれ死亡した。猿は逮捕されるまでの8年間、逃亡を続けた。刑法第199条の殺人罪にあたる。この短絡的で残虐な犯行は、死刑が相当と考える。」猿は、検察官が述べた内容を全面的に認めた。その上で、弁護人は、犯行にいたるまでの猿の境遇に同情の余地があり、猿が十分に反省していることから、「死刑にすべきではない」と訴える。啓介たち裁判員に突きつけられたのは、猿を死刑にするか生きて償うべきか、ひとつの命をめぐる判断となる。

【Scene03　証人尋問・子ガニ】

　検察官は、殺されたカニの長男子ガニ（事件当時8歳）を証人に呼ぶ。子ガニは、突然家族を奪われた無念を語る。「母（シングルマザー）は、とても優しい人。いつも笑顔で、僕と妹たちを育ててくれた。何ひとつ悪いことをしていない2人。猿を絶対に許せない！」子ガニは、母と妹たちが殺される現場を目撃していた。「猿は、『死ね！死ね！』とすごい形相で柿を投げつけていた。僕は怖くて動けなくて、ただ見ていることしかできなかった。」

　事件から8年後、猿の居所を突き止めた子ガニは、臼、栗、蜂、牛のフンを伴い、仇を討とうと猿を襲撃。「僕は母たちを見殺しにした自分を責め続けた。それを埋めるためには、この手で猿を殺すしかないと思った。」

　しかし、子ガニは、自ら手を下すことなく、猿を警察に引き渡した。「殺しきれなかったふがいない自分に代わって、法律が猿に死を与えてくれると信じ

ている。」（自責の念と仇討、そして国家による処罰を求める。）

弁護人が反対尋問を行う。「あなたは、なぜ猿を殺すことができなかったのか？」子ガニは、自分のハサミを猿の首にかけておきながら、切り落とすことができなかった。

子ガニの理由「家の壁に、猿の子どもが描いた絵が飾られていて、それを見たら、どうしても殺すことができなかった。」

弁護人「あなたは死刑を望んでいるが、本当は、猿の命を奪ってはいけないと思っているのではないか？愛する人を奪われる悲しみを知っているあなただから……。」

【Scene04　証人尋問・猿の妻】

弁護人は、猿の妻を証人に呼ぶ。事件の少し後に夫と出会った妻は、事件のことは何も知らされなかった。「夫は、知り合った頃は口数も少なくどこか影のある感じだった。子どもができてから変わった。」

傍聴席には、猿の幼い子どもが来ている。「夫は、生まれたばかりのあの子を抱いて、何度も私に『ありがとう、ありがとう』と礼をいった。優しくて、本当にいい父親なんです……。」妻は、猿がひとりの父親として更生していることを訴える。さらに、弁護人から、猿が、子ガニに対し毎月5万円の仕送りをしていた事実が明かされる。

妻は、啓介たち裁判員に訴える。「夫は本当に後悔しています。ですから、どうか生きて償わせてください。息子から父親を奪わないでやってほしい。」

検察官の反対尋問「あなたは『生きて償わせてほしい』といいましたが、では具体的にどう償うつもりか？」「毎月の仕送りも、償いではなく、ただ罪の意識を軽くするために行っていたのではないか」「あなたは、夫が後悔しているといったが、ではなぜ8年間も身を隠し出頭しなかったのか」

検察官は、子ガニから家族を奪った罪が償いきれるものではないこと、自分の家族は助けて欲しいなど、猿が身勝手であることを訴えていく。

【Scene05　被告人質問・猿】

弁護人「なぜ面識のなかったカニの親子に殺意を抱いたのか？」　猿　「母

ガニに『ひとでなし』といわれたから。」と自らの過去を語り始める。子ども
の頃、猿の父親は、母親への DV で暴力をふるっていた。母親が泣きながらい
つも父親にいった言葉「ひとでなし」。そんな父親を猿は心から軽蔑し憎んだ。

　ある日、猿は鏡を見て愕然とする。鏡の中の自分の姿が、あの父親にそっく
りだった。父のようになってしまうのではないかと強い恐怖を抱く。父なりた
くないと思えば思うほど、仕草も言葉づかいも似てくる。そんな自分に耐え切
れなくなり、追い詰められていく。

　事件当日「当時交際していた女猿と口論になり、つい手を上げそうになる。
その瞬間、自分は『父になってしまった』と感じ、震えが止まらなくなる。」
そんな時、カニの親子に出会う。「幸せそうなカニの親子がいらだたしく、木
に登り熟した柿を食べつくす。怒った母ガニに「ひとでなし」と言葉を浴びせ
られる。「私の中で何かが切れてしまった。『だまれ！だまれ！』という気持ち
で柿を投げ続けた。それだけは、認めたくなかった！」

　猿は、子ガニのほうを向きなおり、深々と頭を下げる。

　検察官の反対質問「父親に似ていく自分に嫌悪感を感じて追い詰められてい
たが、カニの家族にとっては何の関係もないこと。母ガニの何気ない一言に逆
上、硬い柿をしつように投げ続けた。ひとつは、胸を貫通し、ひとつは目をそ
ぎ、体は粉々に砕けた。さらに、母ガニのそばに、幼い子どもたちがいたこと
も知っていた。逃げようとした幼い子どもたちまでもねらった。ただ、自分の
気持ちを静めるためだけに。」　最後の検察官の問いかけ「命ってそんなに軽
いものですか？」猿は、何も答えることができない。

【Scene06　最終弁論】

　最後に、検察官と弁護人がお互いの意見を述べ合う。検察官は、「猿は、極
めて残虐な方法で、親子３人の命を奪った。しかも、その動機は、あまりに自
己中心的だ。遺族の処罰感情も強く、もはや死をもって償うしかない」と訴え
る。

　一方、弁護人は「本件は、精神的に追い詰められた末の衝動的な犯行であり、
計画性はない。さらに、猿は十分に反省し、一人の父親として改悛の情が著し

140 第8章 回顧的刑事責任から展望的刑事責任へ

い。遺族への贖罪もはたし続けている。これらは、死刑を回避するのに十分な理由だ。命を奪った罪は命でしか償えないものか？ 猿は生きて償うべきだ」と訴える。猿を死刑にするか、死刑にしないか。啓介たち裁判員は、ひとつの命をめぐる判断をくださなければならない。

▼裁判員：友永啓介の考え

　私は、猿を死刑にするべきだと考えます。一番の理由は、遺族である子ガニが死刑を強く望んでいること。そして、一時の感情で、何の落ち度もない相手を3人も殺していること。たとえ仕送りをしていたとしても、8年間も逃亡しその間に結婚し子供までできていること。猿は、遺族への後悔の感情だけで8年を過ごしていたわけでなく、少なからず幸福感を感じ得る状況下にあったはずです。その間遺族がどんな気持ちで過ごしてきたかを考えると死刑にすべきだと考えます。弁護人の「命を奪った罪は、命でしか償えないものでしょうか？」という言葉はとても印象に残りました。確かに命は命でしか償えないわけではないと思いますが、この案件に関しては、命で償うべきであると思います。

　みなさんは、「命の重さ」や「償いの意味」、「人が人を裁くことの責任の重さ」などどう考えますか。よくある「ディベート」では死刑の存否を問うばかりで、死刑（刑罰）の本質を議論することはできません。また、存廃論でよくある「抑止力の信憑性」（死刑を廃止したら凶悪犯罪が増える）は証明不可能な要件なので考えないでください（犯罪学では、過去に死刑を廃止した国で殺人が増えたという統計はないとされています）。

　昔話法廷での死刑に対するある種の「後ろめたさ」とは一体何なのでしょうか。それは、死刑自体が持っている忌まわしさであり、死刑制度が、他に選択すべき刑罰がない場合の装置、被害者遺族や社会の処罰感情を吸収するための装置となっているからなのではないでしょうか。「せめて大切な人の死が無駄にならないように」という遺族の思いは、検察が被害者遺族の思いを捜査や判断不足を隠す手段として利用し、判決理由に「遺族らの処罰感情は峻烈を極め、

死刑もやむを得ない」と表現することに利用されてはいないか。私たちは、事件のたびに極悪人は社会から排除したいという感情に駆られます。しかし、その犯罪を阻止できなかった社会の一員として、被害者（遺族）に何らの手も差し伸べることができなかった責任をかみしめ、国はそのための対策を真摯に考える必要があるのではないでしょうか。

　一昔前の刑事政策には「贖罪」という概念がありました。「贖罪」と聞いて何を想像するでしょうか。罪の重大性を深く自覚し、被害者（遺族）に謝罪や反省の気持ち示すことであれば、遺族は納得するのでしょうか。菊池寛の『恩讐の彼方』の市九郎のように、人を殺めた主人公が仏門に入り人々のために難所の岩場を懸命に槌で掘削する姿を思い浮かべる人はほとんどいないでしょう。今日の司法制度では、口ばかりの贖罪は罪を軽くしてもらうためと勘繰られ、贖罪意識によって犯行時とは別人になった死刑囚がいたとしても執行を赦されることはなさそうです。

　かつて米国のパウエル元連邦最高裁判事が「死刑制度は原理上どんなに魅力があっても、実際の運用は司法制度全体への不信を招く」と述べた意味がいかなることなのか考えてみて下さい。

第**9**章 契約の自由と信義則

1 民法というルール

　民法とは、自由主義思想に基づいた市民社会（市民革命によって成立した近代市民社会）のルールです。民法は主に「**財産法**」と「**家族法**」に分けることができます。民法の条文は全部で1044条あり、全5編で成り立っています。刑法（全264条）と比べても約4倍の条文数です。社会の「秩序維持」を目的とした刑法とは異なって、私的自治（契約自由）の原則の下、市民間の「公正」な法律関係を目的とした法律だからでしょう。

　その構成は、総則編（174条）・物権編（224条）・債権編（326条）・親族編（157条）・相続編（163条）となっていて、総則には抽象的な規定（人・法人・物・法律行為・期間・時効について）が多いのが特徴です。物権とは、物を直接・排他的に支配する権利（支配権）のことです。物権と債権の大きな違いは、物権が物を支配する権利に対して、債権は、人（債権者）が人（債務者）に対して一定の行為をすべきことを請求できる権利（請求権）といえましょう。

民法の古典的基本原理

　①所有権絶対の原則（私有財産制）─封建的拘束の打破。フランス人権宣言2条。

　②私的自治の原則（法律行為自由の原則・契約自由の原則とも）

　③過失責任主義（415条・709条）

　市民法が成立したのは、市民革命以降であるということは、第6章の「公法と私法の分離と融合」の中で説明しました。背広（セビロ）とは市民法（civil

Law）から由来した言葉というのは有名な話なので知っている方もいると思います。西洋の市民である成人の男性が通常着ている服だから、セビロです。言語は世界史を示していることが多く、世相や支配関係までも示すことがあります。たとえば、英語で豚や牛は、ピッグ、カウ・オックスですが、ポークとかビーフという言い方もあります。なぜでしょう？　勘のいい人は、肉になると言い方が変わるということに気がついたでしょう。ポークやビーフは、もともとフランス語（ノルマン語）なのです。

　11世紀にフランスの北西部に「ノルマンディー公国」を築いていたノルマン人は、イングランドに征服王朝（ノルマン王朝）を建国しましたが、もともとアングロサクソン人たちが住んでいたイングランドでは、被支配層の言葉（英語）と支配層の言葉（フランス語）が明確に分離することになりました。ということは、家畜を育てるのは被支配層であり、肉となって食卓で口にするのは支配層ということになりますね。だから、家畜は英語系、肉はフランス語系という英語ができ上がったわけです。でも、ニワトリは英語でクックやヘンで、肉になるとチキンですが、チキンも英語なんですね……。どうしてでしょうか。おそらく、チキンは被支配層でも食べられていたということなんでしょう。

　さて、民法の話に戻りましょう。民法といえば、誰しも「契約」という言葉が連想されるでしょう。市民生活の中で、私たちは知らず知らずのうちに契約の中で生きています。人間の誕生自体は契約に基づくものはありませんが、誕生には医師や看護師の介助があるのが普通です。これは医療契約に基づくものでしょう。赤ちゃんの養育は親の無償奉仕ですが、親が赤ちゃんを養育するには食物、衣料品などの購入、つまり売買契約が必要となります。赤ちゃんがある程度成長してからは、保育所、幼稚園に入ることになり、小学校以降の学校入学もすべて保育・教育の契約行為でしょう。子どもが成長し、意思能力を持つようになると、自分でゲームソフトを買ったり、バスに乗ったり、食べ物を買ったり、さまざまな契約を経験します（小遣いのように親から処分を許された財産は、子どもが自由に処分することが可能です）。大学は、公立、私立大学を問わず試験を受けて合格した後、入学のための契約を交わすでしょう。また、下

144　第9章　契約の自由と信義則

宿生活を考えると、賃貸借契約から公共料金やテレビの受信料の契約、学校に来るまでの交通機関の利用も契約に基づくものですし、昼食をとるのも、帰宅してからの毎日の生活も契約に基づくものなのです。学校を卒業してからの就職は雇用契約、結婚も契約、マンションを購入する、離婚や再婚も契約、病気治療も契約、死亡した場合の葬儀、墓地埋葬もすべて契約にかかわる行為なのです。このように、生まれてから死ぬまで、人間は無数の契約を締結しており、ある一面では人間の一生は「契約で始まり、契約で終わる」ともいえるでしょう。イギリスの歴史法学者ヘンリー・S・メーンの有名な言葉「身分より契約へ」（from status to contract）は、まさにこのことをいうのでしょう。

●贈与契約（あげる）の社交辞令的側面

　民法では、13個の典型契約が規定されていますが、そのトップバッターは無償契約である贈与で、その次が売買契約です。おそらく、契約の原型は贈与契約だったのではないかと私は考えています。生贄や供え物は神への贈与であったでしょうし、旧約聖書や新約聖書の「約」は契約の「約」ですので、神と人間との契約であり、そのために物を介したさまざまな行為があったでしょう。

　贈与には3つの形態があります。ひとつは、交換的贈与で、今でも家族、親戚、友人、知人、近所の人などで形成される共同体的社会の中で、何か貰うとお返しする、という慣習がそれです。旅行のお土産を近所から貰うと今度はこちらがお土産を近所の人にプレゼントするという慣習とか、何か貰うと何かお返しするという相互贈与は物を介した人間関係の継続作用を果たしています。もうひとつは地位利用的贈与です。部長が部下に奢るのはお返しを期待してではなく、自分が威張りたいから、つまり、その場では自分がボスであることを周囲に示したいからなのです。この場合は威張らせてあげることが対価でしょうからお返しの必要はないのです、いいえお返しをしてはいけないのです。3つ目に、大変少ないと思いますが、純粋無償贈与というのもあるでしょう。上下関係や利益関係がない場面の贈与、小さい子へのプレゼントとか、路上生活者へのプレゼントなどがこれにあたるでしょう。

1　民法というルール　　145

　よくある話では、お母さんが子どもに「今度の試験で、90点以上を取ったら
ファミコンを買ってあげよう」などと約束することがあります。**停止条件付の**
贈与契約といえます。停止条件というのは、「もし○○したら」という仮定の
条件によって、「□□してあげる」という法律行為（贈与契約）が停止されて
いると考えるためにそう呼ばれています。この場合、子どもが90点以上取った
としたら、お母さんは買ってあげなければならないのでしょうか。民法では、
上述しましたように契約は文書によることを条件としませんので、口頭でも成
立します。ただし、贈与（あげる）契約だけは、いつでも撤回できるというル
ールになっています。あげるあげないは人間関係の会話（「じゃあ今度持ってき
てあげるよ……」など）の中でしょっちゅう出てきて、その約束が必ず果たさ
れるわけではないという現実（社交辞令的な）から、撤回できるとしたものと
思われます。このルールに従うと、お母さんは、にやりと笑って「90点も取っ
てすごいじゃない。あなたもやればできるのよ。お母さんはあなたにやる気を
出させるために買ってあげるといったの。それであなたはがんばれたのだから、
あなたにとっても十分な利益となったわけだからいいじゃない」などというか
もしれません。子どもはたまったものではありませんね。しかし、お母さんは
ダメ押しで、小六法でも見せながら、「民法550条　書面によらない贈与は、各
当事者が撤回することができる」を読み、「惜しいことをしたわね、約束を何
かに書いておかなかったものね……」と残念そうにいうかもしれません。

　では、次のような場合はどうでしょうか。

　Aは、彼氏Bの旅行中に、Bの飼っている子犬を1週間ほど預かりました。
Aはその子犬がとても気に入り、そのまま自分で飼いたくなりました。Bが旅
行から帰って子犬を取りにきたときに、子犬をプレゼントしてくれるように頼
んだところ、Bは「いいよ」といって、そのまま子犬をA宅に置いて帰りまし
た。ところが、Bは気が変わり、子犬を返してくれといいましたがAは返した
くありません。Aはこの子犬を返さなくてはいけないでしょうか。

　これも贈与契約ですね。この場合は、口約束でも子犬をプレゼントしなけれ
ばなりません。贈与契約をしても、契約書等の書面を作成していないとき（単

146 第9章 契約の自由と信義則

なる口約束だけ）は、贈与契約を撤回することができました（民法550条）。ただし、既に履行が終わった部分については撤回できません（同条ただし書）。A宅に置いて帰った時点で、既に贈与の履行がなされていることになります。このように、民法は、口約束のような軽率な贈与を保護しないのですが、他方で、既に相手方に渡したものについては、相手方の期待に配慮しているといえるでしょう。

② 契約の成立要件と有効要件

たとえば本屋さんで、980円の「法学」の本を買うとしましょう。あなたは棚から『法学入門』を取り出して内容を確認し、お店のレジに向かいます。お店の人に本を手渡して、「これください」といいます。**申込みの意思表示**ですね。それに対して、お店の人は980円です。と値段をいいます。これは、**承諾の意思表示**でしょう（書籍が店頭に並んでいる段階で、どうぞ買ってくださいというお店の申し出であり、手にとってレジに向かう行為が承諾だという考え方もできますが、やはりレジを通すことで契約が成立したと考えるのが本来でしょう）。このとき、本屋さんの店頭に足を運んで、実物の本を自分で吟味し、**自由意思に基づいて**「買おう」と**意思決定**したのですから、契約上、**錯誤（勘違い）や詐欺（だまし）、強迫（おどし）**があったわけではありません。したがって、申込みの意思表示と承諾の意思表示の合致があって売買契約は成立し、あなたは代金を支払う義務（債務）が生じ、お店は本を引き渡す義務（債務）が生じたわけです。裏を返せば、あなたには本を引き渡してもらう権利が生じ、本屋さんには代金請求の権利が生まれるわけです。

民法における契約は、「**申込みの意思表示**」と「**承諾の意思表示**」の合致で成立するとされています。これを**契約の成立要件**といいます（契約書の作成は原則として契約の成立要件ではありません）。細かくいうと、誰と契約するかという主観的合致と、どういう内容の契約をするかという客観的合致の2つが内心においてなされれば契約が成立することとなります。ただしこの2点が内心で一致

2 契約の成立要件と有効要件　147

していれば外形にズレがあっても（言い間違えても）契約は成立しますし、内
心の一致がなくてもお互いが表示した部分について外形的にこの2点が一致し
ていれば契約は成立します。

　たとえば100円の消しゴムが欲しかった（消費者の意思）のに間違えて200円
の消しゴムを注文（消費者の表示）した場合でも、店がこのお客さんに200円の
消しゴムを売ろうと思い（店員の意思）そのことについて承諾（店員の表示）し
たような場合、これは内心においては両当事者間にズレがありますが、表示に
おいては一致があるため外形的には契約成立となります。但しこのような場合
は下の表で説明するように、消費者の表示に対応する意思が欠けていますので、
消費者は錯誤を理由に無効を主張する事が可能です。

　しかし成立要件さえ満たしていれば契約がすべて有効となってしまうと困っ
たことになります。たとえば適切な判断能力を有しない子どもが行った契約も
有効としてしまうと場合によっては不利な契約を結ばされてしまうこともある
でしょう。そこで民法では、成立要件に次いで**有効要件**というものを定め、こ
の**有効要件を欠いた契約は無効または取り消し得る契約**としてその効力に例外を
設けています。**無効**というのは始めから契約の効力を生じないものとして扱うこと
で、代表的な理由に「心裡留保」（民法93条）、「虚偽表示」（民法94条）、「錯誤」
（民法95条）があります。**取り消しとは一旦契約を成立させた後にこれを消滅させ
る余地を認める**ことで、代表的な理由に「詐欺・強迫」（民法96条）があります。
※刑法では強迫ではなく脅迫と書きます。

1．当事者に関わる一般的有効要件	左の要件欠如の場合
(1)　権利能力・意志能力 (2)　行為能力（未成年者、成年被後見人、被補佐人、被補助人） (3)　意思表示の瑕疵（詐欺・強迫） (4)　欠缺（錯誤・心理留保・虚偽表示）	無効 取り消しうる 取り消しうる 無効
2．契約内容についての一般的有効要件	左の要件欠如の場合
(1)　確定性 (2)　実現可能性 (3)　適法性（強行規定・任意規定） (4)　社会的妥当性（公序良俗・信義則）	すべて無効

148 第9章 契約の自由と信義則

またこの他、当事者の**行為能力**や**権利能力**が欠けていた場合や、そもそも契約内容が実現不可能なものであったり違法な内容であったりした場合などにも有効要件を欠くものとして無効や取り消し得ることとなる場合があります。これらをまとめると次表のようになります。

以上のような成立要件、有効要件がすべて満たされた場合にはじめてその契約の効力が発生するわけです。

●長編アニメ『千と千尋の神隠し』──湯婆婆と千尋の契約書

さて、ここで長編アニメ『千と千尋の神隠し』を素材として、契約について考えて見ましょう。皆さんは、2002年にアカデミー長編アニメ映画賞をとった宮崎駿監督の作品『千と千尋の神隠し』をご覧になったことがあるでしょうか。今でも一番見たいアニメの第1位だそうですので、ご存知の方が多いことと思いますが、あらすじを提示しましょう。

主人公の荻野千尋は、見るからにひ弱で、面倒くさがりで、自分の考えすらしっかり持てない10歳の少女として描かれます。しかし、夏のある日、両親と引っ越し先の町に向かう途中、奇妙なトンネルを見つけます。両親は好奇心からトンネルの中へとどんどん入って行き、誰もいないひっそりとした町の食堂で見たこともないおいしそうな料理を見つけます。それらの料理が神々の食物であることも知らずに勝手に食べてしまったために、両親は魔法に掛けられ、豚になってしまいます。ひとり残された千尋はこの世界で出会った謎の少年ハクの助けで、両親を助けようと決心します。千尋は八百万の神々が集う湯屋「油屋」の経営者、湯婆婆（魔女）に雇用を願い出ます。湯婆婆は千尋の名前を奪い、「千」という新しい名を与え、油屋の下働きとして働かせます。さまざまな出来事に遭遇しつつも、ハクや同僚の下女リン、釜焚き役の釜爺らの助けを借りて、現状に懸命に立ち向かい、自分も今まで気づかなかった内なる「生きる力」を発見してゆくといった物語です。当時は、ちょうど子どもたちの「生きる力」を問題にしていた時代でした。おもしろいことに、政府の諮問機関や文科省の諮問機関の考え方と宮崎監督の考え方は、ほとんど一致してい

て、今の子どもに対する根本的な視点は、三者ともその構成が同年代なのではないかと思えるほどです。では、比較してみてください。

教育改革国民会議

　21世紀は、ITや生命科学など、科学技術がかつてない速度で進化し、世界の人々が直接つながり、情報が瞬時に共有され、経済のグローバル化が進展する時代である。世界規模で社会の構成と様相が大きく変化し、既存の組織や秩序体制では対応できない複雑さが出現している。個々の人間の持つ可能性が増大するとともに、人の弱さや利己心が増大され、人間社会の脆弱性もまた増幅されようとしている。従来の教育システムは、このような時代の流れに取り残されつつある。

中教審答申

　我々はこれからの子供たちに必要となるのは、いかに社会が変化しようと、自分で課題を見つけ、自ら学び、自ら考え、主体的に判断し、行動し、よりよく問題を解決する資質や能力であり、また、自らを律しつつ、他人とともに協調し、他人を思いやる心や感動する心など、豊かな人間性であると考えた。たくましく生きるための健康や体力が不可欠であることは言うまでもない。我々は、こうした資質や能力を、変化の激しいこれからの社会を「生きる力」と称することとし、これらをバランスよく育んでいくことが重要であると考えた。

宮崎監督の言葉

　今日あいまいになってしまった世の中というもの、あいまいなくせに侵食し、食いつくそうとする世の中を……生きることがうすぼんやりにしか感じられない日常の中で、子供達はひ弱な自我を肥大化させるしかない。……言葉は力である。ボーダレスの時代、よってたつ場所を持たない人間は、最も軽んぜられるだろう。場所は、過去であり歴史である。

　おそらくその中心的な人が70歳前後の同年代なのではないでしょうか。

　映画の中では、釜爺や下働きのリンに「途中でやめるのなら最初からやるな」とか「世話になったんならお礼ぐらいいえ」などといった教条的な言葉をさらりと述べさせるところなどは、昔話の道徳教育的な側面と共通しています。

　さてさて、契約について話をしていたのですね。このアニメ映画には、雇用

契約が描かれています。主人公「荻野千尋」が魔物の世界で生きてゆくためには、魔女との契約をしなければなりません。そして、豚に変えられた両親を助け出して、もとの世界に帰らなければならないのです。

小学生の千尋が、成り行きとはいえ「雇用契約」によって労働せざるを得なくなります。大学までモラトリアムと考えられている現代では、考えられない事ですが、宮崎監督は早々にモラトリアムとの訣別を描いているわけです。実は、空想世界の形を借りて、昔のような厳しい社会を現実世界に再現しようとしているわけです。特に「帰りたい」「やめたい」という言葉が禁忌になっているという設定は、何だか哀しいくらい昔の現実を物語っていました。

年配者が、「昔の子どもは強かった」「親のいうことをよく聞いて、反発などしなかった」「何もなくて貧しいながら忍耐力があった」「それに比べ今の子は……」と懐古談をよくいいますが、何もなかったから、誰しも同じに貧しかったから耐えられたともいえるでしょう。責任を免除されながら大人以上に自由を謳歌する（ように見える）今の子どもに批判の眼が向けられているのでしょうか。

雇用契約のシーンの解説をしましょう。千尋は仕事をもらうために湯婆婆と「交渉」しに部屋を訪れます。早速「ノックもしないのかい。まあ、みっともない娘が来たもんだね……」とマナーのなさを批判されます。「ここで働かせてください」という千尋に、「そんなヒョロヒョロに何ができる」「お前の親は何だい。お客さまの食べ物を豚のように食いちらかして。当然の報いさ。お前も元の世界には戻れないよ。仔豚にしてやろう……」と脅します。それでも引き下がらない千尋に、「何であたしがお前を雇わなきゃならないんだい。見るからにグズで甘ったれで泣き虫で頭の悪い小娘に、仕事なんかあるもんかね。お断りだね。これ以上ごくつぶしを増やしてどうしろっていうんだい。それとも一番つらいきつい仕事を死ぬまでやらせてやろうか」と追い討ちをかけます。今どきの子に、年配者がいいたかったありったけの悪口雑言を述べ立てます。見ている方も苦笑いしてしまうところでしょう。

そこにタイミング良く、（湯婆婆の子で、甘やかされて育てられたのかまったく

②　契約の成立要件と有効要件　　**151**

しつけられていない）坊が騒ぎ出します。湯婆婆は仕方なく、千尋との契約を許します。その際、いくつかの断りを示しています。まず仕事に関して、「やめたい、帰りたい」という言葉を使わない。自分からやりたいといったことは、最後までやり通さなければ契約を破ったことになり、永久に元の世界に戻ることができない。もちろん両親も元の姿に戻れません。

　しかしこの契約についてはいくつかの伏線が隠されています。ひとつは契約書に書かれた名前です。千尋の名前は「荻野千尋」なのですが、契約書のシーンを良く見ると、千尋が書いた名前の文字には「荻」の字の「火」が「犬」になっているのです（ご自分の DVD で、文字が出てきたら、一時停止にしてスローで見ることをお勧めします）。「荻」の字のへんやかんむりを間違えるのならわかりますが、「火」を「犬」というのはふつうあり得ないでしょう。千尋がわざと間違えたのかもしれません。しかし、このことが、ストーリーの結末の伏線になっているようなのです。契約書が不備であったがために、魔法がうまくかからず、千尋は自分の名前を失うことなく両親を助け出し、もとの世界に帰れたと……。魔法も契約のひとつと考えることができます。ある望みをかなえてあげる代わりに、何かを奪う（失う）というのが一般的でしょうか。当事者間で、申込みの意思表示と承諾の意思表示があり、合意の上で魔法という契約が成立し、呪文に囚われてしまうということになるのでしょう。

　もうひとつの伏線は、名前を変えるという湯婆婆の行為です。一般に契約書は本人の本名で成立します。名前を変えたのでは契約が成立しません。しかも名前を変えるときに湯婆婆は「もったいない名前だね」といっています。「もったいない」というのは、必要以上のものを持っているときに用いる言葉です。千尋はもったいないくらいの名前を持っているのに、相応の行動が伴わない人間だということでしょうか。そんな千尋に、湯屋で働かせる許可を与えるために人間世界とは違う名前を与えることになります。湯婆婆と契約を交わし、新しい存在となった者は、もとの名前を忘れない限り、元の姿に戻ることができるようです。しかし多くの者が新しい名前で生活するうちに、元の名前を忘れてしまい、元の姿に戻れなくなってしまっています。ハクも自分の本当の名前

（ニギハヤミコハクヌシ）を忘れてしまったため、元の世界に戻れなくなってしまい、湯婆婆に支配されてしまったのでしょう。

アニメ映画のシーンでは、契約書に書かれた千尋の名前から漢字を3文字取り去って、「千」という名前に変更しています。こうして千尋は湯屋の世界では、荻野千尋ではなく「千」として生活することになります。人間でなくなったわけではありませんが、契約という魔法をかけられ、別の存在になったのでしょう。名前が変わるというのは、その人が別人になるということを意味します。名前とその対象は一致するからです。

そして、湯婆婆が千という名前をつける、つまり「名付け」という行為は、湯婆婆と千尋との関係性を決定づけます。旧約聖書の創世記の最初で、神はさまざまなものを創造し、人間に名前をつけさせます。そしてすべての名前をつけさせた後、それらのものを支配する権利を与えたとされています。名前をつけた人とつけられた人との間に「支配—服従」という関係が生じたのです。こうした考え方は聖書だけでなく、いろいろな地域で見られます。日本でも、家長が名前をつけるということがよく行われました。映画『ゴッドファザー』もまさに子の名付け親です。三遊亭圓朝の古典落語で有名な「死神」にも名付け親が出てきます。実は、その元ネタはグリム童話「死神の名付け親」だというのは余り知られていませんが、是非読み比べてください。

落語の方のストーリー

金に困っている男が死神と出会い、貧乏で子どもに名付け親をあてがう金がないことを話す。死神は、自分を名付け親にしてもらう代わりに、病人の生き死にを言い当てる方法（死神が病人の枕もとにいるときは、その病人は助からない。死神が足元にいれば病気は治る）を男に教えてやるという取引（契約）を持ちかける。男は承諾し、その後病人の生き死にを言い当て名医といわれ、金持ちになる。子どもに立派な名付け親をあてがう事ができるが、放蕩の末、散財し無一文になる。男は、以前、死神と出会った場所へ行くと死神が現れ、再び死神の援助を受けて医者を始める。男は、死神が枕もとにいるにもかかわらず、布団の四隅を4人の男に持たせて、病人の頭と足を反転させ、死神をだます。腹を立てた死

神が男を寿命のロウソクのある場所へと連れて行くと、男のロウソクはとても短くなっている。大金と引き換えに自分のロウソクを病人に与えてしまったからだ。男は長いロウソクを接ごうとするが、失敗して消えてしまう。

　名づけるという行為がどれほど重要な意味（価値）を持っているのかがわかるでしょう。アニメ映画のシーンでも、湯婆婆との契約によって千尋が千という名前になったということは、湯婆婆との間に「支配─服従」という関係があらたに形成されたという意味なのです。そう考えると、「荻野千尋」の「荻」の字は魔法の儀式の中で取り去られてしまうのですから、契約書に書いた「荻」の字が間違っていようが、魔法のかかり具合（契約の効果）とは余り関係ないようにも思えます。しかし、この契約の締結が、人間世界の氏名「荻野千尋」から神々の湯屋の世界での「千」へと変身させる儀式と考えれば、誰に対する儀式なのかをはっきりさせなければ、魔女のまじないも十分効果を発揮しなかったと考えることは間違いではないでしょう。

　そういえば、人間世界から神々の湯屋の世界の架け橋が太鼓橋でした。映画では、橋を渡る際に「息を止める」ことが必要でした。さもなければ、妖怪たち（湯屋の世界の住人）に気づかれてしまうおそれがあったからです。「息」は、世界各国の神話に共通して用いられるモチーフで、人間の創造物語に出てきます。多くの神話では、人間は神が土塊から人形を作り、それに自分の「息」をふき入れて生きた存在になると語られます。「息」は「生きる」ことと同義で、人間は神の息によって生命を維持しているという考えです。この考え方からすれば、死は、神が人間から息をとった状態、つまり神が「息をひきとる」ことによって死にいたるということになります。

　湯屋の世界は人間の世界ではありません。そこには人間が生きたまま入ることはできないのでしょう。橋はそうした湯屋の世界と現世との空間をつないでいるのでしょう。橋は、時間や空間の「端」と「端」をつなぐものであり、トンネルも同じ役割を持った装置としてファンタジーに登場します。『千と千尋の神隠し』の最後のシーンでも、千尋は「試練を克服」し、トンネルを通って

154　第9章　契約の自由と信義則

「元の世界へ」戻っていきます。ハクに「トンネルを抜けるまではけっして振り向いちゃいけない」と念を押されます。ここでは、神話の「黄泉下り」という手法が用いられています。黄泉下りの神話は、愛しい人を探して死の国に行き、そこから戻るという話ですが、最後に「振り返ってはならない」という禁忌があります。映画の冒頭では千尋はトンネルを抜けてから元の世界を振り返っています。そのシーンと対比してみるとおもしろいでしょう。あまり知られていませんが、このトンネルに入るシーンと出て行くシーンは、全く同じ絵コンテを使って、「クレショフ効果」を狙っています。こちらも是非ストップモーションにして確認してみてください。私たちはいつも過去にこだわりを持っていて、振り返りたくなる誘惑にかられます。過去があって今の自分があるからです。千尋はその自分を成長させてくれた過去にきっぱりと決着をつけ、自信を胸に前を向いて歩いていくのでしょう。

③　市民法の基本原理のまとめ

『千と千尋の神隠し』での契約は、署名した名前の漢字を間違えていて、効力が十分でなかったということになりますが、現実の世界では、雇用契約上、本人の名前の漢字が間違っていたからといって無効となることはないでしょう。本人の「働きたい」という意思も明確だったわけですから、間違って記載された「千尋」が千尋本人であることが確かであれば問題ないでしょう。

ただ、前述した「契約の有効要件」でいうと、10歳という千尋の年齢から行為能力に問題があるのは当然ですが、ストーリーの設定上必要な事なので、それは置いておいて、実際上問題となるのは、雇用契約の内容についてです。つまり、契約書に記載された（あるいは契約締結時に示された条件）仕事内容や労働条件ということになりそうです。内容の確実性の原則からすれば、労働基準法15条「使用者は、労働契約の締結の際、労働者に対して賃金、労働時間、その他の労働条件を明示しなければならない」の規定に抵触しそうです。明示の方法は、賃金に関しては書面で、その他の条件は書式でも口答でもよいことに

3　市民法の基本原理のまとめ　155

なっています。トラブルを未然に防ぐためにも、労働契約の際には、具体的な
労働条件が明示された書類を作成してもらうことが大切です。以下の内容です。

具体的な確認内容
①賃金（計算方法・締切日・支払い日・支払方法）　②勤務地　③仕事内容
④始・終業時間　⑤休日　⑥休憩時間　⑦契約期間　⑧所定時間外労働（残業）

　また、労働基準法89条・106条において、常時10人以上の従業員を雇ってい
る事業場では**就業規則**を作り、従業員に配布、あるいは目につくところに貼る
などして、周知しなくてはなりません。湯屋に就業規則があるとは思えません
し、賃金も出ているのかどうか疑問です。ファンタジーに現実の法規を適用す
る方が無謀といえるでしょう。
　さて、これまでの民法の主なルール、特に契約についてをまとめてみましょ
う。

　1）基本原理
　　私的自治の原則と契約自由の原則が基本原則（近代市民法の原則のひとつ）と
　なる。私法では、取引の安全という動的安全よりも、私的自治という静的安全が
　重視されることになる。　　※契約自由の原則に具体化される。
　　・締結の自由─締結をするもしないも当事者の自由
　　・方式の自由─当事者間の合意が確認できれば方式は自由
　　・内容の自由─当事者間の責任に基づき内容は自由
　　　　　　　　ただし強行規定（公序良俗）に反する契約は無効
　2）私権行使の制限
　契約の自由の制限
　　信　義　則─相手方から期待される信頼を裏切らないよう、誠意を持って行動す
　　　　　　　べきである、という信義誠実の原則。
　　　　例：債権者が100万円の債務弁済を5円足りないからといって受領を拒んだ。
　　　　　　売買契約の交渉途中で相手方にいかにも買うそぶりを見せ、売主は一
　　　　　　生懸命準備をしたが、いざ契約の段階で「いや、私、買いませんよ」

156 第9章 契約の自由と信義則

と売主の期待を裏切った。

禁反言の原則—自己の行為に矛盾した態度は許されない。

クリーンハンズの原則—法を守るものだけが法の尊重を求めることができる。

事情変更の原則—社会事情や自然事情などの大幅な変動で、契約をそのまま強
制することが公平に反する場合は例外的に契約の解除、変更
などが行える。

権利濫用—権利を行使する時に他人の利益と衝突した場合、公平・妥当性の見
地から濫用的な行使は認められない。

3) 契約の成立と効力の発生

○成立要件

契約は申込の意思表示に対して、承諾の意思表示が合致することで成立する。

※契約そのものは口頭でも成立する（意思主義）が、内容が不明確で証拠が残らないので、契約書
を作成。よって、契約書にサインしてから契約成立ではない。契約書を作成するのはあくまで訴
訟上、利便性の都合である。

○契約締結の効果として、当事者間に権利・義務（債権・債務）関係が発生する。

※債権（人に対して一定の行為を要求できる権利）が発生する原因は4つあり、契約はそのひとつ。

○債権発生原因

契　　約—法的な拘束力を持った約束

事務管理—義務なくして他人のためにその事務（仕事）を管理（処理）すること

不法行為—不法に他人の権利または利益を侵害し、これによって相手方に損害
を与える行為

不当利得—法律上正当な理由がないにもかかわらず、他人の財産または労務か
らあげた利得

◎　売買契約、消費貸借契約、労働契約、贈与

＜口約束は有効か？＞

「諾成契約」（口約束だけで成立）と「要式契約」（書面がないと成立しない）が
あるが、大半の契約は諾成契約であり、口約束でも契約としては有効となる。

無効・取り消せる場合：未成年者、禁治産者（準禁治産者）詐欺・脅迫、公序良
俗違反、錯誤（勘違い）、心裡留保（冗談、うそ）など

③　市民法の基本原理のまとめ　　157

※贈与（物をあげる）契約は口約束であれば、いつでも撤回することができる。なぜなら、贈与は相手に何も求めない片務契約（無償の契約）だからである。ただし、履行されている場合には撤回できない。

　　　　例：「今度のテストで100点取ったら、５万円上げる」（贈与、停止条件）
　　　　　　「お前が結婚するときに、100万円上げよう」（不確定期限）
　　　　　　「お前が出世したら払ってくれ」（停止条件、不確定期限）
　　　　　　「会社に入社したら、借金はなかったものにしよう」（解除条件）

○契約等の効果の発生が不確定な事実にかかっている場合を停止条件という

○契約等の効果の消滅が不確定な事実にかかっている場合を解除条件という

４）債務不履行（約束どおりの履行をしないこと）と損害賠償（損失分を払え！）

○債務不履行

　履行遅滞……履行期を過ぎても債務が履行されないこと

　履行不能……契約を結んだ後に何らかの理由で債務の履行が不可能になった場合

　不完全履行……債務は履行されたものの、その内容が不完全である場合

○債務者が債務不履行に陥った場合、債権者がとりうる手段

　履行請求権（民法414条１項）

　現実的履行の強制（強制履行）

　解除（541条）（キャンセルのこと）

　損害賠償（415条）……債務不履行の事実があること
　　　　　　　　　　　　　債務者に帰責事由があること
　　　　　　　　　　　　　その債務不履行によって損害が発生したこと

５）不法行為と損害賠償

　賠償不法行為責任とは、故意または過失によって他人の権利を侵害し、これによって他人に損害を生じさせたことにもとづく責任のことです。債務不履行責任と異なり、加害者と被害者の間に契約に基づく関係がないことが特徴といえます。

　不法行為責任が認められる条件

　１）加害者に故意または過失が認められること

　２）他人の権利ないし利益を違法に侵害したこと

　３）その行為により損害が生じたこと（因果関係）

　４）加害者に責任能力が認められること

契約と言えば、NHK の受信料問題がありました。最後に考えてみましょう。

NHK の受信契約義務は「合憲」と判断……最高裁

　受信機設置者に対し、「契約をしなくてはならない」とする放送法64条１項の解釈です。NHK はこの規定に基づき、番組視聴の有無などに関係なく、受信機の設置を理由に受信料を徴収しています。NHK 側は、質の高い報道番組や災害報道、放送技術の発展などの功績を強調し、国家や企業から独立した「公共放送」を維持するためには、受信料制度による安定した財源が不可欠だと、徴収の正当性を主張しています。これに対し、被告男性側は、受信料を支払わないことについて、罰則や制裁などの規定がないため、放送法64条１項は法的強制力のない訓示規定、努力義務だと主張します。受信料は支払わなくても良く、仮に支払いを義務だとすれば、憲法が保障する「契約の自由」などに違反すると訴えたのでした。

　そもそも、放送法自体、放送局が NHK しかなかった頃には一定の合理性があったかもしれませんが、受信料制度はもう制度疲労を起こしていると考えるべきです。民間企業が支払う税金と似たシステムで徴収するのは無理があるでしょう。NHK が受信料の公平負担を主張するなら、視聴したい人が契約する「スクランブル放送」にすればいい。どちらも嫌な思いをしないですむのではありませんか。

　NHK はスクランブル放送を導入しない理由について、公式サイトの「よくある質問集」の中で次のように説明しています。NHK は「公共放送」であり、「特定の利益や視聴率に左右されず、社会生活の基本となる確かな情報や、豊かな文化を育む多様な番組を、いつでも、どこでも、誰にでも分けへだてなく提供する役割」を担っている。災害時には迅速に正確な情報を提供するほか、教育、福祉、古典芸能といった「視聴率だけでは計ることの出来ない番組」も数多く放送している。このような性格から、受信料を払わない人が視聴不可能となるスクランブル化は「一見合理的に見えるが、NHK が担っている役割と矛盾するため、公共放送としては問題があると考えます」と説明しているのです。

③ 市民法の基本原理のまとめ　159

　放送業界の現状を全く理解していない公共放送らしい回答で思わず笑ってしまうのです。４K、５K技術など最先端のテレビ技術を持ち合わせるNHKが、とても単純な技術、公共的な内容はスクランブルをかけず、その他はスクランブルかければいいだけなのに、スクランブルをかけると公共放送としての使命をはたせなくなるって、どれだけ国営放送然としているのか……。せっかく民放では作れないいい番組を制作しているのに、と著者は残念に思うのでありました。

　ちなみに、この法律の「受信機設置者に対し契約を」という内容は、現時点では罰則規定がないし、法廷に引き出して賠償請求するについても、はなから契約をしなければ（つまり、NHKBS視聴のためのB－cas情報を送信しなければ）訴訟対象にすることはほとんどないと考えられます（だからいいということではありませんが、NHKのイヤラシイ徴収に対抗するには、TVスマホやTVパソコンであっても何もしないことが一番です）。

第**10**章　親戚はどの範囲まで

1　サザエさん家の親族関係

　親族とは、①6親等内の血族・②配偶者・③3親等内の姻族（民法725条）のことをいいます。血族・配偶者・姻族とは何でしょうか。また、親族と親戚とは混同されて使われますが、どう違うのでしょうか。実は法律では、親戚という言葉は使いません。親戚というのは一般用語で、「親」は「血族」を、「戚」は「姻族」を表すようです。この親戚は、かなり広い範囲を表す用語で、使う人のイメージにより異なりますので注意してください。

　ここでは、「親族」の範囲はどこまでなのかを、TVアニメ『サザエさん』でおなじみの磯野家をモデルとして明らかにしてみましょう。

　まず、波平さんと舟さんが結婚し、その間に長女サザエさん、長男カツオくん、次女ワカメちゃんという3人の子が生まれました。そして、サザエさんがマスオさんと結婚し、その間にタラちゃんという男の子が生まれました。なお、サザエさんたちの従兄弟姉妹（いとこ）にノリスケさんがいて、ノリスケさんとタイコさんとの間の子が、イクラちゃんというわけです。

［血族］

　次頁の図でマスオさんとタイコさんを除いた人たち、つまりサザエさん、波平さん、舟さん、カツオくん、ワカメちゃん、タラちゃん、ノリスケさん、そしてイクラちゃんは、みんな血がつながっています。

　このように血縁のある関係を「血族」といいます。また、血族には自然の血縁関係がある場合だけでなく、法律上、血縁関係にあると擬制する場合も含ま

れます。前者を「**自然血族**」といい、後者を「**法定血族**」といいます。法定血族関係が生じるのは養子縁組をした場合のみです。

もし、マスオさんが波平さんや舟さんと養子縁組をしていれば、「養子と養親及びその血族との間においては、養子縁組の日から血族間におけると同一の親族関係を生ずる。」（民法727条）ので、マスオさんもこれらの人たち全員と血族の関係にあるということになります。

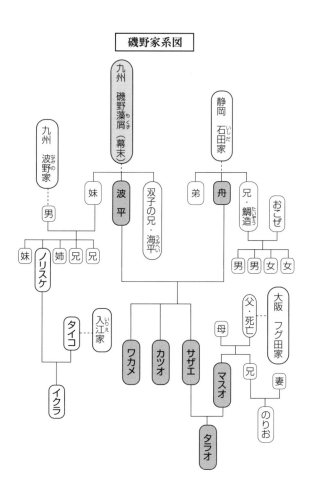

162 第10章 親戚はどの範囲まで

※ なお、俗にマスオさんのような人を婿養子ということがあります。しかし、婿養子というのは婚姻と養子縁組とを併せたもので、戦前の民法（昭和22年改正前）にはありましたが、現行法上にはない制度です。現行法上では、婚姻と養子縁組を同時にすることで、同様の目的を達することができます。養子は養親の氏を称することになっているので（民法810条本文）、フグ田という氏を称しているマスオさんは、波平さんや舟さんの養子ではないということです。

［直系と傍系］

　血族には、直系と傍系の区別があります。波平さんと舟さん→サザエさん→タラちゃんというように、血の流れが直下している場合を「直系」血族といい、カツオくん・ワカメちゃん・タラちゃんのように波平さんと舟さんから枝分かれしている場合を「傍系」血族といいます。

［尊属と卑属］

　また、血族には、尊属と卑属という区別の仕方もあります。サザエさんから見て波平さんや舟さんのように、上の世代にあたる場合を「尊属」といい、サザエさんから見てタラちゃんのように、下の世代に当たる場合を「卑属」といいます。

　なお、タラちゃんから見てカツオくんやワカメちゃんは尊属であり、傍系であっても尊属と卑属とがあります。しかし、サザエさん・カツオくん・ワカメちゃんの関係のように同世代の傍系は、尊属でも卑属でもありません。

［親等］

　親等は、直系の場合には、その世代数を数えて定める（民法726条１項）とされています。「誰と誰は○○親等」という計算は、系統が枝分かれする元まで遡り、枝分かれの反対を下って、その間の世代をカウントして行きます。

　タラちゃんから見てマスオさんやサザエさんは１世代ですから、１親等の血族であり、また、波平さんや舟さんは２世代ですから、２親等の血族といえます。

　傍系の場合には、同一の始祖まで遡り、また、その始祖から相手方まで下るまでの世代数による（民法726条２項）とされます。タラちゃんから見て、カツオくんやワカメちゃんは、同一の始祖である波平さんや舟さんまでが２世代、そこから１世代下り、合計３世代ですから、３親等の血族だといえます。

このようにして数えてみますと、民法が親族の範囲として定める「**6親等内の血族**」というのは相当に広いことがわかります。ノリスケさんは、波平さんの妹の子ですから、サザエさんとノリスケさんとは従兄弟姉妹（いとこ）ということになります。そうすると、タラちゃんとノリスケさんの子のイクラちゃんとは、6親等の傍系血族ということになります。タラちゃんとイクラちゃんは、お互いに交流がありますが、ふつうは6親等の直系血族に会ったことがある人は、そうはいないのではないでしょうか。各世代が17歳で子を産み続けた家系でさえ、計算上は6親等目の子孫が生まれるまでに、ざっと102年かかることになりますので……。

[配偶者]

サザエさんとマスオさんとは夫婦の関係にあります。このように法律上の夫婦の一方から見てその他方を「配偶者」といいます。ここでいう夫婦とは、法律上の夫婦のことで、夫婦として暮らしているけれど戸籍の届出を怠っている（あるいは事情がある）という、いわゆる内縁の妻や夫は、「配偶者」に含まれません。配偶者には、直系と傍系の区別も直系と傍系の区別もなく、また、親等もありません。

[姻族]

今度はマスオさんから見て、サザエさんの血族（波平・舟・カツオ・ワカメ）、つまり配偶者の血族を「姻族」といいます。姻族にも、直系と傍系の区別がありますので、親等の計算方法も配偶者から数えていけばあとは血族の場合と同様にカウントできます。

たとえば、マスオさんから見て（その配偶者であるサザエさんから数えて）、波平さんや舟さんは1世代ですから、1親等の姻族であり、またカツオくんやワカメちゃんは、同一の始祖である波平さんや舟さんまでが1世代、そこから1世代下り、合計2世代ですから、2親等の姻族といえます。

法律上親族の範囲とされる姻族は3親等内までですから、マスオさんとその4親等の姻族にあたるノリスケさんとは、親族とはいえないということになります。

164　第10章　親戚はどの範囲まで

② サザエさん家の扶養義務

　このような親族の範囲は、実は何か意味があることなのかと考えてみましたが、特別、何かの法律効果が伴うものではありませんので、親族の範囲を定めた民法725条は、どうも余り意味のある規定とはいえないようです。こうした親族の範囲のような規定は、外国の立法にも例がなく、日本独特のようです。家父長制の名残ともいえるかもしれません。ですから、民法725条を廃止すべきだという主張もされているようです。

　それでは、親族の間にどのような関係を保つべきなのでしょうか。関係する規定をあげて説明してみましょう。

●親族間の互助義務

　まず、民法は「**直系血族及び同居の親族は、互に扶け合わなければならない**」（民法730条）という規定を置いています。しかし、扶養に関しては、民法877条以下に別途規定されていますので、この条文から扶養義務が生じるわけではありません。ですから、この規定は「親族的互助義務」を定めていますが、これは**訓示規定**にとどまり、すぐさま法的な義務が発生するわけではありません。昭和22年に家族法が改正された際に、個人の尊重という憲法の精神から「家」の制度が廃止されたのですが、どうもこの規定は、この対応に反対する人の提案によって妥協の産物として挿入されたものらしいのです。ですから、この条文も廃止論が強いようです。

●親族間の扶養義務

　ある人が、障害や病気等によって、自ら生活するに足るお金を稼げない場合は、どうすべきでしょうか。憲法25条には、生存権についての規定があることからすれば（生存権の法的性質については争いがありますが）、国家がそういった人に対して、生活費等を給付すべきだという考え方も成り立つでしょう。しか

し、社会一般の感覚からすれば、まずはその人と一定の親族関係を有する人が生活費等を扶助するべきではないかと考えるのではないでしょうか。そして、そういった人がいない身寄りのない人には、国家が生活費等の給付をなすべきだと考えるのではないでしょうか。それは、理屈というよりも、血を分け合った家族、一家、一族を共に形成する者の間に形成される連帯感に裏づけられたものではないでしょうか。

さて、民法ではどうでしょうか。民法では、**扶養をなす義務を、原則として直系血族間（親子、祖父母と孫等）及び兄弟姉妹の間**（民法877条1項）に認めています。そして、例外的に、**3親等内の親族間（配偶者の父母、おじ・おばと甥・姪等）にも、扶養をなす義務を負わしうる**（同2項）ことを定めています。

3親等内の親族という広い範囲で扶養義務を認めるのは、社会一般の通念から考えても、疑問が無いではありません。たとえば、配偶者のおじ・おばを扶養するというのは、通常の感覚からすれば、特殊な事態といえるのではないでしょうか。サザエさんの家系でいうと、入江家のタイコさん（イクラちゃんのお母さん）が波平さんの面倒を見ることになります。何かおかしな感じですね。もっとも、舟さん・サザエさん・マスオさんが面倒を見ることができない場合の話ですが。

そこで、この例外的な扶養義務の要件である特別の事情の有無は、要扶養者と当該親族とのそれまでの関係や、当該親族が受けた相続財産の内容等を総合的に考慮して、慎重に判断すべきだと解されています。たとえば、要扶養者が昔、その甥の生活の面倒を長年にわたって見ていた等の事情がある関係であれば、要扶養者を扶養する義務をその甥に認める特別の事情があると多くの人の理解を得られるでしょう。

●民法の改正

平成28年6月、民法の一部を改正する法律が成立したことで女性の再婚禁止期間（改正前6か月間）が100日に短縮されるとともに再婚禁止期間内でも再婚することができる場合について明らかにされました。この改正には、社会の変

166　第10章　親戚はどの範囲まで

化による婚姻形態の多様化ばかりでなく、無戸籍児の問題、幼児虐待による未修学の子どもの問題などさまざまな不都合が生じたためです。

　たとえば、爆笑問題の田中裕二さんは、2009年10月2日に前妻と離婚をしたことを発表していましたが、2010年3月に元妻が妊娠していたことが判明しました。元妻とは何年も前に夫婦関係が破綻し別居状態で、しかも離婚前から妊娠していたので田中さんの実子ではないと認識されているにもかかわらず、民法772条の推定（離婚後300日以内に生まれた子）により、法律上は田中さんの実子になると報道されました。このため、田中さんはDNAの鑑定を家庭裁判所に提出し、実子でないことを証明しました。

　また、母親が配偶者などからの暴力（DV）から逃れている状態にあり、届けを出すことで居所を知られるおそれがある場合や、離婚成立前に他の男性との間になした子が、民法772条の嫡出推定規定（離婚後300日以内に生まれた子は前夫の子と推定する）によって前夫の子とされることを拒むため、母親が出生届を故意に出さないケースが生じていました。

　こうした理不尽な関係を解消するために、民法733条1項を改正し、女性の再婚禁止期間を100日に短縮しました。また、①離婚時に妊娠していなかった②離婚後に出産した——など、「父は誰か」という推定が重ならない場合は1項を適用せずにすぐに再婚できるようにしました。①、②に該当することを戸籍窓口で証明するため、原則として医師作成の証明書の提出が求められることになりました。民法（772条）は、結婚（再婚）から200日経過後に生まれた子は現夫（再婚夫）の子、離婚後300日以内に生まれた子は前夫の子と推定すると規定しています。しかし、離婚後100日経過すれば、推定は重ならないことから、離婚や再婚が増加している近年の社会状況を踏まえ、再婚の制約をできる限り少なくする要請が高まり改正（2016年6月）されました。

再婚禁止期間と生まれた子の父親の推定

③ サザエさん家の相続問題──土地評価額はいくらか

　相続とは、ある人が死んだとき、その人が生前有していた権利・義務が、その人の生前の意思あるいは法律の規定に従って、特定の人に移転することをいいます。この遺産の引き継ぎ（相続）に関しては、一般の売買などによる財産の移転とは異なる、**身分関係に対する考慮**が必要になります。

　その一方で、相続は、単に財産の移転のひとつの形態に過ぎないのだから、昔のような血縁関係のしがらみを考慮すべきではないというクールな考え方もあるでしょう。しかし、長年仲良く生活してきた人たちが、ひとたび遺産という言葉を聞いたとたん、配偶者や兄弟姉妹の将来のことよりも自分の生活の事だけしか頭になくなるのは、やはりさみしい限りです。世界遺産を後世に大事に残すということについては、誰しも考えを共有できるのになぜでしょうか。

　さて、具体的なイメージで話をしてみましょう。サザエさん家、つまり磯野家の場合を例に説明しましょう。遺産相続というと、サザエさんの漫画のイメージを壊しそうで恐縮なのですが、たとえばの話で聞いてください。

　では、実際磯野家にはどんな財産があるのでしょうか。磯野家の土地は借地なのか自己所有なのか、サザエさん家の住所はどこなのか、土地や家の広さはどれだけなのか、などといろいろ必要な情報があります。とりあえず50巻ほどあるコミックを読み直し、関係するWEBサイトを検索してみました。

　漫画『サザエさん』が最初に新聞に掲載されたのは昭和21年のことだそうです。筆者もまだ生まれていません。それから現在まで、サザエさん一家は、ま

168 第10章 親戚はどの範囲まで

さに戦後日本社会の成長、変遷、停滞とともに歩んできたのです。現在テレビで放映されているアニメ『サザエさん』は、作者の長谷川町子さんが亡くなられてからの作品なので、漫画版とは設定が異なっていたり、新たな設定がなされていたりしています。若干現代風にアレンジされておりますので、できるだけ漫画版の情報をもとに、磯野家にはどれほど財産があるのかを探って行きたいと思います。

　まず、住所です。住所がわかれば路線価格から1㎡の土地価格がわかります。テレビで放映されているアニメ『サザエさん』では、住まいの住所を「あさひが丘3丁目10番地」としているようです。しかし、この住所は、どこにもありません。実在しない住所でした。そこで、いろいろ探しましたら、千葉にあります「豊岡税務会計事務所」のホームページに、「サザエさん家の相続税―磯野家擾乱―」と題するコンテンツを発見。探している情報の方向性が同じなので、いろいろ参考にさせてもらいました。磯野家の家屋の見取り図や土地敷地図も転載させてもらいました。

　「サザエさん家の相続税―磯野家擾乱―」の「サザエさん家の住所」によりますと、カツオ君が新聞の記事になる（サザエさんが頭の中で想像する場面）コマがあるそうです。それによりますと、カツオ君が友達と川へ泳ぎに行き、おぼれたという想像のもとでの記事です。「小学生が水死　世田谷区新町三丁目、磯野波平氏長男カツオ君（11）は、友だちと川に泳ぎにいって、おぼれて死亡した」とあります。「世田谷区新町三丁目」あたりに住んでいる事がわかります。また、サザエさんが花の展示会で差し出された名刺のお返しとして、「これが私の住所です」と自分の傘を広げて挨拶する場面に、広げた傘に書かれている住所は、「世田谷区新町3丁目515番地」とあるそうです。

　誰でもそうですが、調べ始めるとどんどん深みにはまっていくことになり、このサイトの方も、区役所に住居表示の家屋があるか調べてもらったそうです。すると、ある時期に住居表示が変わって、「新町3丁目515番地」は、現在「桜新町2丁目25番地」になっているそうで、ちゃんと当該番地もあることがわかったそうです。磯野家は、現在の「東京都世田谷区桜新町2丁目25番地」にあ

ることになっているそうです。

　ただ、サザエさん家が借地借家だったら困ってしまいますので、その辺の記述もないか調べていましたら、「持ち家借家論争」というのがあって、漫画では大家さんが磯野家に家賃の値上げ交渉に来ている場面があるそうで、家賃を払っているということは借家だということの重要な証拠となります。連載開始当時の昭和21年の漫画には、福岡で洋間がある二階建ての家に住み、サザエさんがきらびやかなドレスを着ていた、波平さんを「パパ」と呼んでいた、などの情報がありますので、裕福な生活を送っていたようすですが、何かがきっかけで、東京に引っ越し借家住まいとなってから、質素な生活に変化した設定や描き方になっているとの指摘があります。

　ところが、しばらく後に波平さんが舟さんとサザエさんの前で部屋の図面を書いているコマが出てきて、「老後は都会を離れて静かな田舎暮らし……誰でもが一度は夢見る思い」を波平さんも抱いたという内容です。この場面で、波平さんが「ここを売って……」という一言があり、磯野家の家屋が波平さんの所有物となっていることを強く示唆する吹き出しがあるそうです。そうすると、福岡から引っ越してきた当初、磯野家は借家だったが、後に持ち家になったということになりそうです。

　次に、持ち家がどれほどの間取りを持っていたのか、土地の大きさがどれほどだったのか、ということが必要になってきます。漫画の場合、作者が描き易いように、その時々によって方角や位置が矛盾していることが多いようですが、やはりいろいろ調べた人がいるようです。ただ、一番正確なものは実は「長谷川町子美術館」にジオラマの模型として展示されているようです。この間取り図から磯野家の住まいの広さは「110・96㎡」（33・60坪）と計算していました。平屋で33坪ですから相当広い土地に建てられている事がわかります。この、間取り図と漫画に記載されているその他家屋の周りの付属品（カツオがお仕置きされる場所として描かれる物置小屋が浴室の裏側にあった）も含める必要があります。一時的ではありますが、鶏小屋や池や物干しもありましたので、そうしたものが設置できる余裕が必要となります。そして、数十種類の庭木も植えられ

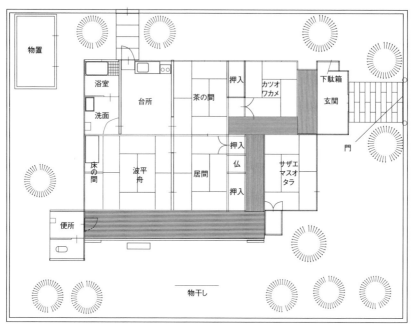

（豊岡税務会計事務所のホームページ http://www.geocities.jp/toyooka_kaikei/sazae-top.htm より作成）

るスペースをとらねばなりません。何せ、磯野家の庭ではゴルフの練習もできたのですから。

　以上のことから、住所「東京都世田谷区桜新町2丁目25番地」にサザエさん家の持ち家が「110・96m²」（33・60坪）たっている事が判明しました。そして、これら敷地利用状況を組み込んで敷地図を考えたのが、上の図面です。この図面も、千葉の「豊岡税務会計事務所」のスタッフの方が（どなたかは明記されていません）敷地図を作り計測して、磯野家の敷地の広さを求めたものです。何と、309・00m²（93・47坪）と計算されたのでした。約100坪の土地を、世田谷区に持っているのですから、土地の評価額は相当なものとなるでしょう。そこで、平成21年度の路線価格に基づいて、当該番地の土地価格を調べて見ますと、1m²あたり50万円ということのようです。

　結果、**磯野家の土地評価額（路線価）50万円×（土地の広さ）309m²＝1億5450万**

円（平成21年版）ということになりました。ただし、路線価格からの計算は、実勢価格より低いそうなので、**1億6000万円**ということにしたいと思います。

　ということで、波平さんが亡くなり、磯野家で遺産総額1億6000万円の相続の話し合いが始まったということにしましょう。

●相続人となる者およびその順位

1）配偶者

　まず、**被相続人（亡くなった人）の配偶者は「常に」相続人**になります。また、他の規定によって、相続人となるべき者が存在する場合には、配偶者はこれらの者と同順位で相続人になります。したがって、他の相続人の存否にかかわらず、配偶者は存命であれば常に相続人になるわけです。

　磯野家では、波平さんの配偶者舟さんが存命している限り、まず第一の相続人となります。

2）子以下の直系卑属

　そして、被相続人の子も相続人となります（887条1項）。被相続人の法律上の子であれば、兄弟姉妹間での優劣はありません。皆、同順位で相続しますが、**嫡出子・非嫡出子間で相続分が異なります（嫡出子の2分の1になる（900条4号但書））**。

　そして、被相続人の子が、相続開始以前に死亡したとき、相続欠格事由（891条）に該当し、あるいは廃除（892条）により相続権を失ったときは、**被相続人の孫が相続人になります**（887条2項）。同様に、被相続人の孫がこれらの事由により相続人とならないときは、**被相続人のひ孫以下直系卑属が相続人になります**（887条3項）。

　これが、被相続人の子以下の直系卑属に関する代襲相続の制度です。

　磯野家の場合、波平さんには3人の子ども（サザエ・カツオ・ワカメ）がいるだけで、よそにも子どもがいるという話は、出てきませんので、他に認知した嫡出子がいるとは考えられません。ただ、長女のサザエさんの出生時期によって、すこし事情がかわります。たとえば、波平さん夫妻が、いわゆるできちゃ

った結婚で、婚姻届を出してから200日以内にサザエさんが生まれてしまったのであれば、法律上、波平さんの子（嫡出子）と推定されません。したがって、カツオくんやワカメちゃんから「親子関係不存在確認の訴え」を起こされる可能性があります。これが認められれば、サザエさんの相続分がカツオくんやワカメちゃんの半分になってしまいます。

　民法772条は、1項で「妻が婚姻中に懐胎した子は、夫の子と推定する」と規程し、2項では「婚姻成立の日から200日後または婚姻の解消もしくは取消の日から300日以内に生まれた子は、婚姻中に懐胎したものと推定する」としていますので、いわゆる「できちゃった結婚」の多くは法律上嫡出子として推定されないことになるからです。いわゆる「できちゃった結婚」では、おなかに子どもがいることに気づくのが一般的に妊娠3～4ヶ月位ですので、それから急いで入籍したとしても、200日未満（7ヶ月弱）で生まれてしまうことが多いからです。しかし通常、戸籍上では嫡出子として扱われていますし、判例でも内縁が先行している場合の婚姻成立後200日以内に生まれた子は嫡出子として扱うとしていますので、それほど問題視することではありません。しかし、法律で推定を受けない以上、「親子関係不存在確認の訴え」が提起されるおそれは引き続きあることになりますので、弟や妹を持つ第一子は、気をつけた方がいいかもしれません。弟や妹から「親子関係不存在確認の訴え」を起こされるおそれをずっと持ち続けることになりますので……。

　もうひとつ注意しておくべきことは、代襲相続です。相続前にサザエさんにもし何かあった場合は、タラちゃんがそれをそのまま受け継ぐことになります。また、マスオさんは養子縁組していませんので、相続人にはなりません。

3）直系尊属、兄弟姉妹およびその子

　被相続人の子以下の直系卑属が相続人にならない（存在しない）場合には、**被相続人の直系尊属が相続人となります**（889条1項）。親等の異なる被相続人の直系尊属が複数いる場合には、親等の近い方が相続人になります。

　たとえば、被相続人の父母と祖父母が生存している場合には、父母がまず相続人となり、父母が相続権を有しない場合に祖父母が相続人になるわけです。

さらに、被相続人の直系尊属も相続人にならない場合には、**被相続人の兄弟姉妹が相続人となります**（889条1項）。そして、被相続人の兄弟姉妹が、相続開始以前に死亡したとき、相続欠格事由に該当し、あるいは廃除により相続権を失ったときは、兄弟姉妹の子が相続人になります（889条2項・887条2項）。

つまり、**被相続人の兄弟姉妹の子にも代襲相続が認められています**。ただし、889条2項によって887条3項が準用されないので、兄弟姉妹の孫以下については代襲相続できません。

磯野家で考えてみますと、サザエさん・カツオくん・ワカメちゃんおよびタラちゃんが、何らかの理由で先に亡くなっていたとしたら、次に回ってくるのは、波平さんの双子の兄の海平さんと妹（名前がわかりませんが、波野家に嫁いだ）さんということになります。

ここまでは、よく市民の法律相談などに出てきますので、ご理解いただけるものと思います。世間でよくうわさされる遺産相続のバトルは、この後の問題です。いくら分け前がもらえるかという「相続分」についてです。ただ、法律相談などでよく「配偶者と子ども2人の場合は、配偶者が半分で、子どもたちはその2分の1、つまり、4分の1ずつとなります」などと解答がされていますが、必ずそうしなければいけないわけではありません。

ほんらい民法は、私的自治の原則に則って、当事者間で話し合いをして決めることが原則です。その話し合いでは、誤解やだましやおどしのないフェアーな場で、信義に従い誠実に行うこと、権利を乱用したり、公の秩序や善良なる風俗に反する取り決めや、不法行為となるような法律行為は絶対に禁止（強制規定）されてはいますが、話し合って、民法に書かれている規定（任意規定）と違った結果を出してもかまわないはずなのです。相続分については、まさに話し合いで決められれば、それにこしたことはないわけです。法定相続分（兄弟姉妹は均等）に従う必要は特にないわけです。

このへんをどうも誤解している人が多く、法定相続分がすべてであって、それだけもらわないとおかしい、法律違反だなどと考えてしまっているようです。家族関係（親子関係や兄弟姉妹関係など）は、その家族によってさまざまで、な

174 第10章 親戚はどの範囲まで

かには昔のように家長として長男が後を継ぐのが当然である家もあるでしょう
し、職業柄財産を分配するとやっていけないものもあるでしょう。一方で、昔
のような家父長制のしがらみとは無関係にそれぞれの好きなように自律して家
庭を形成している人たちもあるでしょう。

　こうした一概にいえない状況の中で、一律に法定相続に従う方が理不尽で不
公正であるともいえます。当該家族の全体の伝統やバランス、今後の人間関係
などを配慮しながら相続分を話し合いで決めていけばいいのです。永く家を離
れ、自由な生活をしていた兄弟に、民法では兄弟姉妹は公平に分配することに
なっているなどといわせておいてはいけないのです（リーガルマインドの欠けた
ビジネスライクな弁護士に問題があるのでしょうが）。仲のよかった兄弟が遺産相
続でもめて、その後まったく付き合いがなくなるなどというさみしい解決を法
は望まないし、そのために法があるわけではないからです。

　民法に規定している法定相続分は、話し合いがつかない場合の最後の解決方
法だと考えた方がよいでしょう。つまり、以下の配分方は、最低の解決方法な
のだと思ってください。

　筆者が考える磯野家の相続分を考えて見ましょう。まず、前述のように、土
地の遺産総額が1億6000万円とします。家屋が相当古くなっていますので、価
値はないものと考えました。この土地や家屋はみんなの思い出の場所ではある
でしょうが、今やそれぞれが独立して生活できるようになっていると仮定しま
すと、この土地を3分の2売って、残りの土地を配偶者舟さん名義で登記し、
サザエさん名義の3000万円ほどの2階建て住宅を新築し舟さんとサザエさん、
マスオさん、タラちゃんで同居する。売った土地代約1億円を子ども3人で分
配することにし、サザエさんは、波平さんの長女として家族をまとめ、楽しい
家庭を作ってきたということや、舟さんとの同居や磯野家の今後を考えていか
なくてはいけませんが、新築家屋の所有者でもありますので、1000万円の配分。
カツオくんは今後自分の家を持って独立する事になるでしょう。また、波平さ
んによく怒られ迷惑をかけた子でありましたが、そのことが返ってお父さんの
楽しみであり、活力となっていたのではないかとも考えられますので、3500万

円の配分。ワカメちゃんは、末っ子で波平さんにとってもっともかわいい存在で、気持ちをやわらげ、安心させることに貢献できたでしょう。やがていい人と出会って明るい家庭を作ることになることを考えると、3000万円。そして残りの500万円を舟さんに配分。

　というのはいかがでしょうか。法定相続分で考えると、舟さん8000万円、サザエさん2700万円、カツオくん2700万円、ワカメちゃん2700万円ですが、同居の舟さん＋サザエさんを考えると、5300万（土地）＋3000万（新築家屋）＋1000万（分配）＋500万（分配）で合計9800万円分。カツオくん3500万円、ワカメちゃん3000万円で、2人とも法定相続分より多い。見た目には誰も損していないように見えますが、金額的には、舟さんがちょっと損してますが、文句をいうことはないでしょう。

　ここでの相続のポイントは、配偶者の相続分を同居する子どもと合算して考え、同居する事でのメリットを強調し、残りの子どもに法定相続より少し多めに配分してあげることです。

　では、相続分の整理です。

［法定相続分］

---

①配偶者と子……各1／2（子は、子の数で均等）
②配偶者と直系尊属（父母・祖父母）……配偶者2／3、直系尊属1／3
③配偶者と兄弟姉妹……配偶者3／4、兄弟姉妹1／4

　次は、遺留分ですが、これは、どうしても不公平だと文句をいってくる人のための主張の上限だと思ってください。

［遺留分］

　遺言や生前贈与等で、法定相続人の相続分を減らしている場合、最低限主張できる相続分のこと。原則では、**直系卑属・配偶者が相続人の場合、1／2、直系尊属のみの場合は、1／3**。

176　第10章　親戚はどの範囲まで

■TEST

　Aさんには妻（B）と３人の子ども（C／D／E）がいる。がんを患い、半年の闘病中は妻（B）と長男（C）が献身的に看病をした。長女（D）は既に家庭を持ち、日々の生活に忙しいのか数回見舞いに来たきりだった。また、末っ子（E）は、好きな音楽の仕事に没頭し、一度も見舞いに来ない。子どもの頃は父親に可愛がられたが、家を飛び出し音楽の道に進んでからは音信がない状態だった。さて、父親Aが6000万円の財産を残して他界した場合、どのように配分したらよいか。

■HINT

　遺産相続は強制規定ではないので、法定相続分に従う必要はない。むしろ話し合いで、家族とお互いの将来を配慮しながら相続分を決めるべきである。

第11章 社会法の成立

　ここでは、刑法でも民法でも、商法でもない法律、公法でも私法でもないグループの法律を学びます。その名も「**社会法**」です。

　公法とは、国家と地方自治体、国家と国民といった公的な生活関係を規律する法で、狭い意味では憲法と刑法、行政法（国家行政組織法、国家公務員法、警察法、地方自治法など）を指し、広義では刑事訴訟法、民事訴訟法などを含むグループの概念です。

　私法とは、個々人との生活関係を規律する法であり、「私的自治の原則」が支配する領域に一般的に適用される民法と企業関係や商取引を規律する商法が代表的であるグループの概念です。

　そして、社会法とは、国が社会的経済的弱者を救済し、社会問題を解決するため、市民法の原理に公的規制を加えたものだといえます。労働法、経済法、社会保障法などの労働・福祉的グループだと考えてください。

　社会法は公法私法ともつかない新しい法、あるいは私法と公法とが融合した第三の法の領域であるとされますが、国民を救済することは国家の義務であることを考えると公法としてとらえるべきだとの見方もあります。

　現代社会は、集金力のある者はますます栄え、ない者はますます貧しくなり、貧富の差が生じています。単に努力の問題だけではありません。人は利益のためには、いかなる手段、方策、悪意も利用しようとします。

　社会法は、私法の原則的存在とその固有の領域とを認めながら、経済的弱者保護の立場から、公法的な統制を加え、私人の実質的平等を実現しようとする法です。現代法では、私的自治は修正され、私法的領域でも、私権の社会性が強調され、私法の公法化がいわれ、法の社会化傾向が出てきます。

社会法は本来、私的自治を形式的に貫けば対等な立場に立てない者を保護し、私的自治を実質的に擁護するためのものであり、特定の者の既得権益の保護のためのものではありません。

市民法の基本原理の修正
①所有権の社会性
- ・富の偏在・資本集中による社会的矛盾の拡大
  →ワイマール憲法153条（1919年）、日本国憲法29条2項、民法1条1項
- ・土地問題の特殊性
  限定性／生産も消費もされない／労働生産物でない
  →投機的取引・独占・乱開発の正当化
  各種の公共的規制の導入
②契約への制度的規制の導入
- ・現実の中での経済的・社会的な力の格差により自由が失われる
  →社会法（労働法・借地借家法etc）・消費者法（消費者契約法等）の必要性
  ―社会的弱者保護。さらには、自己決定権の実質的保障をめざす方向へ。
- ・契約の自由が契約の自由の基礎を破壊する
  →経済法（独占禁止法）の必要性―市場機構・競争秩序の確保
③危険責任・報償責任（無過失責任とも）の導入・強化
- ・国家賠償法←使用者責任（715条）の強化
- ・製造物責任法
- ・自動車損害賠償保障法
※古典的基本原理が無効になったのではない。基本原理が実質化したといえる。
  ⇒　修正でもその格差が是正されない場合の法律として社会法が必要となる。
  私的自治が形式的原則に過ぎなければ、公平に競争できない人がいます。
  社会法は、そうした者を保護し、私的自治を実質的に擁護するための

ものです。特定の者の既得権益の保護するためのものではありません。ですから、社会法をクローズアップして政治の人気取りに利用すべきではありません。あくまでも社会法は補充的に実質的に用いられるべきです。

1 労働者とは何か

●葉山嘉樹『セメント樽の中の手紙』

　まず、プロレタリア文学と呼ばれる作品のうち、ちょっと変わっていて、「ホラー小説」などにも分類されてしまう物語をご紹介しましょう。作品は、大正15年初出のものですので、当時の労働者がどういう状況であったのかを、少しデフォルメしてはありますが、象徴的に表しています。短い作品であり、また著作権が切れてパブリックドメイン化してありますので、全文を掲載してみます。

　木曾川の発電所建設現場でセメント樽からセメントあけの作業をしている主人公松戸与三が、セメント樽の中から木の小箱を見つけ、箱を壊して女工の手紙を見つけたところから話が始まる……（文章は、青空文庫より転載、写真は、木版漫画　藤宮史　版画　黒猫堂出版　http://www.g-kuroneko.com/f.htm）

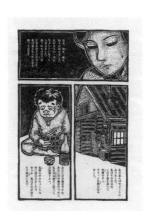

「セメント樽の中の手紙」

　松戸与三はセメントあけをやっていた。外の部分は大して目立たなかったけれど、頭の毛と、鼻の下は、セメントで灰色に蔽われていた。彼は鼻の穴に指を突っ込んで、鉄筋コンクリートのように、鼻毛をしゃちこばらせている、コンクリートを除りたかったのだが一分間に十才ずつ吐き出す、コンクリートミキサーに、間に合わせるためには、とても指を鼻の穴に持って行く間はなかった。

　彼は鼻の穴を気にしながら遂々十一時間、──その間に昼飯と三時休みと二度だけ休みがあったんだが、昼の時は腹の空いてる為めに、も一つはミキサーを掃除していて暇がなかったため、遂々鼻にまで手が届かなかった──の間、鼻を掃除しなかった。彼の鼻は石膏細工の鼻のように硬化したようだった。

　彼が仕舞時分に、ヘトヘトになった手で移した、セメントの樽から小さな木の箱が出た。

　「何だろう？」と彼はちょっと不審に思ったが、そんなものに構って居られなかった。彼はシャヴルで、セメン桝にセメントを量り込んだ。そして桝から舟へセメントを空けると又すぐその樽を空けにかかった。

　「だが待てよ。セメント樽から箱が出るって法はねえぞ」

　彼は小箱を拾って、腹かけの丼の中へ投り込んだ。箱は軽かった。

　「軽い処を見ると、金も入っていねえようだな」

　彼は、考える間もなく次の樽を空け、次の桝を量らねばならなかった。

　ミキサーはやがて空廻りを始めた。コンクリがすんで終業時間になった。

　彼は、ミキサーに引いてあるゴムホースの水で、一と先ず顔や手を洗った。そして弁当箱を首に巻きつけて、一杯飲んで食うことを専門に考えながら、彼の長屋へ帰って行った。発電所は八分通り出来上っていた。夕暗に聳える恵那山は真っ白に雪を被っていた。汗ばんだ体は、急に凍えるように冷たさを感じ始めた。彼の通る足下では木曾川の水が白く泡を噛んで、吠えていた。

　「チェッ！　やり切れねえなあ、嬶は又腹を膨らかしやがったし、……」彼はウヨウヨしている子供のことや、又此寒さを目がけて産れる子供のことや、滅茶苦茶に産む嬶の事を考えると、全くがっかりしてしまった。

　「一円九十銭の日当の中から、日に、五十銭の米を二升食われて、九十銭で着た

り、住んだり、箆棒奴！　どうして飲めるんだい！」

　が、フト彼は丼の中にある小箱の事を思い出した。彼は箱についてるセメントを、ズボンの尻でこすった。

　箱には何にも書いてなかった。そのくせ、頑丈に釘づけしてあった。

「思わせ振りしやがらあ、釘づけなんぞにしやがって」

　彼は石の上へ箱を打っ付けた。が、壊れなかったので、此の世の中でも踏みつぶす気になって、自棄に踏みつけた。

　彼が拾った小箱の中からは、ボロに包んだ紙切れが出た。それにはこう書いてあった。

　――私はNセメント会社の、セメント袋を縫う女工です。私の恋人は破砕器へ石を入れることを仕事にしていました。そして十月の七日の朝、大きな石を入れる時に、その石と一緒に、クラッシャーの中へ嵌りました。

　仲間の人たちは、助け出そうとしましたけれど、水の中へ溺れるように、石の下へ私の恋人は沈んで行きました。そして、石と恋人の体とは砕け合って、赤い細い石になって、ベルトの上へ落ちました。ベルトは粉砕筒へ入って行きました。そこで鋼鉄の弾丸と一緒になって、細く細く、はげしい音に呪の声を叫びながら、砕かれました。そうして焼かれて、立派にセメントとなりました。

　骨も、肉も、魂も、粉々になりました。私の恋人の一切はセメントになってしまいました。残ったものはこの仕事着のボロ許りです。私は恋人を入れる袋を縫っています。

　私の恋人はセメントになりました。私はその次の日、この手紙を書いて此樽の中へ、そうと仕舞い込みました。

　あなたは労働者ですか、あなたが労働者だったら、私を可哀相だと思って、お返事下さい。

　此樽の中のセメントは何に使われましたでしょうか、私はそれが知りとう御座います。

　私の恋人は幾樽のセメントになったでしょうか、そしてどんなに方々へ使われるのでしょうか。あなたは左官屋さんですか、それとも建築屋さんですか。

　私は私の恋人が、劇場の廊下になったり、大きな邸宅の塀になったりするのを

182　第11章　社会法の成立

見るに忍びません。ですけれどそれをどうして私に止めることができましょう！　あなたが、若し労働者だったら、此セメントを、そんな処に使わないで下さい。

　いいえ、ようございます、どんな処にでも使って下さい。私の恋人は、どんな処に埋められても、その処々によってきっといい事をします。構いませんわ、あの人は気象の確かりした人ですから、きっとそれ相当な働きをしますわ。

　あの人は優しい、いい人でしたわ。そして確かりした男らしい人でしたわ。未だ若うございました。二十六になった許りでした。あの人はどんなに私を可愛がって呉れたか知れませんでした。それだのに、私はあの人に経帷布を着せる代りに、セメント袋を着せているのですわ！　あの人は棺に入らないで回転窯の中へ入ってしまいましたわ。

　私はどうして、あの人を送って行きましょう。あの人は西へも東へも、遠くにも近くにも葬られているのですもの。

　あなたが、若し労働者だったら、私にお返事下さいね。その代り、私の恋人の着ていた仕事着の裂を、あなたに上げます。この手紙を包んであるのがそうなのですよ。この裂には石の粉と、あの人の汗とが浸み込んでいるのですよ。あの人が、この裂の仕事着で、どんなに固く私を抱いて呉れたことでしょう。

　お願いですからね。此セメントを使った月日と、それから委しい所書と、どんな場所へ使ったかと、それにあなたのお名前も、御迷惑でなかったら、是非々々お知らせ下さいね。あなたも御用心なさいませ。さようなら。

　松戸与三は、湧きかえるような、子供たちの騒ぎを身の廻りに覚えた。

　彼は手紙の終りにある住所と名前を見ながら、茶碗に注いであった酒をぐっと一息に呻った。

　「へべれけに酔っ払いてえなあ。そうして何もかも打ち壊して見てえなあ」と怒鳴った。

　「へべれけになって暴れられて堪るもんですか、子供たちをどうします」

　細君がそう云った。

　彼は、細君の大きな腹の中に七人目の子供を見た。

（大正15年 1 月）

小林多喜二とはかなり違った作風ですね。

　葉山嘉樹は、他のプロレタリア作家たちとはちょっと違っていて、いくらか離れたところで作品を書き、政治的に抗議するとか、論文で主張するとかいったことはしませんでした。訴えることや社会運動することとは反対の方向を向きながら、ひたすら労働者とは何かを描き続けた作家でしょう。横光利一が「プロレタリア文学で怖いのは葉山一人だ」と語ったのは、まさにそこのところではないでしょうか。

　この小作品は、非のうちどころがないほど「うまい、うま過ぎる」といえます。第三者の目で物語が始まります。主人公松戸与三の主観的表現は何も出てきません。一人称の視点で表現したならば、労働者の過酷な状況を客観的に伝える事ができないからでしょうか。与三の日常に対する不満ややりきれなさも、さらりと表現していて、労働者自らが労働の過酷さを表現するといういやらしさが感じられないのです。突然、セメント工場の破砕機に恋人を奪われた女工の悲しみと怒りに満ちた手紙が登場します。女工の視点で一気に主観の世界に引き込まれるようです。そして最後に、この悲劇的な手紙を読んだあとの労働者の気持ち、その手紙とは関係ない言葉を知らん顔で吐かせ、ソッポを向いて投げ出し、かえって労働者のやりきれなさを表現してしまっているのがおもしろいですね。

　この作品ができ上がる1年前（大正14年）には、治安維持法が施行され、過激化する社会運動（無政府主義、共産主義運動、労働運動）が取り締まられていました。最高刑は懲役10年でした。普通選挙法の施行に伴い政治運動の活発化を抑える意味もあったようです。そうした世相の中で、労働現場ではこうした過酷な条件と環境の中で仕事を強いられていた現状があったということです。

　有名な細井和喜蔵の『女工哀史』というルポルタージュもこの頃（大正14年）出版されたもので、紡績工場で働く女工たちの過酷な生活が克明に記録されています。

　コレラが寄宿舎に流行し、重症患者には毒が盛られたとの記述もあります。「ずっと以前、コレラが猖獗を極めた大阪の夏。くだらん所に面目を重んじた

184　第11章　社会法の成立

その工場は、始め一人の患者を工場医に隠匿せしめたのが元で、戦慄すべき病菌が全寄宿舎に蔓延。会社は警察署と結託して、急増したバラックに患者を押し込み、医師を増員して防疫。重症患者は助からぬものと断定、余計な費用や手数を省く為、医師を買収して毒薬を調達させ、患者の呑み薬の中へ混ぜたのである。七転八倒の苦悶の後、虚空をねめて息を引き取る患者達。うすうす悟った他の患者、口をつぐんで薬を飲まない。すると会社は、荒くれな人夫に命じて手足を押さえ、口を割り、否でも応でもそれを飲ませねば置かない。数百人の女が無念を呑んで帰らぬ幽鬼に旅立ったか……」

　その後「女工哀史」という言葉は、過酷な労働それ自体について用いられるようになったようです。たとえば、日本の「外国人研修生問題」のひどい労働条件や、中国の「iPod 製造工場での過酷労働問題」などに「現代版・女工哀史」と形容されたりしました。大正15年と今とは比べ物にならないでしょうが、いつの時代でも、労働者は安く、長く、使われるということなのでしょう。

　さて、労働者という言葉が何度も出てきますが、パートやアルバイトも労働者でしょうか。タレントはどうでしょう。ボランティアはどうでしょうか。

労働者

　「労働者とは、職業の種類を問わず、事業又は事務所に使用される者で、賃金を支払われる者」（労働基準法9条）

　実態として使用従属関係が認められれば、他人の指揮命令下に使用され、労働の対償として賃金を支払われている限り労働者になります。

　大変広いですが、上記の定義に適合していれば、パート・アルバイトはもちろん、不法就労の外国人も労働者に該当します。

　もう少し具体的に見てみますと、

1）労働者となる例

　・法人の重役（部長、工場長等）ではあるが、業務執行権又は代表権をもたず、賃金の支払いを受けている者

　・労働組合専従従業員であり、在籍のまま労働提供を免除され、組合事務に専従することを使用者から認められた者

・新聞配達人（児童である配達人も含む）

・請負契約ではなく雇用契約により使用従属関係のある大工

・共同経営事業の出資者であっても当該組合又は法人との間に使用従属関係
　があり賃金を受けて働いている者

2）労働者とならない例

・使用従属関係のない者（法人、団体、組合等の代表者）

・労働委員会の委員

・一定の非常時においてのみ出勤する非常勤の消防団員

・受刑者

・建設業の下請負人

・競輪選手

・タレント

　外形上は使用者として見えても、労働者であるか否かは、実態で判断される
ということで。コンビニやファーストフードの店長などはどう見ても労働者で
すが、パートやアルバイトを使っている点から使用者のように見られる風潮が
あり、サービス残業の問題で話題になりました。

3）もっとも重要な事は、

　**「契約の形や名称にかかわらず、実態として民法623条の雇傭契約が締結されてい
ると認められること」**

民法623条（雇傭）

雇傭は当事者の一方が相手方に対して労働に従事することを約し、相手方がこ
れに対してその報酬を与えることを約することによって、その効力を生ずる。

---

② 現代の労働法2種——労働基準法と労働契約法の違い

　労働者が働くにあたって最低基準を定めた法律としては、労働基準法（1947
年制定）がありますが、労働契約に関する民事的なルールについて体系的に定

めた法律はありませんでした。その結果、労働者と使用者との間で争いが生じたときは、裁判所の判決が蓄積されてできあがったルールとしての「判例法理」を当てはめて解決するという行き方が一般的でした。しかし、判例法理は、労働者と使用者双方にそれほど知られたものではなかったので、労働関係を安定的なものとするため、労働契約の基本的な理念や共通する原則、これまでに確立した判例法理をひとつの体系としてまとめることでできあがったのが「労働契約法」（2008年3月施行、2013年改正）です。

「労働者は保護すべき社会的弱者」なのだろうか、それとも「権利を持った自律的な存在」なのだろうかといった2つの捉え方が社会の変化によって揺り戻されてきました。

戦前のように低賃金・長時間労働にあった労働者の地位は、労働基準法によって改善され保護され、労働者は保護の客体から権利の主体へ、労働者の福祉は、社会的確信に支えられて権利に昇格したのだともいえます。

戦後70年を経て労働環境や労働条件は飛躍的に向上しました。労働市場の自由化が進み、働き方改革が叫ばれ、多様な雇用形態が選択できる今日ではありますが、多様化がかえって労使のトラブルを生み出しているように思えてならないのです。

弱者としての労働者の雇用条件を下支えするための法律が「労働基準法」であり、民法の雇用契約に基づいて対等な立場で働く条件を決定しているというのが「労働契約法」だといえます。

この法律が必要とされたのは、雇用形態が多様化したことや、年棒制などの成果主義的な人事制度や人事考課の導入によって、これまでは労働協約や就業規則で一律的・画一的に決められていた労働条件ではなく、個人的に異なる労働条件を定める必要性が出てきたことによります。

この法律は第1条で「合理的な労働条件の決定又は変更が円滑に行われるようにすることを通じて、労働者の保護を図りつつ、個別の労働関係の安定に資すること」を目的とすると述べています。労働契約法は、労働基準法とは異なり、使用者と労働者の間の民事上の契約ルールを定めたものなので罰則規定は

ありません。

　労働契約法は、有期労働契約の締結、更新そして雇い止めに関する基準として、使用者に４つのことを課しました。契約期間満了後の更新の有無を明示すること、３回以上更新された契約や１年を越えて継続勤務している労働者の契約を更新しない場合には契約期間満了の30日前までに雇い止めの予告をすること、労働者の求めがある場合雇い止めの理由を明示すること、そして契約更新の場合できるだけ更新期間を長くするよう配慮することです。また、やむを得ない事由がある場合でなければ、契約期間の満了まで労働者を解雇することができないこと（17条１項）、契約期間を必要以上に細切れにしないよう配慮すること（同条２項）も規定されました。有期労働契約で働く人は、全国で約1,200万人と推計されています。そしてその３割が、通算５年を越えて有期労働契約を反復・更新している実態があります。有期労働契約で働く人は常に、契約を更新されず雇い止めになる不安を抱いています。また、有期労働であることを理由として、正社員と比べて不合理な労働条件で働いている場合も多く見受けられます。

　2020年の東京オリンピックイヤー前に、労働契約法の大「ツナミ」がやってくると予測されています。それは「働き方改革」、とりわけ「同一労働同一賃金」の実現に向けた法制度とガイドラインの整備です。「働き方改革」を労働生産性を改善するための最良の手段と位置づけ、賃金の上昇と需要の拡大を通じて「成長と分配の好循環」を構築し、日本経済の潜在的成長力の底上げをはかろうとするものです（働き方改革実行計画　2017年３月28日決定）。

　実行計画は、働き方改革の意義について、「正規」「非正規」という２つの働き方の不合理な処遇の差は、正当な処遇がなされていないという気持ちを「非正規」労働者に起こさせ（不合理な処遇の差）、がんばろうという意欲をなくす。これに対し、正規と非正規の理由なき格差を埋めていけば、自分の能力を評価されているという納得感が生じる。納得感は労働者が働くモチベーションを誘引するインセンティブとして重要であり、それによって労働生産性が向上していく、としています。

188　第11章　社会法の成立

　こうした考え方を具体化するためにガイドライン案が定められました。これ
は、正規か非正規かという雇用形態にかかわらない「均等・均衡待遇」を確保
し、同一労働同一賃金の実現を目指すものです。その対象は広く、賃金全般
（基本給、昇給、ボーナス、各種手当など）だけでなく、教育訓練や福利厚生にま
で及びます。

　基本給を例にとってみましょう。基本給は、職務、職業能力、勤続年数に応
じて支払われるなど趣旨・性質はさまざまですが、ガイドライン案はそれぞれ
の趣旨・性質に照らして、実態に違いがなければ同一の（均等）、違いがあれ
ば違いに応じた支給（均衡）を求めているのです。

　よく賃金の差を正当化するために、「正規と非正規とでは将来の役割期待が
異なるから、賃金の決定基準やルールが異なるのだ」と説明されてきましたが、
こうした主観的・抽象的な説明では足りず、職務内容や、職務・配置の変更範
囲、その他事情の客観的・具体的な実態に照らして、不合理なものであっては
ならないとされるのです。今後オリンピック前後にこの波が押し寄せてくると
予測されているのです。

労働契約法の一部を改正する法律（平成24年法律第56号）**の概要**

有期労働契約を長期にわたり反復更新した場合に無期労働契約に転換させることなどを法定するこ
とにより、労働者が安心して働き続けることが可能な社会の実現を図る。

──〔　1　有期労働契約の期間の定めのない労働契約への転換　〕──
○　有期労働契約が5年を超えて反復更新された場合（＊1）は、労働者の申込みにより、無期労
　働契約（＊2）に転換させる仕組みを導入する。
（＊1）原則として、6か月以上の空白期間（クーリング期間）があるときは、前の契約期間を通算しない。
（＊2）別段の定めがない限り、申込時点の有期労働契約と同一の労働条件。

──〔　2　有期労働契約の更新等（「雇止め法理」の決定化）　〕──
○　雇止め法理（判例法理）を制定法化する。（＊）
（＊）有期労働契約の反復更新により無期労働契約と実質的に異ならない状態で存在している場合、または有期労働契約の
　　期間満了後の雇用継続につき、合理的期待が認められる場合には、雇止めが客観的に合理的な理由を欠き、社会通念
　　上相当であると認められないときは、有期労働契約が更新（締結）されたとみなす。

──〔　3　期間の定めがあることによる不合理な労働条件の禁止　〕──
○　有期契約労働者の労働条件が、期間の定めがあることにより無期契約労働者の労働条件と相違
　する場合、その相違は、職務の内容や配置の変更の範囲等を考慮して、不合理と認められるもの
　であってはならないと規定する。

施行期日：2については公布日（平成24年8月10日）、1、3については公布日から起算して1年を超えない範囲内で政令で定める日。

③ 労働基準法の利用　189

③　労働基準法の利用

勤労の権利

　勤労権利、義務を規定……職業安定法、緊急失業対策法

　条件を規定……労働基準法、最低賃金法

労働基本権

　19世紀から労働者の保護、労働運動の容認を通じ発展、使用者に比べ弱い立場の勤労者の保護を目的

　　3つの権利……1．団結権　2．団体交渉権　3．団体行動権

　公務員に対しては、規制が入る（ストの禁止、政治活動の制限）

憲法27条〔勤労の権利義務、勤労条件の基準、児童酷使の禁止〕

　⑴すべて国民は、**勤労の権利を有し、義務を負ふ。**

　⑵賃金、就業時間、休息その他の勤労条件に関する基準は、法律でこれを定める。

　⑶児童は、これを酷使してはならない。

憲法28条〔労働基本権〕

　勤労者の**団結する権利及び団体交渉その他の団体行動をする権利は、これを保障する。**

　では、実際の事例を考えてみましょう（以下の条文は、わかり易いように要約してあります）。

1）働いた分の賃金はチャントくれよォ～

　いくら短期間で辞めたとしても働いた分の賃金は支払われなければなりません。労働の対償として、賃金は支払うように法律で定められています。

労働基準法11条：賃金とは、名称の如何を問わず、労働の対償として使用者が労働者に支払う全てのものをいう。

190　第11章　社会法の成立

　まず労働があって、その報酬として賃金が存在するのです。またその支払い
が完全確実に行われるように法律で定められています。これを**賃金5原則（通
貨払い・直接払い・全額払い・毎月払い・定期日払い）**と言います。

> 労働基準法24条：賃金は通貨で直接労働者に、月1回以上、一定の期日に、そ
> の全額を支払わなくてはならない。

　この法律は、給与が本人に渡らないなどの事故を防止するために定められ、
本人が直接受け取るのが原則となっています。短期間で辞めたり、無断欠勤の
末に辞めたりしたら、給与を取りに行くのは気まずいもの。そこであなたは考
えた。友達に取りに行ってもらおう！　しかし、それは考えがあまい！　あな
たが雇い主に迷惑をかけたことは間違いないのですから、誠意をもって謝罪し、
自分で取りに行くべきでしょう。

　また、いくら短期間で辞めたとしても、損害賠償を請求されることはありま
せん。それは、意に反して辞めたからといって、基本的には損害賠償の対象に
はなり得ないからです。さらに、労働基準法16条では損害賠償予定の禁止を定
めており、短期間で辞めた場合、一定額の損害賠償額を予定するような約束を
交わすことは一切認められていません。但し、同法で禁止しているのは、あら
かじめ違約金を定めることや損害賠償の額を予定することですから、**契約不履
行により現実に生じた損害についての損害請求等は民事上の問題となります。**

　とはいうものの…自分の身勝手による短期間での退職は、雇い主に迷惑をか
けることになります、働く前に続けられるかどうか十分考えた上で仕事を始め
るようにし、自分の行動には責任を持つこと。

2）無断欠勤したから1万円の罰金ダァ〜

　欠勤した分の賃金は「ノーワーク・ノーペイの原則」より支払ってもらえな
いのは当然としても、法律において減給制裁の範囲が定められています。

　簡単にいうならば…たとえば、日給6400円で、月に20日間勤務の場合、1日
無断欠勤したとしたら、減給限度は、日給6400円×1／2×1日（無断欠勤し
た日数）＝3200円となり、その月の支給額は、日給6400円×19日（実労した日

数）－3200円＝118400円となります。

　もっと言うならば…たとえば、上記の内容で４日無断欠勤したとしたら、減給額は、日給6400円×１／２×４日＝12800円となり、実労16日分の賃金の日給6400円×16日＝102400円の１／10を超えてしまいますから、この場合は102400円の１／10の10240円が制裁の限度額となり、その月の支給額日給6400円×16日－10240円＝92160円となります。

　但し、無断欠勤等の身勝手な行動は、雇い主に迷惑をかけることになるので、ちゃんと連絡をするようにし、責任ある態度で仕事に取り組みたいものです。

　因みに、労働基準法16条では**損害賠償予定の禁止**を定めています。簡単にいえば雇用契約の際に「無断欠勤したとしたら、１万円の罰金」なんて約束させることを禁止しています。雇い主が契約にサインしただろうなんてスゴんできても、上記の減給制裁の範囲しかり、この契約自体が法的に無効ということになります。

３）夜中まで働いて残業手当なしダァ～

　労働時間が**法定労働時間**をオーバーすると、オーバーした時間に対して割増した**時間外手当**を支払うことが法律において決められています。

> 労働基準法37条：法定労働時間を超えた時間外労働や、午後10時から午前５時までの深夜労働に対しては、通常の時給の25％増以上の賃金が支払われる。また法定休日に働いた休日労働に対しては、35％増以上の賃金が支払われる。

　法定労働時間を超えた時間外労働が、午後10時から午前５時までの深夜労働になった場合は、50％のアップ。法定休日に働いた休日労働が、午後10時から午前５時までの深夜労働になった場合は、60％のアップにそれぞれなります。
　では、法定労働時間とは…

> 労働基準法91条：就業規則で、労働者に対して減給の制裁を定める場合においては、その減給は１回の額が平均賃金の１日分の半額を超え、総額が１賃金支払期における賃金の１／10を超えてはならない。

192　第11章　社会法の成立

> 労働基準法32条：使用者は、労働者に、休憩時間をのぞき1週間に40時間、または1日に8時間を超えて労働させてはならない。

　残業手当を支払ってもらえない、その他、休日手当、深夜手当などについては、会社の方に確認をするようにして下さい。それでも納得できない場合やトラブルになった場合は、会社の住所を所管する労働基準監督署にご相談下さい。

4）或る日、突然の解雇

　突然に解雇されたら労働者は困惑します。明日からの仕事を失うわけですから、そんな事のないように法律において解雇のルールが定められています。

> 労働基準法20条：使用者は、労働者を解雇しようとする場合において、少なくとも30日前にその予告をしなければならない。少なくとも30日前に予告をしない使用者は、30日分以上の平均賃金（予告手当）を支払わなければならない。

　ただし、「労働者の責めに帰すべき事由に基づいて解雇する場合においては、この限りではない」とされており、いわゆる無断欠勤や遅刻の常習、履歴書にウソを書いた、窃盗をはたらいた等の場合には、予告も予告手当もない解雇が認められる場合もあります。

　また、労働基準法21条では、次の労働者については、労働基準法20条は適用しないとされています。

> ①「日々雇い入れられる者」但し、繰り返し1ケ月を超えて使用された場合は労働基準法第20条が適用。
> ②「2ケ月以内の期間を定めて使用されるもの」但し、2ケ月以上継続した場合は第20条が適用。
> ③「季節的業務に4ケ月以内の期間で使用される者」但し、この期間を超えて使用された者は第20条が適用。
> ④「試用期間中の者」但し、14日を超えて試用されれば第20条が適用。

　また、労働基準法19条では、次のような場合は、解雇できないように制限さ

れています。

　①業務上のケガや病気で休んでいる期間とその後30日間

　②女性の産前産後休業の期間とその後30日間

　その他、女子であることを理由として解雇された場合や、婚姻・妊娠・出産を理由とした場合等は、男女雇用機会均等法11条で解雇できないように制限されています。

5）話が違うじゃね～かよ～

　条件の食い違いというトラブルの原因を見ると、労働契約時の確認不足や雇い主の説明不足、本人の思い違いによるものが多いようです。こんな事がないように法律において雇い主側には労働条件の明示を義務づけています。

> 労働基準法15条：使用者は、労働契約の締結の際、労働者に対して賃金、労働時間、その他の労働条件を明示しなければならない。

　明示の方法は、賃金に関しては書面で、その他の条件は書式でも口答でもよいことになっています。したがってアルバイトやパートに対しては、ほとんどが口答で行われているのが現状です。しかし、口答でも双方の合意によって契約が成立するわけですから、あとで話が違うでは済みません。

　こういうトラブルを未然に防ぐためにも、労働契約の際には、具体的な労働条件が明示された書類を作成してもらうことが大切です。この書類は自分の権利と義務が明記されたものです。それができない場合は、自分が納得するまで条件の確認をするようにしましょう。

　　では**具体的な確認内容**は…

> ①賃金（計算方法・締切日・支払い日・支払方法）　②勤務地　③仕事内容
> ④始・終業時間　⑤休日　⑥休憩時間　⑦契約期間　⑧所定時間外労働（残業）

　また、労働基準法89条・106条において、常時10人以上の従業員を雇っている事業場では就業規則を作り、従業員に配布、あるいは目につくところに貼るなどして、周知しなくてはなりません。これも確認しておく方がよいでしょう。

194 第11章 社会法の成立

　また、労働基準法15条では「明示された労働条件が事実と相違する場合においては、労働者は、即時に労働契約を解除することができる」とあり、即時に退職できます。

　約束した内容と違う労働条件であった等のトラブルが発生した場合は、契約書が大切になってきます。また、このようなトラブルを相談できる専門機関として、労働基準監督署があります。会社の住所を所管する労働基準監督署にご相談下さい。

労働基準法１条（労働条件の原則）：労働条件は、労働者が人たるに値する生活を営むための必要を充たすべきものでなければならない。
②　この法律で定める労働条件の基準は最低のものであるから、労働関係の当事者は、この基準を理由として労働条件を低下させてはならないことはもとより、その向上を図るように努めなければならない。

　くれぐれも、自分の独断や勝手な解釈によったり、自分の過ちを棚上げして、基準法を盾に取る主張は、法律以前の人間性の問題です。紳士的に対応したいものです。

④　ブラック企業と学生対応

●ブラック企業の定義

　ブラック企業とは、**狭義**には「新興産業において、若者を大量に採用し、過重労働・違法労働によって使い潰し、次々と離職に追い込む成長大企業」であると定義します。この手口はさまざまですが、次のようなケースが狭義のブラック企業に当てはまります。
・　派遣・契約社員として働いているが、いつになっても正社員になれない
・　どんなに働いても、「営業手当」として３万円しか残業代が支払われない
・　学校求人で応募したので安心していたが、きつ過ぎて働き続けられない
・　初めての介護の仕事なのに、仕事を教えてもらえない

- 求人の内容と実態が違う
- せっかく正社員で就職したのにやめさせられそう
- 仕事がきつすぎて辞めたいのに、やめさせてもらえない
- 上司から「24時間365日死ぬまで働け」といわれる
- 「結婚したらクビだ」といわれる
- 社内にうつ病の人が多くて、自分もいつそうなるかと不安だ。
- 子会社に出向させられて、毎日自分の転職先を探す業務をさせられている
- インターンと言われて、いつまでも無給・最賃以下で働かされる

●ブラック企業対策プロジェクト

　プロジェクトは2014年7月、全国の大学生を対象としたアルバイトの実態調査を実施し、4702人から有効回答を得、調査結果の全体を公表しました。その主な調査結果です（詳細は、http://bktp.org/news/2790）。

【1．深夜労働や長時間労働、柔軟な働き方を求められている学生】

- 深夜営業に対応できる労働力、長時間働ける労働力、十分な休憩を取らずに働ける労働力として、学生アルバイトが活用されている現状が読み取れる。
- 一方で、職場の繁閑や天候などに応じて、シフトが勝手に変えられたり、削られたりするなど、人件費抑制が強く求められている職場の都合にアルバイト学生が翻弄されている様子もうかがわれる。その傾向は特に、居酒屋バイトの学生に強い。

【2．もはや「割が良い」とは言えない塾・家庭教師アルバイト】

- かつて、塾・家庭教師のアルバイトは、短い労働時間の割に時給が高いため、「割の良い」アルバイトであった。
- しかし、個別指導塾の広がりなどに伴い、現在では他のアルバイトと比べた時給は、さほど高いものではない。
- しかも、塾・家庭教師の場合、授業時間帯の前後の準備や報告書作成、授業時間外の相談業務などには賃金が支払われないケースが多く、塾・家庭教師のアルバイトは、時給が高いアルバイトとは言えなくなってきている。

196　第11章　社会法の成立

・　現在、「ブラックバイト」問題の認知の拡大に伴い、ブラックバイトユニオンなどには学生からの相談が多数寄せられるようになってきているが、その中には塾・家庭教師のバイトの相談が多い。授業時間帯以外の賃金が支払われない、辞めたくても辞められないといった相談が中心である。

【３．大学生活を掘り崩す深夜バイト】

・　学生が深夜バイトに従事するのは、昼間の授業とのバッティングを避けるため時給が高く効率的に稼げるという意味あいがあると考えられるが、実際には深夜バイトによって疲れてしまい、学業への支障が出ている者の割合が高い。

・　深夜バイトに従事している者では、労働条件の書面交付がない、募集と実態が違う、休憩が適正にとれていない等、労務管理が不適切である傾向がより強くみられる。

・　男性、私立、自宅外の学生で深夜バイトの割合が高いのは、私立大学の場合に授業料が高額であること、男性である場合に深夜バイトへの抵抗が比較的少ないこと、自宅外であるため家賃や生活費などをまかなう必要があることなどの要因が関係しているものと考えられる。しかし、深夜バイトには上記のような問題があり、注意が必要である。

【４．生活費のために長時間労働を余儀なくされる学生の存在】

・　アルバイトは、娯楽費など、学生生活の充実のために行われているとは限らず、勉学と生活の費用をまかなうために長時間のアルバイトを行っている学生が一定程度存在している。

・　彼らは長時間のアルバイトを行うことによって、学業に支障をきたしている傾向が強いが、しかし学業を優先してアルバイトを減らすわけにはいかない経済事情を抱えている。

【５．不当な扱いにさらされている学生】

・　アルバイトの学生は、働くということに不慣れであり、足元をみられ、不当な扱いを受けている可能性がある。

・　労働条件を記載した書面を渡されていない学生がトラブルにあっている割

合が高く、労働条件を記載した書面を受け取ることの大切さや、基本的な労働法の知識、相談先などを、アルバイトに従事する際には知っておくことが重要。

●求められる対策

【1．労働条件は書面で受取、確認できる事が当たり前の社会に】

労働条件を書面で受け取っていない学生が、不当な扱いに遭遇している傾向が高い。労働条件は書面で確認することが当たり前の社会にしていく必要がある。学生にも、労働条件を書面で確認して保管するなどの自衛策が求められる。

【2．大学1年次の夏休み前に、学生部やキャリアセンターによるガイダンス、授業で、アルバイト就労を考える機会を】

労働条件を書面で確認してから働くことが大事。そのためにはアルバイト就労について、大学1年次から注意喚起をすべきである。1年次生対象のアルバイトについての説明会（労働契約に関する注意、ブラックバイトの見分け方、学生生活との両立の仕方、深夜バイトのリスクなど）を行うことが効果的である。アルバイト就労後も、学業との両立との関係から妥当なものであるか、見直す機会をつくるべき。学生がアルバイトについて相談できる窓口を各大学に作る。

【3．労働法教育】

不当な働かせ方に気づき、どう対処できるかを考える機会を高校生や大学生に提供する必要。高校や大学において卒業後の働き方も含めて労働法教育を実施すべき。「あきらめない・自分を責めない」「記録をとる・相談」

【4．経済的支援】

今回の調査において、貸与型奨学金はアルバイトの抑制につながっていないことが明らかとなった。教育機会の均等に加えて、ブラックバイトを防止する観点からも、給付型奨学金による経済的支援の実施が強く望まれる。

【5．各自治体によるブラックバイトの相談機関の設置】

ブラックバイトの中には「違法」状態のものが、数多く含まれている。大学生が違法状態で働かされていることは教育問題であると同時に、大きな社会問

198   第11章　社会法の成立

題でもある。各大学で相談窓口が作られたとしても、それは法律の専門能力という点で限界がある。

　　労働基準法第15条では「明示された労働条件が事実と相違する場合においては、労働者は、即時に労働契約を解除することができる」とあり、即時に退職できます。約束した内容と違う労働条件であった等のトラブルが発生した場合は、契約書が大切になってきます。また、このようなトラブルを相談できる専門機関として、労働基準監督署があります。会社の住所を所管する労働基準監督署にご相談下さい。

厚木労働基準監督署（〒243-0014　厚木市旭町2-2-1　TEL.0462（28）1331）
管轄：厚木市、大和市、座間市、海老名市、綾瀬市、愛甲郡

第1条（労働条件の原則）
　　労働条件は、労働者が人たるに値する生活を営むための必要を充たすべきものでなければならない。
②　この法律で定める労働条件の基準は最低のものであるから、労働関係の当事者は、この基準を理由として労働条件を低下させてはならないことはもとより、その向上を図るように努めなければならない。

★自分の独断や勝手な解釈や自分の過ちを棚上げして基準法を盾に取る主張は、法律以前の人間性の問題です。紳士的に対応したいものです。

●オワハラ（就活終われハラスメント）のウソホント

・　誓約書を出しても就活は続けてよい。
・　学生側からの内定辞退はできる。
・　企業からの内定取消しは簡単にはできない。
・　内定取り消し学生に企業側が損害賠償請求できる場合はほとんどない。

199

第12章 責任という原理

① 伝説のスピーチと環境倫理

　1992年6月。ブラジル、リオ・デ・ジャネイロで開催された「環境サミット」（環境と開発に関する国連会議）に集まった世界の指導者たちを前に、12歳の少女セヴァン・スズキは語り始めました。

　　こんにちは、セヴァン・スズキです。エコを代表してお話します。エコというのは、子ども環境学習グループ（Environmental Children Organization）の略です。カナダの12歳から13歳の子どもたちの集まりで、今の世界を変えるために活動しています。あなたがた大人たちにも、ぜひ生き方をかえていただくようお願いするために、自分たちで費用をためて、カナダからブラジルまで1万キロの旅をして来ました。
　　今日の私の話には、ウラもオモテもありません。なぜなら、私が環境運動をしているのは、私自身の未来のためだからです。自分の未来を失うことは、選挙で負けたり、株で損したりするのとはわけがちがうのです。
　　私がここに立って話をしているのは、未来に生きる子どもたちのため、世界中の飢えに苦しむ子どもたちのためです。そして、どこにも行くところがなくなって、死に絶えようとしている無数の動物たちのためです。
　　オゾン層に穴があいてしまった今、太陽のもとに出るのがこわいのです。どんな化学物質が入っているのかもわからない空気を呼吸することさえこわいのです。父とよくバンクーバーで釣りをしたものです。数年前、体中がガンでおかされた魚に出会うまでは。そして今、動物や植物たちが毎日のように絶滅していくのを、

200　第12章　責任という原理

私たちは耳にします。それらは、もう永遠にもどってはこないのです。

　私の世代には、夢があります。いつか野生の動物たちの群れや、たくさんの鳥や蝶が舞うジャングルを見ることです。でも、私の子どもたちの世代は、もうそんな夢を持つこともできなくなるのではないか？　あなたがたは、私ぐらいの年齢のときに、そんなことを心配したことがありますか。

　こんな大変なことが、ものすごいいきおいで起こっているのに、私たち人間ときたら、まるでまだまだ余裕があるようなのんきな顔をしています。まだ子どもの私には、この危機を救うのに何をしたらいいのかはっきりわかりません。でも、あなたがた大人にも知ってほしいのです。あなたがたもよい解決法なんて持っていないっていうことを。オゾン層にあいた穴をどうやってふさぐのか、あなたは知らないでしょう。

　死んだ川にどうやってサケを呼びもどすのか、あなたは知らないでしょう。絶滅した動物をどうやって生きかえらせるのか、あなたは知らないでしょう。そして、今や砂漠となってしまった場所にどうやって森をよみがえらせるのかあなたは知らないでしょう。

　どうやって直すのかわからないものを、こわしつづけるのはもうやめてください（If you don't know how to fix it, please stop breaking it!）。

　ここにいらっしゃるあなたがたは、政府や企業や団体とかの代表でしょう。あるいは、報道関係者か政治家かもしれません。でも、あなたがたも誰かの母親であり、父親であり、姉妹であり、兄弟であり、おばであり、おじなのです。そしてあなたがたの誰もが、誰かの子どもなのです。

　私はまだ子どもですが、ここにいる私たち皆が同じ大きな家族の一員であることを知っています。そうです50億以上の人間からなる大家族。いいえ、実は3000万種類の生物からなる大家族です。国境や各国の政府がどんなに私たちを分けへだてようとしても、このことは変えようがありません。私は子どもですが、みんながこの大家族の一員であり、ひとつの目標に向けて心をひとつにして行動しなければならないことを知っています。私は、怒りで自分を見失い、恐怖で自分の気持ちを世界中に伝えることをためらいはしません。

　私の国でのむだ使いはたいへんなものです。買っては捨て、また買っては捨て

ています。それでも物を浪費しつづける北の国々は、南の国々と富を分かち合おうとはしません。物が有り余っているのに、私たちは自分の富を、そのほんの少しでも手放すのがこわいのです。

　私たちカナダでは、十分な食物と水と住まいを持つめぐまれた生活をしています。時計、自転車、コンピュータ、テレビ、私たちの持っているものを数えあげたら何日もかかることでしょう。

　2日前ここブラジルで、家のないストリートチルドレンと出会い、私たちはショックを受けました。ひとりの子どもが私たちにこういいました。

　「ぼくが金持ちだったらなあ……。もしそうなら、家のない子すべてに、食べ物と、着る物と、薬と、住む場所と、優しさと愛情をあげるのに」。

　家も何もないひとりの子どもが、分かち合うことを考えているというのに、すべてを持っている私たちがこんなに欲が深いのは、いったいどうしてなのでしょう。

　これらの恵まれない子どもたちが、私と同じぐらいの年だということが、私の頭を離れません。どこに生まれたかによって、こんなにも人生が違ってしまうのです。私がリオの貧民窟に住む子どものひとりだったかも、ソマリアの飢えた子どもだったかも、中東の戦争で犠牲になっているかも、インドで物乞いをしていたかもしれないのです。

　もし戦争のために使われているお金をぜんぶ、貧しさと環境問題を解決するために使えばこの地球はすばらしい星になるでしょう。私はまだ子どもですが、このくらいのことは知っています。

　学校で、いいえ、幼稚園でさえ、あなたがた大人は、私たちが世の中でどう振る舞えばいいのかを教えてくれます。たとえば、

　「争いをしないこと」「話し合いで解決すること」「他人を尊重すること」

　「ちらかしたら自分でかたづけること」

　「他の生き物をむやみに傷つけないこと」「分かち合うこと」

　「そして欲ばらないこと」

　それなのになぜ、あなたがたは、私たちにするなということをしているのですか。

202　第12章　責任という原理

　なぜあなたがたがこうした会議に出席しているのか、どうか思い出してください。そして**いったい誰のためにやっているのか**。それはあなたがたの子ども、つまり、私たちのためです。あなたがたはこうした会議で、私たちがどんな世界に育ち生きていくのかを決めているのです。

　親たちはよく「だいじょうぶ。すべてうまくいくよ」といって子どもたちをなぐさめるものです。あるいは、「できるだけのことはしているから」とか、「この世の終わりじゃあるまいし」とかいいます。しかし、大人たちはもうこんななぐさめの言葉さえ使うこともできなくなっているようです。お聞きしますが、私たち子どもの未来を真剣に考えたことがありますか。

　父はいつも私に不言実行、つまり、何をいうかではなく、何をするかでその人の値うちが決まるといいます。しかし、あなたがた大人がやっていることのせいで、私たちは泣いているのです。あなたがたはいつも私たちを愛しているといいます。しかし、もしその言葉が本当なら、どうか、そのことを行動でしめしてください。

　最後まで私の話をきいてくださってありがとうございました。

（英文スピーチをもとに筆者が日本語訳しました）

　このテキストは「リオの伝説のスピーチ」といわれ、今でも環境問題を考える基本的な教科書によく引用されています。環境倫理の根本をよく表現しているからでしょう。

　環境倫理で、もっとも重要で困難な問題とされているのは、「現在を生きている世代は、未来を生きる世代の生存可能性に対して責任がある」という考え方についてです。この考え方は「世代間倫理」と呼ばれ、「地球の有限性」と「自然の生存権」を前提としながら、「責任とは、誰に対するどんな責任なのか」といった責任の根源を探る議論に深く根ざしています。この、「地球の有限性」と「自然の生存権」と「世代間倫理」の３つの考え方が、普遍的な環境倫理の基本とされます。

　「自然の生存権」とは、人間だけでなく自然も生存の権利を持ち、人間は自然の生存を守る義務を持つといった考え方のことで、自然と人間の共生をめざ

すことだと考えます。少し強い主張となる「自然の権利」（動物や樹木や石にまでも権利があるという）の考え方を抑制し、行き過ぎた自然中心主義にいたらないようあくまで共存・共生を念頭に置き、公平な議論を目的とします。

　「地球の有限性」とは、有限な地球環境を守ることを優先させ、生態系や地球資源を軸に物事を考えるといった考え方のことです。ただし、「快適な生活」「経済的利益」「健康や幸福」など、人類にとっての利益をすべて制限して地球環境を最優先せよという極端なものではなくて、持続的に生態系や地球資源を利用していこうという主張のことなのです。

　環境倫理の最後の柱である「世代間倫理」とは、前述した「現在を生きている世代は、未来を生きる世代の生存可能性に対して責任がある」という考え方のことで、「強い者の弱い者への責任」「影響を及ぼす者の受ける者への責任」「知る者の知らざる者への責任」などの責任の原型から導き出されたものだといわれています（倫理学者ハンス・ヨナス）。よくよく考えて行くと、論理的矛盾も出てくるのですが、現在を生きている人類が、環境問題の解決にあたって、先延ばしせず責任を持って行動するための根拠となる重要なものと思われます。

　この世代間倫理ですが、一方では「戦争責任」の問題ともからんできます。戦後世代は、いかなる意味においても侵略戦争の開始を決定していないし、戦争犯罪の遂行について決定に参加していないのに、戦後世代も戦争責任の一端を担うと理解されているからです。少なくとも、罪と責任を区分した上で、責任については戦後世代も負うものと考えられるのです。

　言い換えれば、環境倫理（責任）は、現世代の行為の未来世代への責任を問うのであるのに対して、戦争責任は、過去世代の行為に対し現世代にも責任を問うことの正当性の問題だということです。これらは、個人的責任というよりも集団的責任の問題であり、たとえば、先進国が経済成長と引き換えに、重大な環境負荷を行ってきた過去の責任を、新興国にも負担させようというのは、こうした考え方と共通したものでしょう。同じ人類と考えればそうなのでしょうが、身に覚えのない人たち（国家）にまで責任を問う正当な根拠はなかなか見出せ得ない困難な問題となっています。

204　第12章　責任という原理

　現在、環境サミット等で、二酸化炭素を含めた各国の温室効果ガス排出量の
削減目標が示され、その削減の努力が各国で法制化され、実行されているとこ
ろですが、手法が多岐にわたる（人為起源の二酸化炭素の排出量を抑制する努力、
森林の維持・育成や二酸化炭素回収貯留（CCS）技術の開発、二酸化炭素を固定する
努力など）ため、どの対策がどれほどの効果を上げ、責任を果たしているのか
については客観的に判断することは難しいでしょう。

　また、排出権取引（削減目標を達成できて余裕のある国や企業が、達成できない
国や企業に余った分を売ること）といった場合、地球全体として見れば結果的に
排出量の削減といえるのでしょうが、「地球の有限性」と「自然の生存権」、
「世代間倫理」の3つの点から考えると、矛盾することになります。削減目標
を「そこまでは排出してもいいラインや排出できる権利だ」と考えることは、
経済的効率性に基づく権利論だといえます。ライブドア事件の元社長が「法や
ルールをさえ犯さなければ何をしてもいい」「そこまでは許されている基準」
と考えていたのと同じで、こうした誤解は、法的思考からも大きく外れること
になるでしょう。是非、皆さんも「責任とは、誰に対するどんな責任なのか」
ということを注意して考えてみてください。

　ちなみに、セヴァンは、「地球環境サミット」以降、世界中の学校や企業、
国際会議やミーティングに招かれ活動し、1993年に「グローバル500賞」を受
賞した他、1997～2001年にかけては「国連地球憲章」を作る作業に青年代表と
して携わりました。2002年、米国イエール大学卒業と同時に、NGO「スカイ
フィッシュ・プロジェクト」を立ち上げ、ヨハネスブルクの国連世界サミット
では、「ROR」（責任の認識）と呼ばれるプロジェクトを掲げ、国際的なキャン
ペーンを展開しました。日本のNGOにも招かれて来日し、大きな反響を巻き
起こしました。その後ヴィクトリア大学の大学院に入り、ナンシー・ターナー
教授の下で伝承民族植物学（ethnobotany）を研究しているとのことです。

② 自己責任と自業自得

　これまで、責任の問題を集団的、展望（未来）的にとらえてきましたが、個人的、回顧（過去）的にとらえ直してみると、どういうことになるでしょう。

●自己と決定、自己と責任
　日本では小泉政権以来、「自己責任」という言葉は、「民営化」（プライバタイゼーション）と同義に使われ、閉塞・停滞した社会を改革する概念として、医療・年金・金融取引・地方分権などの分野で盛んに主張されてきました。そして今や、リスクマネジメント（危機管理）は当たり前といわれるようになっています。リスク管理社会では、自己決定は、「何かあっても社会は助けてくれない」⇒「自分の身は自分で守る」⇒「誰にも頼らない」＝自律＝自由＝個人主義、といった言葉と結びついて、前向きな概念と考えられるようになりました。けれども、個人主義の社会では、決定されたことに必ずしも従わないことが多く、責任を果たしていないとも考えられます。なぜ従わないのでしょうか。それは、決定「された」もので、自ら決定したことでないものには、責任を負う必要がないからです。ここでは、「自己」という概念が大切なのであって、「決定」と「責任」が必ずしも結びついてはいないのです。
　これに対し、共同体社会は、「寄らば大樹の陰」「長いものには巻かれろ」「人の振り見て我が振り直せ」「人に後ろ指差されるな」「出る杭は打たれる」＝依存＝秩序＝集団主義、といった言葉と結びついて、ネガティブなイメージがつきまといます。自律するより頼りたい、物事を決めることが面倒、選択肢が多いと悩むといった人間にとっては、決まったこと（ルール）に従えば済んでしまう集団主義はとても居心地が良く、楽なことなのでしょう。けれども、個人主義社会と違って、決定されたことには従うというのがルールです。自分で決定していないのですから従う必要はないように思えますが、決定と責任がつながっているからでしょう。「自己」がないからこそ結果への「責任」を分

かち合うのかもしれません。ですから、責任を個人に求めることは嫌われますが、助言を排してまで自己決定したものに対しては、失敗を「自業自得」として、情けをかけられないことになります。

●自己決定はクール（かっこいい）か

　自己決定＝自律＝自由＝個人主義は、スマートでクール（かっこいい）に見えるのですが、もともと依存＝秩序＝集団主義の日本ですから、表面的に自己決定を受け入れながら、自己決定できずに形式的な選択や同意がなされてきた感があります。結局、自律のない自己決定は、自己責任を押し付けられるということになります。

　自己決定⇒自己責任というシステムは、決定と責任は必ずしも結びつくものとはいえないのに、両方に「自己」を付けることで「誰の責任か」を明確にし、軽はずみな行動を回避させ、結果に対する責任を効率的に問うシステムとして成立したのでしょう。「自律には経済力が必要だ」「自由には責任が伴う」「平等は個性（個人の能力）を伸ばさない」といわれるように、自己決定は、もともと「経済（効率）」や「責任（転嫁）」や「能力（主義）」と結びつき易いのです。個人の責任を問うためには、責任を求める者と求められる者との対等な関係が必要です。そして、その決定に際し、フェアーな情報伝達がなされたのかということが大切です。

　たとえば、権利を十分主張できない人（子ども、障害者、高齢者など）や、格差社会の中で不公平な環境を強いられている人（契約・派遣社員、母子家庭など）に対して、決定や同意を迫り、その結果、自己責任を問うことは、アンフェアーといっていいでしょう。そういう点で、自己のない決定に対する自己責任は「冷たい」「形式的」「自分勝手」とも評されることになります。自己決定は、けっしてクールな言葉ではないといえましょう。

●自己決定と自己責任の関係

　ここで、再度言葉の意味を確認しておきましょう。「自己決定」とは、「自己

の事柄に関して、自ら決めること」ですし、「自己責任」とは、「自己の決定の結果に対して、自ら責を負うこと」と考えられます。では、「自業自得」とは何でしょう。「自分のした行為の報いは自分が受けねばならない」ということと認識されているでしょうか。ちょっと注意したいのは、自業自得の説明で、「自分のした行為」（自己決定）と「報いは自分が受けねばならない」（自己責任）とが対となって登場しているという点です。上述したように、集団主義社会においては、個人がありませんので、決定に対してみんなで責任を負い（従い）ます。自己が出てきた場合にだけ、責任を個人に負わせるという、この自業自得の考え方が、「自己決定＝自己責任」の意味内容を決定しているようです。それで、「自分がまいた種は自分で刈り取らねばならない」、「自分で決めたことには自分で責任を負わねばならない」と理解されるようになったのでしょう。つまり、自業自得や因果応報という言葉の意味が、自己決定と自己責任を関係づけ、２つが連続した同質概念としてとらえられるようになったと考えられます。

　もともと決定と責任は別々の概念であって、意味的につながってはいないことを確認しておきましょう。

　第一に、決定していないのに責任を負う場合があるということです。そして第二に、決定しているのに責任を負わない場合もあるからです。

　たとえば、戦後世代の戦争責任についてはどうでしょう。戦後世代は、侵略戦争を始めることに関与していないし、戦争犯罪の実行にも関与してはいません。それにもかかわらず、韓国や中国の戦争被害者に対して、戦後世代だからといって責任を無視することはできないでしょう。少なくとも、戦争犯罪の責任とは切り離した上で、同じ日本人という意味で、戦後世代も何らかの責任を負うものと考えられています。

　そしてもうひとつ、決定しているのに責任を負わない場合を見てみましょう。こうした条件は、法律でいくつか規定されています。たとえば、自分で決めた行為の結果であっても、故意又は過失がない場合には責任を負わないことになっています（民法709条など）。また、詐欺・強迫による自己決定の場合にも責

208 第12章 責任という原理

任を負わない（民法96条）とされます。最後に責任無能力者は、自己決定した
としても責任を負わない（刑法39条・41条）ことが原則とされています。

　以上のことを前提に、いくつかの問題を考えてみましょう。このところ学生
の大麻使用や栽培、芸能人の覚せい剤の所持・使用などが社会問題となってい
ますので、薬物の使用について例をあげて考えてみましょう。ここでは刑罰の
問題としてではなく、社会一般の問題として考えてみましょう。

　問題1　A〜Eの人たちは、薬物依存症であり、中にはHIVにも感染していて、
　　適切な治療を必要としている。こうした人に対して社会はどう対応すればよ
　　いだろうか。
　A．薬物と知らずに使用してしまい、依存症になった。
　B．薬物と知っていたが、脅されて使用し、依存症になった。
　C．薬物と知っていたが、使用し、依存症になったが12歳である。
　D．薬物と知っていたが、おもしろ半分で使用し、依存症になった。
　E．薬物と知って使用し、器具を他人と共有したためHIVに感染した。

　例A・B・Cは、それぞれ「故意・過失がない」「詐欺・強迫に基づく自己
決定」「未成年の責任無能力」という理由で、自己責任を問うことが酷である
といえます。どうであれ自分で決めたのだから、自業自得だと判断する人もい
るでしょうが、だからといって放っておくわけにはいかず、公的機関が治療の
ために手を差しのべることに異論はないでしょう。

　では、例D・Eは、どうでしょうか。十分に納得の上自己決定をしていると
思われます。Dは、おもしろ半分で始めたのですから、まさに自業自得です。
Eにいたっては、さらにHIVに感染したのですから、呆れてしまいます。そ
れで死にいたっても自業自得であり、社会はこれらの人には手を差し伸べる必
要はないといえるでしょうか。ヘルメットも被らずスピードを出し、カーブを
曲がりきれず塀に激突した瀕死の若者を、「自業自得」だとあざけり放置して
おくべきでしょうか。

　このように、自己決定はむしろ、責任を取らせるぞという制裁（サンクショ

ン）を示すことで、安易なあるいは無謀な自己決定を回避させるために連動しているかのように見せているに過ぎません。

　これは、子どもの自律性を尊重する大人にとっても、子どもに自分の考えを押しつける大人にとっても「その子を大切に思っているからだ」というのと似ています。どんなに自律性を尊重する人であっても、自己決定が「自分勝手」を助長しはしないかと心配したり、子どもは自己決定権を過剰に行使しているのではないかと不安に思ったりします。そして、そうした心配が強くなると、急に「権利には義務が伴う」などと諭したり、「本当に責任がとれるのか」と再考を促したりすることがあります。それにもかかわらず、子どもが「責任は自分がとる」などと簡単に言い返すと、今度はその軽率な行いの一方で深い悲しみがあることを示し「お母さんが悲しむぞ」などと情に訴えかけ、自分ひとりの問題ではないという意味で「親から授かった身体ではないか」などといって諭したりするのを見ればわかるでしょう。

●自己決定の意義

　一般に、「自己決定」が支持される理由には、次の３点が考えられます。

①自分のことは自分自身が一番よく知っている（幸福達成手段の効率化）

②人任せにせず、自分で考え、自分で決めることで成長し、失敗したときにも成長するから（成長的価値）

③本人が自分の生き方を自分で選択したことに、結果に還元できない意義があるから（象徴的価値）

　社会的に使われる「自己決定—自己責任」の関係は、大半が①の「効率化」の意味でしょう。経済的効率のために、強者の責任回避の手段として使われることが多いのです。アメリカで生まれたインフォームドコンセントは、実はこの例です。

　個人として自己決定に意義があるのは、自分で決めることに「成長的価値」や「象徴的意味」がある場合でしょう。そして過ちから学んで成長するためには、必ずやり直す機会が与えられていることが必要なのではないでしょうか。

③ 責任の原型と人類の存続

　責任の原型は、赤ちゃんに対する親の責任だとハンス・ヨナス（『責任という原理』東信堂）は説明します。赤ちゃんは、ただ息をしていて、周りの世界に対して泣くという行為だけで、その世話をしろという当為をつきつけているというのです。では、赤ちゃんを必ずしも愛しているとは限らない親に対して、なぜ世話をすべきだといえるのでしょうか。赤ちゃんが成長して、ひとつの人格となる潜在能力があるからでしょうか。子育てをしなければやがて人類が滅亡する危険性があるからでしょうか。そうではなくて、赤ちゃんを心にかけないならば、その身にどんなことが起こるのかという思いが、赤ちゃんへの責任を作り出すといいます。

　ヨナスは責任を、「配慮」とも言い換えています。「他者の存在を思いやり、義務となった配慮で、その存在の傷つく脅威が迫ると『心配』になるような配慮、それが責任である」と説明します。つまり、「自分が世話をしてやらなければ、いったいどうなってしまうのか」という「恐れ」を抱くことが、道徳的な関心を持つ、ということであり、責任とは何よりもまずこのことなのだと説いています。

　おもしろいことに、これは、第１章で述べた道徳性の発達心理学のコールバーグ vs ギリガンの論争となった「配慮の道徳性」と重なります。

　責任が存在するには、３つの条件を満たす必要があります。第一に、責任が向けられるのは自分以外の存在であることです。第二に、その存在は時間とともに消滅しかねない、うつろいやすいものであることです。第三に、その存在が存続するか消滅するかは私の力にかかっているということです。

　責任という観念は、過去の行為に向けられることが多いですが、その原型は、存在を維持する責任、したがって未来に向けられている責任のことです。また、責任は力の不均衡から生じるので、正義や権利と違い、もともと対等・相互的でない関係の間に成り立つということなのです。

法的責任（カント主義からくる「相互的・自覚的・過去的」）は、個人間の過去の行為に対する評価であり、代償であるのに対して、倫理的責任（道義的責任）は、力の差から生じる危うさに対し、将来に向かって影響を及ぼす者が持つ配慮（「一方的」「自然的」「未来的」）だと言い換えることができるでしょう。

　危険を知っている者は、危険を知らない者に知らせる責任があり、力のある者は力の及ぼされる者に対し責任がある。法的責任においては、「知らなかった」「知っていたが行動にいたらなかった」という言い訳が通用するが、環境倫理（世代間倫理）においては、知ることの責任があり、通用しない。「最善が何であるかを知ることはできないが、最悪が何かを知ること」はできるからです。

　人類が存在することが地球にとって喜ばしいことか、恐るべきことか、その答えはそう難しいことではないでしょう。しかし、地球の将来のために人類が滅亡する方が善いとしても、人類は存続すべきでしょう。なぜなら、責任が存在するためには、何より人類が存在しなければならないからです。したがって、未来の人類の存在を手中にしている現在の世代は、未来の世代に責任を負っているということができるでしょう。

第13章 知は誰のものか

　この本を作るに際し、おもしろくて見やすい内容をと考え、できるだけビジュアルな図や写真を載せて目に訴えようと苦心しました。ところが、WEB上にある写真や図などの画像をコピーしてパワーポイントに貼り付け、1回限りの授業に使用（私的利用）していたものを流用しようと原稿を出版社に送ったとたん、「転載許可が下りません」「掲載するには画像1枚3万円です」などの連絡が次々と入りました。そうなのです、絵や写真や図は、誰かが作ったものであり、著作者（あるいは親族や企業など版権もと）に著作権があるのでした。

　自分の表現を公に出そうとすると、いろいろなところで知的財産権と交錯します。歌を作って、WEBに載せたい。動画をYOU　TUBEに載せたい。自分でブログやプロフを作っていて、写メールで取った芸能人の写真を載せたい。ウィキペディアの文章をコピペしてブログに載せたい。どれもこれも著作権やその隣接権などの知的財産権を侵害したことになるのです。

　昔はそんなにうるさくいわれなかったのに、と思いながら昔と違う情報環境に気づかなければならない今日この頃なのでした。情報のデジタル化、ネットワーク化が急速に進展したことが理由でしょう。デジタルは、アナログと違いオリジナルを簡単にコピーでき、しかもオリジナルとほとんど区別がつかない。ネット環境の整備とPCの処理スピードや大容量メディアの技術向上でこのデジタルデータがボーダレスに瞬時に世界をかけ巡る。PCを開けば、すぐに世界の情報が手に入り、世界中の人の知恵やヒントを参考にできる。こんなスピーディーな環境なのに、いちいちすべてに断りを入れ、使用料を払うなんて面倒なことはうんざりだ。しかも、オリジナルとは知らずにインスパイアーしていることだってあるのです。今世に出ている音楽のほとんどは、過去のオリジ

ナルをどこかで踏み台にしているともいわれます。坂本龍一氏も自身の作品の
ほとんどが、過去の作品の影響を少なからず受けていると述べています。

**坂本龍一：「私が作った音楽は、私自身のオリジナリティはわずか数パーセントで
あとはパブリックドメインとの共同作業です。」**

一方で、ある企業は音楽メディアにコピーコントロールをかけたり、音楽デー
タの違法ダウンロードや海賊版は会社の多大な損失だとして、莫大な被害金
額をかかげたりしています。その後の専門家のシミュレーションで、海賊版や
違法ダウンロードしている者の多くは、もともと正規の音楽メディアを購入す
る意思（購買意欲）がないものであり、そのまま損失金額として公表すること
は正しくないとの指摘があります。また逆に、WEB 上に数多くアップロード
されたことが、ある意味の宣伝効果となり、売り上げに貢献することになって
いるのは皮肉でもあります。

こうした現状の中で、知的財産法（特に著作権法）は、どのように変化し、
どのように「知」の財産を保護・発展させていったらよいのか、法の行方を考
えてみましょう。

１　知的財産権の行方

●エルドレッド裁判

私たちが長年親しんできた昔話や童話、有名なアニメのキャラクター、既に
古典となった小説や映画などは、いったい誰の「所有物」となるのでしょうか。

著作権は創作物を登録することなしに権利として認め、作者の死後50年間保
護される権利です。米国では1998年に、死後70年に引き上げられました。これ
に対し、「人類の共有財産」（パブリック・ドメイン）化した知的創作物の「著作
権」を争う裁判（死後70年という著作権延長法は憲法違反だと訴えるエルドレッド
裁判）が2002年にアメリカ連邦最高裁で起こりました。代理人を務めたスタン
フォード（Stanford）大学ロースクール教授、ローレンス・レッシグ（Lawrence
Lessig）は、「創造的で自由な文化の可能性が奪われつつある」と警鐘を鳴らし、

214 第13章 知は誰のものか

活発な活動を行いましたが、2003年ついに敗訴してしまいました。それから2003年、2006年と相次いで「パブリック・ドメイン促進法案」（著作物の公表から50年後に、更新手続きと１ドルの更新料支払い義務を設け、更新手続きがとられない場合には、その著作物はパブリック・ドメイン入りになる）を下院に提出してきましたが、業界団体の反対により取り下げられています。

つい数年前（1997年）まで米国の著作権法は、小説や音楽など個人による創作物の著作権は作者の死後「50年間」、また映画のような企業による創作物の著作権は、作品誕生後「75年間」有効であると定めていました。

逆にいえば、その期限を過ぎれば著作権は自然消滅して、誰でも自由にこれら古の創作物を出版したり、自分の作品に取り入れて使うことができました。法律の専門用語では、このように著作権の切れた作品を「Public　Domain（公共領域）に入った作品」と呼んでいます。

ところが1998年に米連邦議会は、個人・企業両方の著作権の寿命を20年延ばし、それぞれ「70年」と「95年」にする新法「1998 Copyright Term Extension Act（CTEA）」を成立させました。これに対し、ローレンス・レッシグ教授を中心にした学者や市民団体などが猛烈な反対運動を開始したのです（レッシグ教授の HP：http://www.lessig.org/）。

●キャラクタの著作権は死活問題？

たかが「著作権の有効期間を延長する法律」がなぜそれほどの大騒ぎになるのでしょうか。腑に落ちない読者も多いと思います。しかし、この新法（CTEA）が生まれた背景やインターネットが普及した現代という時代性を考慮すると、意外に重要な意味が明らかになってくるのです。

まず、CTEA が連邦議会で可決されたのは、ディズニーを中心にした米エンターテイメント業界の激しいロビー活動（政界への働きかけ）によるものです。ディズニーのような、いわゆるメディア・コングロマリットは、日頃から米国の政治家と太いパイプを築いています。その政治力を「ここぞ」とばかりに傾けて、CTEA を成立させたのです。

天下のディズニーがなぜ「著作権を20年延ばす」ことで血眼になるのか？
それは「ミッキーマウス」や「ドナルドダック」など、ディズニーの屋台骨を
支えるキャラクタたちの著作権が、もうすぐ切れてしまうと考えたからです。
彼らが最初に登場した映画「Steamboat　Willie」（蒸気船ウィリー）が製作され
たのは1928年です。もし著作権の有効期間が75年間のままなら、ミッキーマウ
スたちは2003年に Public　Domain に入り、「人類共有の財産」と化してしまう
のです（レッシグ教授によると、ミッキーのデビュー作「Steamboat　Willie」（蒸気
船ウィリー）は、『キートンの船長（キートンの蒸気船）』（Steamboat Bill, Jr.）のパ
ロディーだとのことです）。

　これがどういうことを意味するかというと、たとえばディズニーとはまった
く無関係の日本企業が「大阪ディズニーランド」のような施設を無断で作って、
その入り口でミッキーマウスが「さあ、いらっしゃい。東京より安いで！」と
やっても構わないということになるのです。

　テーマパークばかりではありません。コミック、映画、ビデオから DVD ま
で、あらゆるメディアにおいてディズニー以外の企業や作家、漫画家、写真家、
果ては素人の愛好家までが、自由にディズニーのキャラクタを自らの作品に取
り込むことができるのです。そして、それによって「お金を儲けても」構わな
いことになります。

　もしこんなことが本当に起きたら、ディズニーは大変な状況に陥ります。ま
ず本業からの実収入が激減するし、株価が急落して、買収されるか倒産してし
まうこともあり得るでしょう。「著作権の時間切れ」はディズニーにとって死
活問題だったのです。

　またディズニー以外のメディア・コングロマリットにしても、小説や映画な
どさまざまな知的創作物を抱えているわけですから、やはり、それらの著作権
が切れて、万人の手に渡るのは都合が悪いことになります。結局、エンターテ
イメント業界全体の利害関係が一致して、CTEA（著作権の延長）へと結び付い
たのでした。

　これに対し反対派のレッシグ教授をはじめとする一部の法律家や市民団体が、

216　第13章　知は誰のものか

このCTEAに反対するのはなぜでしょうか。それは企業の利益追求のトバッチリを受けて、インターネット時代の新たな創作活動が阻害されるのを懸念してのこととされます。

　小説から映画まで、あらゆる種類の知的創作物において「まったくのゼロ」から誕生する物はむしろ少ないでしょう。多くの作品は、多かれ少なかれ神話や古典、名も知れぬ伝承など過去の知的遺産を下敷きに創作されています。それらの作品には著作権や知的所有権の拘束は課せられていないのです。だから作者は何の気兼ねもなく、こうした過去の貴重な財産を使って、新たに素晴らしい作品を紡ぎ上げることができたのです。

　特にインターネットによる、いわゆるpeer-to-peerの情報交換ができるようになった現代では、数万、数十万、ひょっとしたら数百万の人々が、過去の知的遺産を自由自在に交換できるでしょう。人類全体が協力して新たな作品を編み出すという、とてつもないスケールの芸術活動が可能になってきたのです。

　こうした願ってもない環境が整いつつあるのに、CTEAによる「著作権の延命活動」は、その流れに逆行することになります。本来ならそろそろ「人類共通の財産」となるはずの作品群まで囲い込んで、万人の手の届かないものにしてしまうというのです。これによって、新たな創作活動の芽が摘まれる、というのがレッシグ教授ら反対派の主張です。

　また自らの手でCTEAを成立させたディズニー自身、『白雪姫』（グリムの死後200年以上たっている）のような「人類の共通遺産」を何度も焼き直して金を儲けているのだから、「自分の作ったキャラクタだけは、いつまで経っても他人に使わせない」というのは筋が通らないということもいえるでしょう。

●劣勢に立たされるCTEA反対派

　ところがCTEA反対派は、これまで圧倒的な劣勢に立たされていました。現在の法廷闘争は、もともとCTEA成立直後にコンピュータ・プログラマのエリック・エルドレッド氏が起こした民事訴訟に端を発しています。

　当時、エルドレッド氏は著作権の有効期限が切れた「過去の詩」などを集め、

自らのホームページ上で公開していました。金儲けではなく、「みんなで楽しもう」という一種の趣味だったのです。しかしCTEAが成立してしまったために、失効していたはずの著作権が突如息を吹き返し、エルドレッド氏はこれらの詩をHPから削除することを強いられたのでした。これに憤ったエルドレッド氏は連邦地裁に「CTEA撤廃」を訴え、自らも司法資格を持つレッシグ教授が同氏の弁護士を買って出たというわけです。

　裁判の結果は一審、それに続く控訴審とも、エルドレッド氏、すなわちCTEA反対派の敗訴。最後の頼みとなる最高裁も、予想に反してエルドレッド氏の上告を取り上げはしましたが、結局敗訴となりました。

　CTEA反対派が劣勢に置かれ、敗訴したわけは、米国の憲法が連邦議会に強い権力を与えているためです。合衆国憲法は、芸術家や科学者の創作意欲（インセンティブ）を鼓舞するため、議会が「知的所有権を何度（limited times）か発行し直す」ことを認めているからです。これに従って連邦地裁や控訴裁の判事は、「有効期間が切れそうな著作権に、もう20年を追加する新法」を「合憲」とみなしたのでした。

● 「limited times」の解釈が最高裁での争点に

　2003年、アメリカの著作権延長法は合憲であるという判決が下ったのでした。参考意見に「米国議会が取った行為は裁量の範囲内であり、憲法で定められた権限を越えたものではない。この命令による議会の決定と政策判断がいかに論議を呼ぶものとなり、あるいは明らかに愚かしいものとなろうとも、われわれにはこれに口を出す権限はない」とあります。

　著作権の保護期間は「制限された期間」（limited times）であればいいとしたのです。これでミッキーマウスは2023年まで保護されることになりました。恐らくまた20年後に、ディズニーをはじめとするエンターテイメント業界は再度、著作権延長を求めるでしょう。それが10年になるか20年になるかわかりませんが、そうやって毎度毎度、細切れに延長して行けば「limited times」（有限回数）はいつか「unlimited times」（無限）になってしまうでしょう。

実際、1790年に米国初の著作権法が生まれたとき、その有効期間はわずか14年でした。それが何度も延長されて、95年の長きにわたるまでになったのですから、現在の流れは、まさに「無限の延長」へと向かっているのです。

さて、今後、ミッキーマウスが、誰のものでもない存在になるのでしょうか。

2 コピーライトとコピーレフト

キャラクタやレタリングされた文字の最後に、コピーライトマーク（下図左）があるのを知っているでしょうか。これは、必ずしも著作権者を表示しているわけではありません。

この「Ｃマーク」（または「マルＣマーク」）といわれるマークは、著作者（著作権者）の氏名・著作物の公表年月日とともに、人目に付きやすい適当な場所に表示されることによって効果を発揮することを期待して作られたマークです。効果といっても、現在のところ「Ｃマーク」には法律的な効果はほとんどありません。

万国著作権条約という条約の中で、このマークを表記しておくと、この条約の加盟国で方式主義を採用している国でも著作権が保護されますよ、という取り決めがあります。世界には著作権が成立するために何ら方式や手続きを必要としない国（無方式主義）と、登録や表示などを必要とする国（方式主義）とがあり、日本は1899年にベルヌ条約（この条約は無方式主義に則っている）に加盟したことにより無方式主義を採用しています。

「……その最初の発行の時から著作者（著作権者）の名及び最初の発行の年とともに『Ｃ』の記号を表示している限り、その要求が満たされたものと認め

コピーライト　　コピーレフト　　コピーOK　　障害者OK　　学校教育OK

る。（Ｃ）の記号、著作権者の名及び最初の発行の年は、著作権の保護が要求されていることが明らかになるような適当な方法でかつ適当な場所に掲げなければならない。……」

　万国著作権条約３条１項では、Ｃマーク・著作者の名・発行の年を著作物の適当な場所に表示することで、方式主義の国においても無法式主義の国と同様に著作物として保護されることになりましたが、1989年に米国がベルヌ条約に加盟して無方式主義に切り替えたことなどから、現在では方式主義の国はきわめて少なく、この意味では法律的な必要性はあまりないようです。

　しかし、このマークは広く世界中で使用されてきましたので、著作権の存在をアピールして不当な利用を阻止しようとする心理的効果があるのかもしれません。

　アピールするだけのことならＣマークや条約の方式にこだわる必要はなく、ただわかり易ければよいということにもなるので、「All Rights Reserved」とか「Copyright」「著作権者……」など、見た人に理解できればどのような表記でも構わないし、表記しないでおくことも自由です。

●コピーレフト

　では、コピーライトマークをちょうど180度回転したマーク（前頁左から２番目）を見たことはありますか。日本ではあまり見たことがないかも知れません。

　コピーレフトは、1984年にフリーソフトウェア財団を設立したリチャード・ストールマンによって提唱された概念です。これは著作権法（copyright）に対する考え方で、公での引用、改変、情報公開と二次著作物の再配布を抜け道なく可能にすることを義務づけたライセンスのことです。始めこれはソフトウェアに関するライセンスとして作られましたが、その後他の著作物にも適用されるようになってきています。ちなみに、コピーレフトのレフトとは、独占権であるコピーライト（権利）に対して、非独占権（レフトは、leave 手放すの過去・過去分詞形）を強調したことと、右に対する左という意味を込めたものです。

　では、もう少しわかり易く説明しましょう。

220　第13章　知は誰のものか

　あるところに、著作物の自由な利用を認めることで、著作物をより発展させることができると考える人がいました。彼は、さまざまな人が著作物を自由に利用することにより、それぞれの持ち味を活かしたすばらしい作品ができあがると考えたのです。そこでまず、彼は著作物の著作権を放棄し、パブリック・ドメインとしました。これで著作物は共有財産となり、誰もが自由に利用できると考えました。

　ところが、パブリック・ドメインとすると、思わぬ致命的な欠点が出てきたのです。というのも、他人が当該著作物を翻案することで二次的著作物ができあがるわけですが、二次的著作物の著作者の対応により、原著作物の著作者の理念が実現できなくなってしまうおそれがあるからです。

　たとえば、これを使って二次的著作物を作った著作者が、「自分が作ったものだから、誰にも改変されたくない」と考えていたとします。そうすると、彼の許諾が得られない以上、他人がこの二次的著作物を改変して誰かに利用させることはできなくなります。

　つまり、せっかく原著作物の著作者が「みんなに自分の作品を改変してもらいたい」と考えていたのに、二次的著作物が作出されることで、原著作者の考えが反映されないことになってしまうわけです。

　そこでコピーレフトという発想が生まれました。コピーレフトのもとでは、著作者はその著作物の利用者に対し、コピーや再配布、翻案を認めるライセンスを付与して明記しなければならないとし、利用者も、その著作物をコピー、翻案、再配布するときに、このライセンスを同様に適用し、明記しなければならないとしたのです。こうすることで、パブリック・ドメインの二次著作物の弊害を解消しつつ、当初の理念を達成できるわけです。

　具体的には、Ａさんが作詞してコピーレフトのもとに作品を発表し、Ｂさんが詩を修正したのちメロディを付して、コピーレフトのもとに作品を発表します。そしてＣさんが編曲してさらに歌声を入れ、これをコピーレフトのもとに発表し、Ｄさんが楽曲をリミックスして……というように、コピーレフトのもとでは一定の要件を満たすことで、さまざまな人が著作物を自由に利用して伝

播し、進化させることが可能になるわけです。

　しかも、著作者はいちいち個別に許諾を与える煩雑さから解放され、また著作物の利用者も、著作者の許諾を得る煩雑さから解放されるのです。

　こうしてコピーレフトの概念が誕生したのです。

③　日本における著作物の存続期間やフェアユース
（日本では例外規定）

　日本で1953年に公開された映画『シェーン』と1952年に公開された映画『ライムライト』の著作権の存続期間について、前者は2003年に満了し、後者は2022年に満了するとの判断が示されました。1952年に公開された古い映画の方がはるかに長い存続期間が認められたのですから不思議です。なぜこのような判断がなされたのでしょうか。

　現行法では、映画の著作権存続期間について、映画の公表後70年と規定されています。しかし、存続期間については過去数度の改正がなされているため、現行法施行前に公開された映画については、過去の法律が適用され、存続期間に関する改正法が施行された際に、改正前の法律の規定による存続期間が満了していない場合には、その満了していない残存期間と改正法による存続期間とを比較して長い方の存続期間が適用されることになっていました。

　さて、上記1953年映画と1952年映画について見てみますと、両者にはともに旧著作権法（明治32年法）が適用され、当時の著作権法では独創性のある映画の著作権の存続期間については、著作者が自然人（法人に対して人間のこと）の場合には著作者の死後38年、著作者が団体の名義の場合には興行から33年と規定されていました。

　その結果『シェーン』については、団体である映画制作会社が同映画の著作者とされ、旧法では1953年から33年後の1986年が存続期限となり、1970年の現行法施行の際には存続していたことになり、同法の規定による存続期間である公表後50年の方が長くなりますので、存続期間は2003年末日までと判断される

ことになりました。一方『ライムライト』については自然人であるチャップリンが著作者とされ、旧法では同氏死亡の1978年から38年後の2015年が存続期間となり、2003年の改正法施行の際には存続していることになりますから改正法の規定による存続期間である公表後70年の方が長くなるため、存続期間は2022年までと判示されたものです。

　両者は共に劇映画という点で同等ですが、当事者の主張の違いもあって存続期間に関する結論が異なりました。

1）『シェーン』事件では、文化庁が時点同一論といわれる見解を表明していたこともあって、施行直前論といわれる争点との論争が中心となりました。附則の「施行の際現に」という文言について、存続期限が2003年12月31日の夜中の零時に満了する場合に、これを翌年1月1日の午前零時と同時ととらえるか施行直前の状態も含むと解釈して、同1月1日から施行される改正法が適用されるか否かが争点となりましたが裁判所でこうした見解は否定されました。

2）文化庁の判断

　2003年12月31日の夜中の24時　＝　2004年1月1日午前0時

　　⇒　新法により著作権は公表後70年に延長された

3）裁判所の判断（平成19年12月18日最高裁第三小法廷判決）

　2003年12月31日の夜中の24時　≠　2004年1月1日午前0時

　　⇒　新法によらず著作権は公表後50年で失効した

	旧法 （明治32年法）	現行法 （昭和45年法）	改正法 （平成15年改正法）
著作者が 団体名義の映画	興行ノトキヨリ 三十三年間	公表後50年	公表後70年
著作者が 自然人名義の映画	著作者ノ生存間及其ノ死後 三十八年		

また最近ではこんな文化審議会の答申がありました。

音楽教室から著作権料、徴収開始認める答申＝文化審（時事通信社、2018.3.5）

　日本音楽著作権協会（JASRAC）の著作権料徴収に反対する音楽教室側でつくる

「音楽教育を守る会」が、徴収保留を求め宮田亮平文化庁長官に裁定申請した問題で、長官から諮問を受けた文化審議会は5日、徴収開始を認めるよう答申した。

　前述の＜文化庁の判断＞が裁判所で否定されたことと同様に、今回も、音楽教育を守る会は昨年12月21日、徴収の保留を求めて文化庁に裁定を申請したわけです。文化庁はどうも儲けに走る団体寄りに判断を下す傾向があります。何度もいうように、知的財産権のうちの「産業財産権」と「著作権」をしっかりと区別して考える必要があります。法の目的・主旨が違うのです。

産業財産権

▼特許法第1条「この法律は、発明の保護及び利用を図ることにより、発明を奨励し、もつて産業の発達に寄与することを目的とする。」

▼実用新案法第1条「この法律は、物品の形状、構造又は組合せに係る考案の保護及び利用を図ることにより、その考案を奨励し、もつて産業の発達に寄与することを目的とする。」

▼意匠法第1条「この法律は、意匠の保護及び利用を図ることにより、意匠の創作を奨励し、もつて産業の発達に寄与することを目的とする。」

▼商標法第1条「この法律は、商標を保護することにより、商標の使用をする者の業務上の信用の維持を図り、もつて産業の発達に寄与し、あわせて需要者の利益を保護することを目的とする。」

⇒「産業の発達」のため　**経済発展のためということ。**

著作権

▼著作権法第1条「この法律は、著作物並びに実演、レコード、放送及び有線放送に関し著作者の権利及びこれに隣接する権利を定め、これらの文化的所産の公正な利用に留意しつつ、著作者等の権利の保護を図り、もつて文化の発展に寄与することを目的とする。」

⇒「文化の発展」のため　**お金ではなく文化が豊かになるためということ。**

音楽教室の団体は、是非高裁へ控訴して頑張って欲しいと思います。

224

第14章 日本国憲法のおもしろさ

1 英文和訳と現代国語の力と日本国憲法

　皆さんは、今までにさまざまな「現代国語の問題」や「英文和訳」を解いてきたことでしょう。長文の内容と一致する解答を選択する問題は、微妙な言葉のニュアンスに苦しんだりしたことでしょう。また、「これ」とは何ですか、文中の言葉で抜き出しなさい、などという指示語の問題にも頭を悩ませたのではないでしょうか。

　ここでは、日本国憲法を使って、現代国語の問題を解いてもらおうと思います。では、まず前文から……。

日本国憲法前文

　日本国民は、正当に選挙された国会における代表者を通じて**行動し**、われらとわれらの子孫のために、諸国民との協和による成果と、わが国全土にわたつて自由のもたらす恵沢を**確保し**、政府の行為によつて再び戦争の惨禍が起ることのないやうにすることを**決意し**、ここに主権が国民に存することを**宣言し**、この憲法を**確定する**。そもそも**国政は**、国民の厳粛な信託に**よるものであつて**、その**権威は国民に由来し**、その権力は国民の代表者がこれを**行使し**、その**福利は国民が**これを**享受する**。**これは**人類普遍の**原理であり**、この**憲法は**、かかる原理に**基くものである**。**われらは**、これに反する一切の憲法、法令及び詔勅を**排除する**。

　日本国民は、恒久の平和を**念願し**、人間相互の関係を支配する崇高な理想を深く自覚するのであつて、平和を愛する諸国民の公正と信義に**信頼して**、われらの安全と生存を保持しようと**決意した**。**われらは**、平和を維持し、専制と隷従、圧

迫と偏狭を地上から永遠に除去しようと努めてゐる国際社会において、名誉ある地位を占めたいと**思ふ**。**われらは**、全世界の国民が、ひとしく恐怖と欠乏から免かれ、平和のうちに生存する権利を有することを**確認する**。

われらは、いづれの国家も、自国のことのみに専念して他国を無視してはならないのであつて、政治道徳の法則は、普遍的なものであり、この法則に従ふことは、自国の主権を維持し、他国と対等関係に立たうとする各国の責務であると**信ずる**。

日本国民は、国家の名誉にかけ、全力をあげてこの崇高な理想と目的を達成することを**誓ふ**。

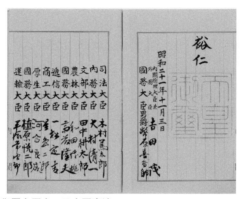

御署名原本　**日本国憲法**（独立行政法人国立公文書館所蔵）

英語に基づいて発想されており、日本人のイニシアチブが及んでいない。

日本国憲法前文について、石原都知事は、かつて第150回国会にて、次のように述べています。「前文にうたわれている理念はごく当たり前であるけれども、その表現は翻訳としても非常に拙劣な日本語であって、日本人の日本語に対する敬意が欠如している。何故前文という大事な部分が日本語になっていないか。それは日本人のイニシアチブが及んでいない、発想が英語でされたからである。」

確かに、日本国憲法は、GHQによって提示された英文のマッカーサー草案をもとに作成された経緯がありますので、翻訳調の日本語が多々見られます。

226　第14章　日本国憲法のおもしろさ

「天皇は国民の象徴（symbol）」という英文条文を見て、従来の法律用語でない symbol に仰天したというのは有名な話です。だからといって、日本国憲法の価値が下がるものではありませんが。

問1　それでは、石原都知事の言う「翻訳として拙劣な日本語」の根拠となる証拠を３つ以上あげてください。

解答

①一文がカンマで区切られた大変長い複文であるため、皆さんが和訳で苦しんだように、読点が多用され、わかりづらい間延びした文章となっている。

②すべての文章は必ず主語が明記され、同じ主語を重複使用しても省略されない。

③英語は、何がどうした（主語＋動詞）を明確にするので、動詞を強調するための副詞（duly、firmly）を、訳出しようとしている。「正当に選挙され」「確定する」

④日本語には無い前置詞（through、throughout）を訳し入れようとしている。「……通じて」「……わたって」

⑤日本語に無い関係代名詞を訳し入れようとしている。「……起ることのないやうにすることを……」

　専門家が見たら他にもあるのでしょうが、このくらいにして、実際に前文第１段の冒頭の一文を英文原稿とに本文で見比べてみましょう。

We, the Japanese people,（**acting** through our duly elected representatives in the National Diet,）**determined** that（we shall secure for ourselves and our posterity the fruits of peaceful cooperation with all nations and the blessings of liberty throughout this land,）（and **resolved** that never again shall we be visited with the horrors of war through the action of government,）**do proclaim** that sovereign power resides with the people and **do firmly establish** this Constitution.

> 日本国民は、（正当に選挙された国会における代表者を通じて**行動し、**）（われらとわれらの子孫のために、諸国民との協和による成果と、わが国全土にわたつて自由のもたらす恵沢を**確保し、**）（政府の行為によつて再び戦争の惨禍が起ることのないやうにすることを**決意し、**）ここに主権が国民に存することを宣言し、この憲法を**確定する。**

　確かに、苦し紛れに長文を翻訳した学生の答案のようで、分かったような分からないような日本語ですね（書かれている内容は崇高な理念ですが……）。ちょっと手を入れてみましょう。

> 現世代と未来世代の日本国民のために、私たちが選挙で選んだ国会議員の活動によって、世界の国々との協力の成果や豊かな国土と自由の恵みを手に入れ、この憲法の中に、二度と戦争という恐ろしい争いを引き起こさぬことを決意し、主権が私たち国民のもとにあることを高らかに宣言したのです。（筆者翻訳）

　いかがですか、分かりやすくなったでしょう。もともとの意味を感じ取るには、やはり原文である英文を読んだ方がいいでしょう。翻訳の日本語がこなれていないので、とてつもなく判りにくい翻訳本に頭を悩ませたが、原文を見たら簡単に解決したという話はよく聞きます。

　さて、以上のことから、日本国憲法は間違いなく、英文の翻訳がもとになっているということが分かりました。特に前文は、憲法全体を流れる民主政治の原理を高らかにうたった理念であり、またそれまで前文付の法律が存在しなかったこともあって条文に比べ重要視されず、安易に翻訳されたのかもしれません。結局、原文自体が長文で、強調された表現になっていたので、翻訳調がはっきり出てしまったのでしょう。

　ただ、だからといって直ちに、日本国憲法は戦後アメリカ占領軍に「押し付けられた憲法」であり、改憲して自主的憲法を制定すべきであるとの主張にはなりません。当時の憲法草案に関しては、政府は明治憲法の域を出られなかったことが原因であり、民間の日本人の草案では優れたものがあったわけで、そ

れを取り入れることをしなかったことこそ問題にすべきではないでしょうか。

最後に、前文の評価を両面から載せておきましょう。

〔肯定的評価〕

極めて体系的一貫性のある思想、理念に基づいている

憲法は、国民主権、民主主義、これは立憲民主主義であり、そして自由、平和、福祉が相互規定的、相互依存的な一体的な関係にあるとする思想、理念を前文において表明しており、この点で極めて体系的一貫性のある思想、理念に基づいている。（小田中聡樹・東北大学名誉教授／衆・第151回国会地方公聴会（仙台）13／04／16）

前文によって、軍事力や武力という軍事価値を重視しない文化が育てられた

21世紀の国際社会における日本のあり方を問う場合、国際社会の動向を踏まえ、我が国の理論的、実践的努力の成果を踏まえて検討が加えられるべきである。例えば、前文と第9条を考察すると、憲法が存在することによって日本は軍事力や武力という軍事価値を重視しない文化、国民の気風を育ててきた。そして、憲法施行50年を経て、平和的生存権という人権の理論を紡ぎ出してきた。（大脇雅子・社民／参・第147回国会第3回12／03／03）

前文は歴史的経過を踏まえた、日本国憲法の本質である

特に「政府の行為によって再び戦争の惨禍が国民に及ばないようにするために、主権が国民にあるということを確認してこの憲法を制定する」というくだりは非常に大事である。何故平和憲法なのかというと、やはり歴史的な経過を踏まえて、政府に戦争をもう一度やらせないという大変な縛りをかけているのであって、日本国憲法の本質はそこにある。（角田義一・民主／参・第147回国会第3回12／03／03）

〔否定的評価〕

前文の内容と現実には乖離があるのではないか

前文の中で、政治道徳、国民主権、基本的人権あるいは平和主義、民主主義、さらには人命の尊重まで、人類普遍の原理であると言っているが、現実に行われていることはそうではないのではないのか。（都築譲・自由／衆・第153回国会第2回13／10／25）

前文の内容では、日本人の誇りと自信が取り戻せない

　前文には、要するに敗戦後遺症が最も顕著にあらわれており、このような前文や憲法のもとでは日本人が誇りと自信を取り戻せない。(市村真一・財団法人国際東アジア研究センター所長／衆・第150回国会第3回12／10／26)

　少しコメントしますと、「前文の人類普遍の原理と現実の乖離」という評価に関しては、前文（理念）を持つ法規や条約はみな現実とのギャップに悩んでおりまして、条文のようにすべてうまく行けば誰も苦労しないのですね。そのギャップをなくしていくのが政治の力というものなのではないでしょうか。

　ただ、日本国憲法は、GHQ の民生局が力を注いで原案を作っていますので、アメリカ人にとっては、第二次大戦を終結させた経験（世界をリードする人権と正義の国家として）のもとで、すばらしく民主体な日本国憲法をつくってあげたかったのでしょう。その証拠に、米国連邦憲法の人権規定はすべて修正条項で追加されたもので "Civil　Rights" と表記されています。けれども、日本国憲法の人権規定案は "Human　Rights" となっています。アメリカ人自身が自国の憲法を作るのであれば、体内的な市民権でありますが、対外政策として日本国憲法案をつくったわけですから、当然、世界人権宣言のようにヒューマン・ライツを声高にうたう（日本人だけでなく、人類すべてに対し訴える）理想の条文ができ上がるということでしょう。

② 平和主義の不思議とおもしろさ

　今度は、平和主義について、現代国語の知識を使って解いてみましょう。その前に、憲法九条せんべいというのがありまして、瓦せんべいなのですが、第九条が5枚に焼き印されています。英文のせんべいもありまして、5枚ずつがセットになって10枚入って次頁の写真のような箱に入っています。500円だそうです。せんべいの焼印職人の瀬川さんは、ベトナム戦争の頃、仕事場（焼印作り）のラジオから流れる国会中継に耳をかたむけていたそうです。すると、

「工房・東一番町館」瀬川満夫さんの焼印の九条せんべい

突然大臣が「憲法九条九条とそんな青臭い書生のような理想論で、国が守れるか、めしが食えるか」と答弁したというのです。そして、この答弁からひとつのアイデアがひらめき、「そうだ、九条の条文の焼印を作り、それを手焼きせんべい屋に持ち込み焼き上げてもらい、『九条（せんべい）』はたべられます、これをたべられず命を失っているアフリカの児たちへ届けたい、これが九条での国際貢献！」と考えたのが始まりだそうです（瀬川さんに問合わせてみましたら、10枚入りのせんべいは残念ながら現在は作られていないそうです）。

　皆さんも機会があったら是非おみやげに……。九条を噛みしめてみてください。さて、日本国憲法の平和主義についてです。

　まず、前文の第2段について見てみましょう。3つの文から成り立っています。相変わらず一文が長く、前向きで、世界に訴えかけるような文章です。

前文2段落
　日本国民は、恒久の平和を念願し、人間相互の関係を支配する崇高な理想を深く自覚するのであつて、平和を愛する諸国民の公正と信義に信頼して、われらの安全と生存を保持しようと決意した。われらは、平和を維持し、専制と隷従、圧迫と偏狭を地上から永遠に除去しようと努めてゐる国際社会において、名誉ある地位を占めたいと思ふ。われらは、全世界の国民が、ひとしく恐怖と欠乏から免かれ、平和のうちに生存する権利を有することを確認する。

② 平和主義の不思議とおもしろさ　231

平和が一番！　世界中の人がお互いを信じていると信じれば平和になる。

日本国民の安全と生命を守るためには、平和がいつまでも続くことを心から願い、人と人との間に結ばれた高い理想を持ち、平和を愛する世界の人々が正しく互いに約束を守ると信じることが必要だと決心した。独裁や奴隷的支配、他人を押さえつけることや狭い心をこの世界から無くしてしまおう、平和を守り続けようと努力している国際社会で、私たちは、名誉ある地位を占めたいと思う。そして、全世界の国民がみな、恐怖もなく飢え苦しむこともなく、平和に生きていく権利があることを確認する。（筆者が翻訳）

かなり理念的で、現実離れした平和の考え方ですが、マッカーサーは、本気でこうした無条件平和主義を信じていたようです。そして、平和主義に徹すると国際社会にアピールすることによって、占領をできるだけ速やかに終わらせ、天皇制を（形式上）守ろうとしたのではないかといわれています。

　マッカーサーは、恐らく、自衛戦争までも日本は放棄する、つまり、それほど戦後の日本は平和主義に徹するのであるということを国際社会にアピールすることによって、日本の占領をできるだけ速やかに終わらせ、そして天皇制を守ろうという大局的な意図があった。（村田晃嗣・広島大学総合科学部助教授／衆・第147回国会第4回12／03／09）

しかし、昭和21（1946）年2月3日に書かれたマッカーサー・ノートには

国権の発動たる戦争は廃止する。日本は、紛争解決のための手段としての戦争、**さらに自己の安全を保持するための手段としての戦争をも、放棄する。**日本は、その防衛と保護を、今や世界を動かしつつある崇高な理想に委ねる。日本が陸海空軍をもつ権能は、将来も与えられることはなく、交戦権が日本軍に与えられることもない。

とあり、マッカーサーは「紛争解決のための手段としての戦争」だけではなく、「自己の安全を保持するための手段としての戦争」も放棄しなければいけない、

232 第14章 日本国憲法のおもしろさ

と考えていたようです。

そして、2月13日に日本側に示されたときには、第8条1項（原案では8条でした）は

> 国民の一主権としての戦争は、之を廃止す。他の国民との紛争解決の手段としての武力の威嚇又は使用は永久に之を廃棄す。

となっていました。

ケーディスがマッカーサー・ノートに書いてあった「自己の安全を保持するための手段としての戦争をも」という文言を削除したのでした。「なぜならば、自己の安全を保持するための手段としての戦争を放棄すると、日本が攻撃されてもみずから守ることができなくなる。そのようなことは現実的でないように思えたからである」という理由でした。そのかわりに「戦争のみならず、武力の行使または武力による威嚇をも放棄する」と書き加えられました。この案を受けて、同年3月4日、政府が総司令部へ提出した政府案第9条は

> 戦争を国権の発動と認め、武力の威嚇又は行使を他国との間の争議の解決の具とすることは永久に之を廃止す。

という一文となったということです。

では、現在の第9条を見てみましょう。

> 第二章　第9条（戦争の放棄）
> ①日本国民は、正義と秩序を基調とする国際平和を誠実に希求し、<u>国権の発動たる戦争</u>と、<u>武力による威嚇又は武力の行使</u>は、<u>国際紛争を解決する手段としては</u>、永久にこれを放棄する。
> ②前項の目的を達するため、陸海空軍その他の戦力は、これを保持しない。国の交戦権は、これを認めない。
>
> 　※国権の発動たる戦争＝歴史の教科書に「○○戦争」とあるもの
> 　　武力による威嚇＝教科書に「○○併合」「○○要求」などとあるもの
> 　　武力の行使＝教科書に「○○事変」などとあるもの

2　平和主義の不思議とおもしろさ　233

　前述のマッカーサー・ノートからすれば、前文の無条件平和主義によるすべ
ての戦争を放棄し、軍事力も交戦権も持たないというのが本来の意図であった
でしょうが、ケーディス（弁護士でもありました）のおせっかいで、自衛権を
残し攻撃された場合は自ら守れるように可能性を残したということです。

　芦田修正といわれる、1項の「国際紛争を解決する手段としては」と2項の
「前項の目的を達するため」と、「日本国民は、正義と秩序を基調とする国際平
和を誠実に希求し」という1項の冒頭が、最終的に衆議院の議に付される前に
付け加えられたわけですが、明らかに、自衛のための戦争を残したいという意
図でありましょう。

　以前はよく、「国際紛争を解決する手段としては」という意味が「侵略戦争」
のことで、放棄したのは侵略戦争であって、自衛のための戦争は残されている、
ゆえに、前項の目的、つまり「侵略戦争を放棄するため」には戦力も交戦権も
持たないが、自衛のための戦争であれば、装備の可能性は残されているといわ
れたりしていました。まさに、芦田修正の意図どおりです。

　では、現代国語の解釈でやってみましょう。

　まず、放棄したものは何か？　と考えた場合、捨て去るわけですから、もと
もと持っていたものでなければなりません。無いものを捨て去る意味がありま
せんので。では、芦田修正の解釈を考えて見ますと、放棄したのは「侵略戦
争」だといいます。ならば、「侵略戦争」はもともと持ちえたものなのでしょ
うか。国際法上「侵略戦争」は古くから否定されています。いかなる国も国際
法令上、侵略戦争をすることができません（実際にやるかどうかは別問題です）。
ですから、こうした解釈はほとんど意味をなしません。

　つまり、いかに小手先で条文が切り貼りされ、手直しされたとしても、その
もとにある主旨は、もともと持ちえたもの、つまり「自衛のための戦争」であ
って、9条はやはり「自衛のための戦争」さえも放棄したものと解釈せざるを
得ません。文章というのは、幹があり、小枝が生えて複雑な文章を構成します
が、どんなに小枝を切り落とし、接木しても、幹自体はしっかり残っているの
だということです。

234 第14章 日本国憲法のおもしろさ

さらにもうひとつ、衆議院に付される直前に追加された1項の冒頭「日本国民は、正義と秩序を基調とする国際平和を誠実に希求し」という部分は、よく読むと「国際平和のもとにあるのは正義であり秩序である」という意味です。これは、おそらく "Justitia fundamentum regnorum"（正義は諸王国の基礎なり）という法諺によるもので、正義と平和の位置づけの問題で、正義がなければ平和もあり得ないのか、正義よりも何よりも平和であることが一番なのかという問題です。

【正義＞平和】か？　それとも　【正義＜平和】？

ということです。

前文の現代国語解釈で見たように、第2段の無条件平和主義は、「平和が何よりで、世界の国がそう考えてくれることを信じて日本の安全と生存があるのだ」といっていました。

そうであれば、追加された「正義と秩序を基調とする国際平和を誠実に希求し」は、前文と矛盾することになります。ケーディスのおせっかいや、1項冒頭の修正がなければ、一貫した無条件平和主義であったものが、歪んでしまったのです。もっとも、キリスト教やイスラム教からすれば、正義がなければ平和はあり得ないのであって、9.11テロへの報復は正義のためであり、一方イスラム過激派にとって、テロは聖戦つまりは、正しい戦いなのです。

正義のための戦いは永遠に続くのに対し、正義は少々歪められるかもしれないが、何よりも平和であることが大事という考えもあっていいのではないでしょうか。筆者は、【正義＜平和】が、性にあっているようです。

第九条（平和主義）のポイント：

1）永久に放棄する（捨て去る）ものは何か？　ないものは捨てられないよ！

2）正義＜平和　か　正義＞平和　か？　君の思考はどちらか？

現在議論されるとしたら論点は、以下のようです。

戦争の放棄という第9条第1項が定める平和主義の理念自体に反対する会派、論者は全くない。議論の的は、理想主義的な軍備の全面的放棄を定める第2項にあるという点まで議論が煮詰まってきている。そうなると、①全くの非暴力抵抗主義でいく、②万が一の場合に国民の生命財産を守るための必要最小限度の自衛力を保持することを憲法上明記しておく、のいずれである。後者の場合、①第2項を書き直す、②第2項を削除する、③第3項を追加する形で確認するのが適切なのか、のいずれかである。そういう議論になっていくことが必要ではないか。

（葉梨信行・自民／衆・第154回国会第5回14／07／25）

　法理論からは、憲法は上位法であり、自衛隊法は違憲であると考えられますが、現実の世界は法的理論より強いため、今日に至っています。矛盾は、現実の世界ではあり得ず、理論の世界（人間の作った法律）では生じることになるのです。

　つまり、憲法上は「一切の戦争を放棄したために一切の戦力も持てない」、自衛隊法においては、「自衛のための権利と自衛力に基づき自衛隊を編成した」。また、国際法として安全保障を締結した安保条約では、「国内に駐留軍を置き、有事の際の発動を規定した」。これらはそれぞれ同時に成立したものではなく、時間の流れとともに成立したものです。時間の流れとともに変遷したものです。しかし、理論は時間とは無関係に現在議論をする中で同一の場にあります。ゆえに矛盾が生じるのです。憲法の変遷は、解釈の問題や「理論上の矛盾」ではなくて、「矛盾に関する理論」ともいえるでしょう。

　2018年8月9日、長崎の平和祈念式典での国連事務総長アントニオ・グテーレスの言葉がよかったので掲載します。

　「……悲しいことに、被爆から73年経った今も、私たちは核戦争の恐怖とともに生きています。ここ日本を含め何百万人もの人々が、想像もできない殺戮の恐怖の影の下で生きています。核保有国は、核兵器の近代化に巨額の資金をつぎ込んでいます。2017年には、1兆7000億ドル以上のお金が、武器や軍隊のために使われました。これは冷戦終了後、最高の水準です。世界中の人道援助に必要な金額

のおよそ80倍にあたります。その一方で、核軍縮プロセスが失速し、ほぼ停止しています。……軍縮は、国際平和と安全保障を維持するための原動力です。国家の安全保障を確保するための手段です。軍縮は、人道的原則を堅持し、持続可能な開発を促進し、市民を保護するのを助けます。

……平和とは、抽象的な概念ではなく、偶然に実現するものでもありません。平和は人々が日々具体的に感じるものであり、努力と連帯、思いやりや尊敬によって築かれるものです。原爆の恐怖を繰り返し想起することから、私たちは、お互いの間の分かちがたい責任の絆をより深く理解することができます。……」

(Peace is not an abstract concept and it does not come about by chance. Peace is tangible, and it can be built by hard work, solidarity, compassion and respect. Out of the horror of the atomic bomb, we can reach a deeper understanding of our irreducible bonds of responsibility to each other.) 国際連合事務総長 アントニオ・グテーレス」

　グテーレス氏の演説は、国連加盟国の大半が賛同した核兵器禁止条約に背を向けて「使える核」の開発をめざすトランプ米政権に向けた強い抗議のメッセージでもありました。米ニューヨークの国連本部では言いにくいことを長崎から世界に発信したのかもしれません。あの遠藤周作『沈黙』の舞台である長崎とキリシタンの本国でもあるポルトガルとの関係はきっと因縁があるのでしょう。同じキリスト教国である米国とはまるで違う根源的な思想の違いがあるのかもしれません（スペインやポルトガルは新大陸を植民地化した折に、ネイティブアメリカンの文化を破壊していますが、北アメリカを開拓してネイティブアメリカンを追いやった英国人によるアメリカ建国とまた違った侵略意図があるのだと思います）。

　もともと、国連（UN）とは、第二次大戦の戦勝国（連合国／United Nation）による平和組織というのが正体ですから、そのリーダーである米国が国連への「圧力」を強めていることは、東西冷戦の1970年代への回帰を感じます（グテーレス氏が演説の中で「……2017年には、1兆7000億ドル以上のお金が、武器や軍隊のために使われました。これは冷戦終了後、最高の水準です。世界中の人道援助

に必要な金額のおよそ80倍にあたります。」と述べたのは、過去のバランスオブパワーへの反省をまったく学習しない人類への警告だと思います）。

　それにもかかわらず、被爆国の日本の首相である安倍氏がトランプ氏をヨイショしている現実。また、一見米国に対立しているように見えながら、実は同じ方向を向いている中国の習近平氏とロシアのプーチン氏。この４人は人間性や政治手法がとてもよく似ていて、社交的な側面と利己的な側面が表裏一体であり、人をだましたり嘘をついて自己実現をすることに何ら躊躇するところがないという共通性があります。さらに不思議なのは、こういう風潮を批判する人やメディアを批判する人たちが少ないということです。

　普通に考えたら、世界中の人道援助に必要な金額のおよそ80倍にあたる資金を戦争関係に費やしていること自体おかしなことです。誰かが「最近隣の国が調子に乗って来て、我が国を甘く見ている」とでもいえば、「二度とそんな口を叩かせないないようにしてやれ」とか「思い知らせてやれ」というコメントが山のように増殖する今日。どう見ても異常な社会に向かっている気がします。

　こうしたデマゴーグ的風潮は、吉本隆明のいう「共同幻想」のひとつなのかもしれません。いっぽう、真逆の左翼的な平和教育・反戦教育も似たところがあって、吉本が『死の位相学』で述べていた、反戦テキストに使われる『きけわだつみのこえ』（学徒動員で徴兵された学生の残されたさまざまな文章）の偽善性ということが思い出されます。吉本はいいます。

　「わだつみのこえは、ひとつひとつが切実だけど……でも平凡で正常な学生は戦争を肯定した学生が多いんです。それが当たり前だった。ところが、『きけわだつみのこえ』は編集に意図があり、恋人と引き裂かれるのはいやだとか、肉親に会えなくなるのは悲しいとか、どんな形でもいい、なんらかのかたちで戦争はいやだという手紙だけを集めているんです。だから、これは全部ではない、これはウソだと思いました。絶対にそんなはずはない。同世代をかんがえてみれば分かる。ごく平凡な学生をもってくれば、戦争を肯定していて、あるいはためらわずにどうして肯定できるとか、ためらわずに死ねるとかんがえていたひとが大部分であったはずです。……『きけわだつみのこえ』は、一部の声を全体の声のようにか

ぶせるというか、そうしたことを基盤にした平和の主張は必ずダメになるというのが僕の理解の仕方です。……」

　吉本は、広島・長崎の原爆を『二度と過ちを繰り返すなの平和の概念では弱いなと思いました』とも述べています。全くその通りで、悲惨な戦争の話しや映像、体験談もその時のインパクトは大きいし重いのだけれども、多くの子どもたちは３〜４日たったら平和のことなど忘れてしまうのです。人間は日々の生活もより楽な方（楽しいこと）に引きずられてしまいがちですから、悲惨な戦争の事実や平和への努力といった重苦しいことを自己相対化するが（これは大切なことなのですが）、優先順位は極端に低くなってしまうのです。ではどうしたらいいのか？　私たちは、時折でいいのですが（例えば平和祈念式典の日など）、ふと「今の平和はどこから来ているのだろうか？」とか「なぜ、ある地域ではいまだに紛争がなくならないのだろうか？」といった疑問を考えてみることなのだと思います。そうすれば、そこには必ずといっていいほど「危機感や恐れ」をあおり、そこから利益を得ている人たちがいることがわかります。そのあおりに安易に乗らず、自分自身の公平公正な視点で保守的な意見も革新的な意見も眺めてみることです。この見方を俯瞰的といいます。できるだけ多くの人がこの「俯瞰的視点」に立って物事を考えてみるというだけで、世の中は変わるのではないでしょうか。

　また、若者の間で人気のあるミュージシャン、『君の名は……』のテーマ曲で人気を博したグループ「ラッドウィンプス」がコンサートで「HINOMARU」という歌を披露し、その歌詞についての炎上騒動がありまして一言コメントを。

＜RAD「HINOMARU」批判は「言葉狩り」なのか　作詞家や国会議員から「擁護論」続々＞（Jcast ニュース　2018.6.16）

　騒動に対して、「自分の国を愛して何が悪いんだ」との反論が多くあるのは凄く残念です。浅薄な意見であることをよく考えて欲しいと思います。

メンバーで作詞者の野田氏は、「日本に生まれた人間として、いつかちゃんと歌にしたいと思っていました」「僕はだからこそ純粋に何の思想的な意味も、右も左もなく、この国のことを歌いたいと思いました。自分が生まれた国をちゃんと好きでいたいと思っています」と述べています。

たしかに、「自分の国を愛すること」は決して悪いことではありません。しかし、アーティストとして、言葉を使う仕事に携わる人として、表現する語彙の選択を誤っています。君が代のもとの意味や軍国主義下で歌われた軍歌に意図的に利用された言葉、たとえば「さぁいざゆかん　日出づる国の　御名の下に」や「御国の御霊」などをわざわざ使うことは、その過去の歴史を想起させることになります。意図的にその当時の背景を掘り起こすことになります。RADWINPS が今の若者に訴える日本の国への応援歌にしたいのなら、もっと今の若者らしい表現、言葉を使用すべきです。使い古され、いまわしい垢の付いた言葉を敢えて選択したのなら、「そんな意図はなかった」ではすまされないでしょう。言葉のプロなのですから……。時流に乗ったアーティストとして、若者にしか表現できない言葉、新しい語彙、パフォーマンスを使って「自分の国を愛すること」を表現して欲しいなあと思います。

③　国民から政府へのメッセージ

最後に、憲法が他の法律とは違う点について考えてみましょう。

憲法は国の基本法といわれますが、何が書いてあるのでしょうか。大きく分けて

①「国民が国家に対してどんな権利を持っているか」

　　　　　→**人権（自由権・平等権・社会権など）**という

②「国家がどんなシステムによって動いて行くのか」

　　　　　→**統治機構（国会・内閣・裁判所）**という

この２つは、目的と手段の関係にあります。

240   第14章　日本国憲法のおもしろさ

立法・行政・司法の三権（統治機構）の内容をきちんと決めてコントロールしておけば、戦前のように勝手に「国のためだからお前を捕まえる」などという人権侵害が起こらなくなるだろうということなのです。

人権を保障することと、国家の仕事をきちんと定めて、それ以外の越権行為を許さないことは、同じ方向を向いていることなのです。

　　→**目的：国民の人権保護**

　　　手段：三権のコントロール

（ cf.合衆国憲法は、成立当初は統治機構のみ規定。
　　人権規定はすべて修正条項で追加されている。）

○憲法は何のためにあるのでしょうか。

○なぜ人権が尊重されなければならないのでしょうか。

○なぜ国民が主権者とされなければならないのでしょうか。

○なぜ戦争を放棄しなければならないのでしょうか。

答えは簡単

　　→「全て国民は個人として尊重される」（13条前段）「個人の尊重」

（cf.人間の尊厳とはどう違う？）

そのために**全文103条**の条文があるのです。

憲法は国民に向けられた法律ではなく、「国家へ宛てた、守って欲しい手紙」のようなものなのです。

では、何のために「国家」はあるのでしょう？

道路をつくったり、病人の治療費を補助してくれ、犯罪者を取り締まったり、失業手当をくれたり……。もし国家がなかったらどうなるのでしょう？　アフガニスタン、イラク、紛争国の難民のように、いつ命を奪われるかわからないし、お金だってただの紙になるかもしれない。それに、なんでも自分でやらなくてはならなくなる……。

国家に意味があるのは、「**国民の生活に役立つ**」からに他なりません。国民あっての国家であらねばなりませんが、「国家」がなければ、「国民」もありえないともいえます。

●まとめ

　厳密にいえば、「憲法は一般的な法律ではない」ともいえるでしょう。民法と違って「私とあなたの関係を調整するルール」ではありません。刑法と違って「秩序維持のために犯罪と刑罰のカタログ示したルール」でもありません。**憲法は「国を治める人たち、たとえば国会、国会議員、内閣、大臣、裁判所、裁判官、官僚、公務員、税務職員、警察官などといった人たちに向けられた、私たちの権利を侵害させないためのルール」**なのです。

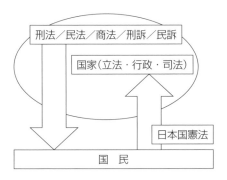

第15章 法的思考とバランス

1 バランスの重要性

　法には、「バランス感覚が大切だ」とか「偏った判断は良くない」ということをよくいわれます。バランスをとるとはどういうことでしょうか。そこでいわれているのは、重さや長さや価格のように、同じ物差しで測ることのできるもの同士を比べることではありません。法のバランスは、比べようのないものをどう比較考量し、判断していくのかということであり、場合によったらアンバランスであることのバランスというものもあるでしょうし、比較の対象から外すことで見えてくるものもあるでしょう。

　正義の女神（テミス／ユスティティア）が目隠しをして天秤を持っているのは、普通に考えるとおかしなことです。ちゃんと目を見開いて天秤の傾きを見なければ、バランスを判断できないのですから。けれども、人が人を裁くという場合は、見た目の重さや物理的な重さだけでなく、何をどう量るのかということが重要になってきます。一辺倒では判断できないものだからこそ、バランス感覚が必要なのでしょう。正義の女神は、手に持つ天秤だけでなく、心の天秤を使って判断しているのではないでしょうか。

　人生の中で私たちの直面する選択肢もまた同じです。比較が容易なものもあれば非常に困難なものもあります。時に判断を誤り、目盛りを読み違えることもあるでしょう。自分の人生ですから、自分の意思で選び、その決定の責任を自分で負わざるをえないのです。一度きりの人生ならば、よりよき選択ができるほうが良いに決まっています。「法を学ぶ」＝「法的な思考能力を身につけ

る」ことは、トラブルに巻き込まれる機会を減らし、巻き込まれてもうまく解決してゆける判断力を身につけることになります。「法的にバランスをとる」とは天秤の目盛りを正しく読むことではなく、天秤皿に何をどう載せるのかという思考の本質の問題なのです。

● **重さとバランス**

ひとつ皆さんに算数の問題をやってもらいましょう。

ここに、金貨が8枚あります。そのうち1枚は偽金貨ですがどれが、どれが偽者かわかりません。ただ、偽金貨は本物よりもほんの少し軽いことがわかっています。どれが偽物かを知るためには、最低何回天秤を使えばよいでしょうか。

　　選択肢：1回、　2回、　3回、　4回

正解は、2回です。

ふつうは、3回と答えます。天秤の皿は左右2個しかありません。ですから、比較する対象物を2つに分けることから思考が始まります。すると、8枚の金貨を2つに分け、4枚ずつ量る（1回目）ことになります。軽い方の4枚をまた2つに分け、2枚ずつ量り（2回目）、軽い方の2枚を最後に1枚ずつのせて量り（3回目）、軽い方が偽金貨となります。

ところが、偽金貨を見つけるには2回でいいのです。まず、8枚の金貨を3枚、3枚、2枚のグループに分けます。この発想が大切です。当然、天秤の皿に3枚ずつのせ量ります（1回目）。2枚はそのまま置いておきます。このとき、天秤の釣り合いの結果は3通りになります。①右の方が軽い、②左の方が軽い、③釣り合う、のいずれかです。最初のやり方では出てこない、「釣り合う」という結果がポイントです。この釣り合った場合というのは、置いておいた2枚の中に偽金貨があるという証明になります。ですから、その2枚をのせて

量り（2回目）判断します。いっぽう、左右どちらかが軽いとなれば、そのいずれかの3枚の中に偽金貨があることになります。後は同様に、その3枚のうち2枚を皿にのせ（2回目）、軽い方が偽金貨であり、釣り合えば、残った1枚の金貨ということになります。

後者の方法は、天秤の左右の皿が釣り合う場合を考慮しただけです。量らないことで量るという発想がおもしろいですね。ふつう、天秤で量ると考えた時に、どちらかが傾くことを考えてしまうと出てこない発想です。

●長さとバランス

今度は、長さと面積の問題です。右の上図を見てください。8×8の正方形で、面積は8×8＝64cmです。正方形を3×8cmと5×8cmの2つの長方形に切り分け、それぞれを2つの台形と2つの直角三角形に切って並べ替え、右下図のような長方形を作りました。この面積を求めると5×13＝65cmになります。おや、面積が増えています。どうしてでしょうか。

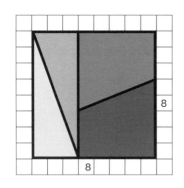
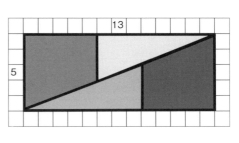

この問題は、『不思議の国のアリス』の作者ルイス・キャロルによるパラドックスだといわれています。パズル作家サム・ロイドだという説もあるそうです。

さて、解答ですが、切り取った台形と直角三角形を組み合わせた図形は大きな直角三角形にはなりません。もう一方も同様です。それらの図形は凹型四角

形になります（斜辺の中央がくぼんだ擬似直角三角形）。1 cm 増えた原因は、そのすきまの平行四辺形の面積の分ということです。

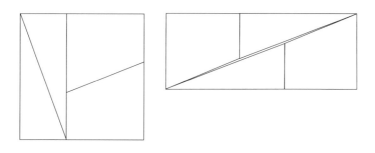

　長さという数字を使った面積マジックですが、ほとんどの人が騙されます。切り取る前と後では同じはずだという先入観（予断）があるために、違うものを同じと見てしまったのでしょう。バランスには、柔軟さが必要ということでしょうか。

● **心と言葉とバランス**
　怒りは、感情から来るのか、理性から来るのかという問題があります。「感情にまかせて人を殴ってしまった」という言い方は、感情が怒りを呼び暴力に至ったという意味で、感情に原因があることになります。しかし、本当に感情が行動に結びついたといえるのでしょうか。
　感情とは、人の無意識の意識であって、低いレベルで意識を伴っている状態のことです。感情は、無意識といっても、無の状態で人を動かしているのではありません。人は十人十色の主観（価値観）を持ち、それを無意識の意識のうちに瞬時に事象を天秤にかけ、理論的過程を経て、動向として露出したものが感情となるわけです。怒って暴力を振るう人は、他人から受けた言動や現状に理不尽さ（不正義。これはその人にとっての不正義です）を感じたからこそ、行動したわけで、意味なく暴力を振るったわけではありません。この意味が、本人にとっての意味（当人にとっての理性的判断）であって、振るわれた人にとっ

246　第15章　法的思考とバランス

ては理解できない（感情的判断と感じる）ことが問題なのです。

　したがって、そのとき瞬時に働いた論理的思考の過程を、個人の環境、歴史、生い立ち等のパラメータを通して吟味すれば、その人が感じるもの、つまり、感情を予測することもできるわけです。今のところこうした過程をきちんと解明して、実践に生かせる理論を築いた人はいないようですが。

　人には誰でも欲があります。煩悩もあります。喜びや愛や情といった良い感情だけを持ち合わせているわけではありません。人は、その負の感情を法という規範で抑制しようと努めています。法は、個人の主観から生まれる悪しき行動を予測し、それを抑制しようとする試行錯誤の上で作られたものです。したがって、法は人々の理性の基準になっているはずです。法に触れたものは、自分の感情に負けた弱い者か、異常者の烙印を押されてしまいます。ということは、負の感情をある程度予測できるからこそ、そこにライン（規範）を引くことができたわけです。

　心理学では「認知・行動療法」というのがあります。認知療法は患者の歪んでしまった認知を修正する方法、行動療法は患者の間違った行動の癖を修正する方法です。

　A⇒B⇒C（ABC理論）：A（外界の出来事・事実）⇒C（不安や抑うつ、怒りなどの感情）ではなく、A（外界の出来事・事実）⇒B（その人の受け取り方・考え方）⇒C（不安や抑うつ、怒りなどの感情）

　つまり、きっかけとなった出来事（Activating experience or Adversity）は、善悪の判断のない単なる現実・出来事であり、それを人が自分の持っている信念（Belief）に基づいて良いとか悪いとか判断し、気持ちが落ち込んだり怒ったり、あるいは喜んだり受け入れたり、悪い行動に出たり、良い行動に出たりという結果（Cosequence）が生じるのだと考えるのです。その過程で歪んだ認知や間違った行動の癖を修正してあげようというのが、認知行動療法なのです。

　しかし、歪んでしまった認知を捨てきれない患者は治療を避けるでしょうし、間違った行動の癖を自分でわかっていても止められない患者は自信を失うだけでしょう。

感情のレベルに直接作用するようなものがなければ、認知療法はただの正論の押し付けであり、行動療法はただの調教や餌付けになってしまいます。

いままで、感情というものは、その人の性格や気質など、持って生まれたものに起因するところが大きく、意思や論理の力ではどうしようもないものと考えられてきました（ですから、「感情論では話にならない」などの言い方がなされるのでしょう）。しかし、よく考えてみますと、言葉は感情よりも先行しているのではないかということです。ふつう、外界の事象から触発された感情がまず先にきて、次にそれを言葉で表現しているのではないかといわれます。しかし、逆にその人の考え方・言葉が感情を創り出し、その人流の思考がその人流の感情を生み出しているとすれば、言葉の豊富さやニュアンスの使い分けを持たせる（「ムカつく」⇒「憤る」「腹が立つ」「癪に障る」「苛立つ」「頭にくる」というように怒りの対象があいまいで、怒りよりも軽い場合に使う）ことで、感じ方を変え、さらに行動を変えることができるのではないかという可能性です。言葉によって編み上げられた感情をコントロールするためには、現象を感受してより適切な言葉を使えるようにすれば、感情をうまく抑えられるかもしれません。心（感情）と言葉のバランスを調整できれば、怒りは減退するのではないでしょうか。

社会が注目する裁判では、主文は一行なのに、膨大な量の判決理由が読み上げられます。読み終えるのに1時間以上はかかります。では、なぜそんなにたくさんの言葉を編み上げるのでしょうか。答えは簡単です。社会やメディア、被害者（遺族）の高まった処罰感情を少しでも沈静化するためでしょう。あるいは、極刑を選択したことに対する社会やメディアや被告人の反感を沈静化するためではないでしょうか。

このように、法は言葉であり、言葉が感情をコントロールし、社会秩序を回復させていたと考えられます。

●アンバランスのバランス

もともと、バランスという語は中世後期のラテン語の bilanx に由来すると

248　第15章　法的思考とバランス

いわれています。lanx は「皿」を意味する名詞で、bi-は「2つ」を意味する接頭辞です。ここから2つの皿を持つ「天秤」という語義が生じたのだそうです。バランスとは、天秤に典型的に認められるように、釣り合いをとるプロセスのことです。リーガル・マインド（法的思考）を身につけるとは、まさに、この判断プロセスをバランスで考えるということなのです。

　言葉は矛盾する概念や現実には存在しないものを表す力があります。たとえば、「アンバランスのバランス」という場合、部分的なバランスは悪いのだけれどそのアンバランスなところが、全体としてみると妙にバランスがいいという意味で使います。ということは、法的思考のバランスという場合のバランスは、単に左右対称であるとか、つりあっている（具体的妥当性）ということだけでなく、部分的なことはどうあれ、最終的に、全体としての調和が取れ、安定している（法的安定性）ことを指すわけです。

　法では、さまざまな価値、利益、理由等のバランスをはかりながら結論を出すわけですが、法がそうした多様な物差しを考慮して結論を導き出すプロセスやその背景、判定装置の働きを学習するのが「法学」ということになります。「法的にバランスをとる」とは天秤の目盛りを正しく読むことではなく、2つの天秤皿に何をどう載せるのかということだと、今一度述べておきたいと思います。

　考えてみれば、天秤皿に載せるものは、山ほどあるでしょう。今思い浮かぶものだけでもこんなにあります。
○心のバランス（うつ病、ストレス）、身体のバランス
○家庭のバランス（家族関係）、社会のバランス（格差社会）、国家と個人
○地球環境のバランス（生態系）、エネルギー消費と経済成長のバランス
○伝統と先進性、効率化と生活の質、市場とバランス、競争と公共……
　現代社会のトラブルは、これらが複雑に絡んで引き起こされますので、何から先に、どれとどれを、どのように量るのか、そうした感覚を養うのが法学教育の目的であり、裁判員裁判の前提でもあるはずなのです。

② 説得力と理解力

　日々のコミュニケーションの大半を占めているのは、相手に何かを伝えるための会話（口語での伝達）でしょう。その大半はごく短い言葉ですまされている「指示」でしょう。ところが、このちょっとした「指示」や「伝達」がうまくいかない。「早とちり」「聞き違い」「一知半解」「勝手な解釈」などによるコミュニケーションロスは、積もりつもって膨大になり、やがて無視されるか、爆発するでしょう。人間関係におけるストレスの大半は、労働条件や給料、教育環境の問題が原因ではないのです。イライラの大半は、上司（教師）にとっては「自分の思いが部下（生徒）に伝わらない」ことであり、部下（生徒）にとっては「わけのわからない、はっきりしない上司（教師）の指示・説明」が原因だといわれています。

　たとえば、皆さんが自分の考えや思いを誰かに伝える場合を考えてください。一生懸命話しているのに、どうも伝わらない感じがするということがあるでしょう。その原因は、相手というよりもあなたのインストラクション能力の問題です。

●思い当たるふし

　次のような思いが３つ以上あるなら、あなたのインストラクション能力はかなり低いと判断してよいでしょう。

---

①話しかけているのに、相手の目がどんよりしている。
②今言ったことについて質問はないかと訪ねても、反応がない。
③よく「何で最初からそう言ってくれなかったの」と言われる。
④よく「こんな簡単なことがわからないのか」「一回言えばわかるだろう」と言ってしまう。
⑤「誰も俺のことをわかってくれない」と思う。

⑥操作できないと思うから、複雑な機械のたぐいは買わない。

⑦頼まれたことを、誰かに伝達するのが苦手だ。

　学校ではハウトゥーは教えますが、ハウトゥーのハウトゥーは教えません。学校教育の大半は教室という場面で行われますが、学んだことが実際に起こるのは教室とは別の場所であることがほとんどです（体育や理科実験や技術実習などはその場で実践が行われますが）。

　学校での読書がほとんど「学ぶための読書」であるのに対して、社会や会社では「何かをするために読む」のではないでしょうか。ここでは、読んだ内容を理解するだけではなく、「読んで得た知識を活用する能力」が求められるからです。

　最近では、リーガル・マインド（法的思考力）に加えて、リーガル・リテラシー（法の仕組みや考え方を理解し、それを活用する力）を掲げる大学法学部や法科大学院が増えました。けれども、やはり法的知識を活用する力を養うことは教室では難しいでしょう。

　では、いったいどうしたらよいのでしょうか。相手を説得し、理解させるためには、指示力（インストラクション）が重要なのです。

　インストラクションは命令や指令ではありません。説明です。人が行動を起こす前にその行動を円滑にし、しかも充実させるための説明なのです。インストラクションでもっとも重要なことは、相手をできるかぎり理解させることです。言い換えれば、理解の情報学です。情報とは相互理解の関数のことです。双方向性を失った情報内容は死情報となります。しかし、相互に理解するといっても、そこにはさまざまな理解の仕方があるでしょう。この理解の壁をどう突破すればいいのでしょうか。まず、自分の説明がヘタなのだということを知ることでしょう。口角泡を飛ばす熱心なコミュニケーションは嫌われます。しかし、ソフトコミュニケーションをすればそれですむというものでもありません。ソフトコミュニケーションの基盤技術をつくらなければならないのです。それがインストラクションということです。

●インストラクション5つの要素

インストラクションは、何かをして欲しいという、たんなるメッセージではありません。指示をきちんと伝えるための技術です。システムともいえるもので、**送り手（GIVERS）**、**受けて（TAKERS）**、**内容（CONTENT）**、**チャンネル（CHANNEL）**、**コンテクスト（CONTEXT）**、の5つの部分に分けられます。

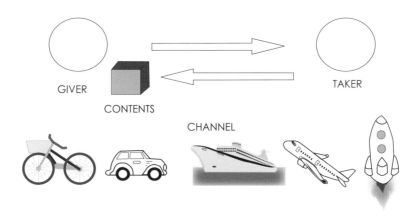

CONTEXT（文脈、周囲の様子、どのような手段を使うのかの判断材料）

たとえば、医者から処方してもらった薬の約60％が指示のとおりに飲まれていないことがわかっています。航空機搭乗の際、必ず受ける非常時の対応の説明は、90％以上の乗客が聞いていません。現在、どのコンピュータのデスクトップにもゴミ箱のアイコンがあります。このアイコンをクリックすることで操作できるという画期的なシステムを作ったのは、マッキントシュのアップルコンピュータなのですが、当初、フロッピーディスクやデータCDを取り出すためには、このゴミ箱にデータアイコンをドラッグして入れる操作をすることになっていました。しかし恐くて誰も入れられなく、問い合わせが相次いだという話があります。現在でも、PCやソフトのマニュアルの理解しにくさといったら右に出るものがないでしょう。

これらはみな、送り手の思い込みが強く、受けての状況を考えず、さらにどういうユーザーが使用するのかといったコンテクスト（文脈）を十分考慮して

いないことが原因となっています。

　そこで、インストラクションの5要素を常に頭に置き、送り手は、何を送るのかという内容（コンテンツ）とコンテクスト（周囲の状況）と相手はどれくらいの受容力を持っているのかといった情報を十分に判断し、その結果どのような手段で送るのか（チャンネル）を決めることになります。

　たとえば、ケーキ屋に入り、ショートケーキを5個買って友人宅に向かうと仮定しましょう。まず、ケーキ屋に入ってケーキの種類を選びますが、えーとー、どれにしようかな？　チョコもいいけど、イチゴも捨てがたい……、なんて考えて、結局、これと、これと、これと、これと、これなどと指示を出したりしますね。そして、何個頼んだっけ？　などと店員に聞き返したりします。

　これでは、時間もかかりうまく伝わりません。インストラクションの5要素に基づけば、まず、5個買うことと友人宅へのおみやげであることを告げます。そうすれば、店員さんは相応の大きさの箱やリボン等をあらかじめ用意できます。それから、クリーム系のものとチョコ系のものとゼリー系のものというように分けて（丸系と三角形のように形状でもいいです）、それぞれの個数を伝え、マンションまで30分ほどかかることを伝えればいいのです。

　このように、ちょっとした工夫で相手が理解しやすいように伝えることができ、常に注意することで、説得力を高めることができるのです。また逆に、情報を受ける側の理解力も高まります。その結果、トラブルが減るということになるのです。

③　リーガル・マインドとコモン・センス

　法的思考は、法的知識を特に必要としませんし、普段の生活でも判断していることの延長線上にあります。そういう意味では、常識とそう変りはありません。常識は、コモン・センスといいます。

　アメリカでは、個人でも会社でも謝れば自分の非を認めることになるといわれています。自分ではたいしたことではないと思っていても、相手によっては

③ リーガル・マインドとコモン・センス　253

それが訴訟問題になったり、莫大な罰金を請求されたりする国なので、たとえわずかな間違いにしろ、決して謝ったりしないことは想像できます。ただ、それだけではなく、アワリーワーカーであるということも原因のひとつでしょう。

　そうした象徴的な例として、1992年ニュー・メキシコ州で起きたマクドナルドのコーヒー訴訟事件は、アメリカ訴訟社会の滑稽さの代表格として有名になりました。

　79歳のリーベック（Stella Liebeck）婦人がドライブスルー（drive-through）でコーヒーを注文し、膝の間で砂糖とミルクを入れようとしたとき、カップが傾きコーヒーがこぼれ火傷を負ってしまったのです。救急病院で手当てを受けたが、三度の火傷と診断され、皮膚移植を受けた後も、2年間通院しなければならない程だったそうです。彼女は、自分の過失であることは認めました。しかし、コーヒーの温度が摂氏85度と高かったことや、店員から熱さに対する警告がなく、カップに注意書きもなかったこと。さらにその頃、火傷事件が多発していたことを、マクドナルドの非として、その過失に対し、当初は2万ドル（約240万円）を請求しました。マクドナルドは、自社の非を認めず、治療代だけを払って済ませようとしたので、婦人はその傲慢な態度に怒り、弁護士を雇い対決することになったのです。結局、マクドナルドは敗訴し、損害賠償金として270万ドル（約3億）の支払いを命じる評決が下されました。最終的には、減額され64万ドルに終結しましたが、「マクドナルドのミリオンダラー・コーヒー」としてアメリカ訴訟史上の典型的な事件として記憶されるようになりました。

　※　その後、Group Entertainment, If Not Now Productions（アメリカ　2011年）によって「ホットコーヒー裁判の真相」としてねじ曲げられた真実が明らかにされました。駐車場に車を止め、膝に挟み込んだコーヒーに砂糖とミルクを入れようとしてこぼしたのですが、当時のマックのコーヒーのマニュアルには約85°で入れるとされていたそうです。そのため、第3度の火傷を負うことになり、皮膚移植手術を含む7日間の入院と、その後2年間の通院が必要で治療費は1万1000ドルにも上り、治療が終わっても火傷は完全には癒えず、その痕が残ったというのが真実だそうです。当初の要求は、治療費＋損失利益の3万ドルとカップの改善でしたが、これに対して、マクドナルドは800ドルの支払いを申し出たのみであり、しかも裁判の証言で、「10年間で700件というクレームは0に等しい」と発言するなど、陪審員の心証を損ねた結果、270万ドルを懲罰的損害賠償額として支払いを命じる評決が下されました。最終的には、約60万ドルの和解金（非

254　第15章　法的思考とバランス

公開）が支払われただけのようです。しかし、このことがメディアによって面白おかしく報道され、保守派（共和党）の「法制度改革審議会」（ばかげた訴訟を防止するための損害賠償の上限設定）キャンペーンに利用されたということが分かりました。

アメリカ人は、すれ違うときに、ぶつかりそうになったり、ちょっと肌が触れ合っただけでもすぐ "Excuse me!" とか "I'm sorry." と謝るのに、自分が間違っていたり、事故で自分のほうが悪くても謝らないことが多いのはなぜでしょう。訴訟と取引の社会だからでしょうか。

アメリカには、コモン・センスとコモン・コーテシーがあり、コモン・センスという言葉は、たとえば、火のついたストーブの上には手を置かないとか、割れたガラスの上を裸足で歩かないとか、車が来ているときには道路に飛びださないというような身の危険を察知した判断ができるかどうかに使われる言葉です。コモン（common）つまり普通の、共通の、センス（sense）感覚、判断力という意味であって、日本語でいう常識とは違います。日本では、そんなこと当たり前のことで、常識にさえなりません。日本語でいう常識は、むしろ、エチケットとかモラルとかいわれるものが、近いのかもしれません。

これに対したとえば、犬の散歩中に飼い犬がした糞の始末をすることやタバコの吸殻や飲物の空き缶をポイ捨てしないといったことが、アメリカでは、コモン・コーテシー（礼儀正しさ）と呼ばれているものです。

そのほか、人に向かって、大声でその人の悪口を言うことや、銃やナイフを手に持って、誰かの家の呼び鈴を押すと家主はどうするだろうということなどのように、危険な状況を自分で作りださないということにも、コモン・センスを使うようです。アメリカの銃社会・犯罪社会の共通認識という意味なのでしょう。

一方、日常生活の中で起きるトラブル、つまり、それが原因で他人が嫌な気分にならないようにすることを、コモン・コーテシーといい、区別して使うようです。ただ、最近のアメリカでは、コモン・コーテシーという言葉は使わなくなったとも聞いています。そういった人間関係の揉めごとになるようなことは、法律で決めてしまうのが現代アメリカの傾向かもしれません。人種の坩堝

3 リーガル・マインドとコモン・センス 255

ともいわれ、多人種、多民族、多宗教がいっそう混在化してきているアメリカ
では、コモン・コーテシーの考え方も人それぞれ違うので、基本的に他人が嫌
な思いをするようなことは、法律によって規制せざるを得ないのかもしれませ
ん。

　敷地内に無断で入ったら罰金何千ドル、飼い犬の散歩中、犬が糞をしたのを
何度も放置したら数百ドルというように、弁護士を雇って訴えてしまう。弁護
はビジネスですから、公選弁護士なんか第1回公判の法廷で初めて依頼人と顔
を合わせるので、依頼人の名前を何度も呼んで探している弁護士をよく見かけ
ます。犯罪と弁護士が栄える国、アメリカ。日本が後を追いかけているようで
なりません。

索　引

ア　行

「赤い繭」……………………………66
芦田修正……………………………233
安部公房…………………………66, 105
アントワーヌ・ラヴォアジェ………123
生きる力……………………………149
慰謝料………………………………102
『異人論』……………………………18
イソップ………………………………47
一休さん………………………………87
逸失利益……………………………102
違法性………………………………113
遺留分………………………………175
インストラクション………………251
疑わしきは被告人の利益に………109
映画の著作権尊属期間……………231
エルドレッド裁判…………………213
冤　罪…………………………………44
「掟（法）の前」………………………33
オノラ・オニール……………………75

カ　行

解　雇………………………………192
拡張解釈………………………………87
家族法………………………………142
敵討ちかわら版……………………100
敵討禁止令…………………………115
「かちかち山」…………………………20
環境サミット………………………199
環境犯罪学…………………………128
環境倫理……………………………202
慣　習…………………………………64
間接証拠………………………………98
記憶と記録……………………………93
記号論…………………………………81
義　務…………………………………71
義務基底的権利………………………74
木村草太………………………………10
教育改革国民会議…………………149

『教誨師』……………………………134
脅　迫………………………………146
極　刑………………………………127
ギリガン………………………………26
ギロチン……………………………122
近代市民法…………………………155
金の鈴…………………………………70
具体的妥当性………………………248
『グリム童話集』………………………51
警　察………………………………107
刑事裁判………………………………98
刑罰（法）の謙抑主義……………127
刑　法………………………………104
契約自由の原則……………………155
契約の成立要件……………………146
刑　吏………………………………120
『刑吏の社会史』……………………121
血　族………………………………160
ケーディス…………………………232
ケリー対カリフォルニア事件……117
減給制裁……………………………191
限定解釈………………………………88
権　利…………………………………71
権利基底的権利………………………74
権利能力……………………………147
権利濫用……………………………156
故　意………………………………109
行為能力……………………………147
公序良俗………………………………86
構成要件該当性……………………113
構成要件要素………………………104
江東区神隠し殺人事件……………116
広範性発達障害……………………125
幸福達成手段の効率化……………209
合理的な疑いを超える……………112
勾　留………………………………108
「子どもたちが屠殺ごっごをした話」…52
「子供達を責めないで」……………50
子どもの刑事責任に関する準則……52
「子供の遊戯」…………………………52

コピーライトマーク	…218	就業規則	…155, 193
コピーレフト	…219	自由心証主義	…98
小松和彦	…19	習　俗	…64
コモンセンス	…252	修復的司法	…130
雇用契約	…150	縮小解釈	…87
コールバーグ	…26	ジュレミ・ベンサム	…30
婚　族	…160	承諾の意思表示	…146
「こんな晩」	…18	象徴的価値	…209

サ 行

財産法	…142	『女工哀史』	…183
最首悟	…72	所　有	…70
裁判員制度	…24	所有権	…65
裁判員法	…43	自　律	…56
裁判官のルーティン	…45	信義則	…155
債務不履行	…157	親　族	…160
詐　欺	…146	親　等	…162
錯　誤	…146	推定無罪の原則	…109
『サザエさん』	…158	『図説死刑全書完全版』	…125
佐藤欣子	…45	生活費控除率	…102
サンチョ・パンサ	…82	成長的価値	…209
J.Q.Whiteman	…111	セヴァン・スズキ	…199
J-POP	…28	『責任という原理』	…210
シェークスピア	…84	世　間	…56
『シェーン』	…221	世代間倫理	…202
時間外手当	…191	『セメント樽の中の手紙』	…179
死刑廃止条約	…127	セルバンテス	…82
自己決定	…206	戦争責任	…203
自己決定の意味	…209	『千と千尋の神隠し』	…148
自己責任	…204	占　有	…70
事実認定	…23	贈　与	…65, 144
自然血族	…161	損害賠償	…157
自然の生存権	…202	損害賠償予定の禁止	…191
私的自治の原則	…155	尊　属	…162
児童救済運動	…53		
シニフィアン	…81	**タ 行**	
シニフィエ	…81		
Civil Rights	…229	体感治安の悪化	…127
司法慣習	…44	代襲相続	…171
司法専門家のルーティン	…130	諾成契約	…156
市民社会	…94	治安維持法	…183
事務管理	…156	地球の有限性	…202
シモーヌ・ヴェイユ	…72	知的財産権	…212
社会法	…177	嫡出子	…171
		中教審答申	…149
		直感像素質	…93
		賃金5原則	…190

罪を犯す能力 …………………………51, 53
DNA 型鑑定………………………………127
停止条件付の贈与契約 ……………………145
デイビッド・T・ジョンソン………………45
Death Penalty Information Center ………127
天 秤…………………………………………248
『ドイツの伝説』……………………………120
道徳（Morality）…………………………26, 55
道徳規範………………………………………64
道徳スクリプト………………………………24
道徳性発達心理学……………………………26
道徳的成熟度…………………………………75
動物裁判……………………………………100
特別の教科「道徳」…………………………60
ドリ・インキャパックス……………………52
取り消し……………………………………147
『取引の社会』…………………………………45
『ドン・キホーテ』……………………………82
『どんぐりと山猫』……………………………38

ナ 行

内発的義務……………………………………72
夏目漱石………………………………………15
二次的著作物 ………………………………220
『人間不平等起源論』…………………………69
『根をもつこと』………………………………72

ハ 行

配偶者 …………………………………160, 163
排出権取引 …………………………………204
売買契約 ……………………………………144
パブリック・ドメイン ……………………213
葉山嘉樹 ……………………………………179
パラドックス…………………………………83
バランス ……………………………………247
『ハリー・ポッター』………………………122
犯罪学 ………………………………………104
『犯罪からの社会復帰とソーシャル・インク
　ルージョン』………………………………128
ハンス・ヨナス ……………………………210
反対解釈………………………………………87
被害者感情 …………………………………116
東 洋…………………………………………24
被疑者………………………………………107

卑 属…………………………………………162
非嫡出子 ……………………………………171
Human Rights ……………………………229
フェルディナンド・デ・ソシュール………81
復讐（応報）…………………………………113
『復讐と法律』………………………………116
『不思議の国のアリス』………………………83
不当利得 ……………………………………156
普遍主義的道徳観……………………………48
不法行為 ………………………………156, 157
扶養義務 ……………………………………164
ブラックストン………………………………30
ブリューゲル…………………………………52
文理解釈………………………………………87
『ベニスの商人』……………………………84
ベルヌ条約 …………………………………218
ヘンリー・S・メーン ……………………144
法 …………………………………………55
法教育推進協議会……………………………20
法教育プロジェクトチーム…………………20
法定血族 ……………………………………161
法廷相続分 …………………………………175
法定労働時間 ………………………………191
法的安定性 …………………………………248
法的責任 ……………………………………211
法と感情………………………………………14
法と秩序 ……………………………………128
穂積陳重 ……………………………………116
ホセ・ヨンパルト …………………………125
細井和喜蔵 …………………………………183
ボーリュー …………………………………125
本朝桜陰比事…………………………………55

マ 行

マクドナルドのコーヒー訴訟事件 ………253
魔女裁判………………………………………94
マッカーサー・ノート ……………………231
マンドラゴラ ………………………………122
宮崎監督の言葉 ……………………………149
宮澤賢治………………………………………38
民事裁判………………………………………98
「昔話法廷」…………………………………136
「無関係な死」………………………………105
無 効………………………………………147

259

無条件平和主義 ……………………231
無方式主義 ………………………218
明治大学刑事博物館 ……………123
迷惑の基準 …………………………48
申込みの意思表示 ………………146
モラルジレンマ ……………………26
森山直太朗 …………………………29

ヤ 行

ヤコブ・グリム ……………………120
山口母子殺人事件 ………………100
闇サイト殺人事件 ………………116
有責性 ……………………………113
『夢十夜』 …………………………15
要式契約 …………………………156

ラ 行

「ライオンとねずみ」 ………………47
ライプニッツ係数 ………………102
『ライムライト』 …………………221
リーガル・リテラシー ……………250
リーガル・マインド ……………248,250

リスクマネジメント ………………205
limited times ……………………217
量 刑 ………………………………23
倫 理 ………………………………55
倫理的責任 ………………………211
類推解釈 ……………………………87
ルイス・キャロル …………………83
ルソー ………………………………69
law & Literature …………………32
労働基準監督署 …………………194
労働基準法 ………………………154
労働契約 …………………………193
労働者 ……………………………184
ローテンブルク ……………………94
ローマ法 ……………………………73
ローレンス・レッシグ ……………213
論理解釈 ……………………………87

ワ 行

わがままな子ども …………………54
ワニのパラドックス ………………83
割れ窓理論 ………………………128

著者紹介

山本　聡（やまもと　さとし）

1957年　新潟県長岡市生まれ
1980年　明治大学法学部卒
1983年　明治大学大学院法学研究科博士前期課程修了
2007年　国立国会図書館客員調査員
現　職　神奈川工科大学教職教育センター副所長　教授

著書論文等

「刑事司法課程における矯正のメカニズム試論」（明治大学法律研究所
　法律論叢　第77巻　4／5合併号　2005年）
『死刑制度－廃止のための取り組み－』（共訳　明石書店　2009年）
「英国の青少年政策の評価－責任のあり方をめぐって－」（国立国会図
　書館　調査および立法調査局「青少年問題プロジェクト」総合調査
　報告2008年）
「青少年対策と子育て責任のあり方－ペアレンティングと責任－」（国
　立国会図書館調査および立法考査局総合調査「青少年をめぐる諸問
　題」最終報告書2009年）
「人の死を望む不幸－死刑制度の実態と本質を再考する－」（全国犯
　罪・非行協議会機関紙（NCCD）114号　2011年）
「法と道徳の関係性──法の世俗化と個人主義の行方──」（倫理道徳
　教育研究（日本倫理道徳教育学会）創刊号　2018年2月）

法学のおもしろさ－法の起源から人権まで［第3版］

2009年11月20日　初版第1刷発行
2011年 5 月15日　初版第2刷発行
2013年 4 月 1 日　改訂版第1刷発行
2016年10月 1 日　改訂版第3刷発行
2019年 5 月15日　第3版第1刷発行
2025年 4 月25日　第3版第3刷発行

著　者　山　本　　　聡

発行者　木　村　慎　也

・定価はカバーに表示　　印刷　恵友社／製本　和光堂

発行所　株式会社　北樹出版

URL:http://www.hokuju.jp

〒153-0061　東京都目黒区中目黒1-2-6　電話(03)3715-1525(代表)

© Satoshi Yamamoto 2019, Printed in Japan

ISBN 978-4-7793-0607-5

（落丁・乱丁の場合はお取り替えします）